Franz-Peter Mau

unter Mitarbeit von
Landwirtschaftsdirektor
Ernst Hammes

*Fantastische Erfolge mit
Effektiven Mikroorganismen
in Haus und Garten,
für Pflanzenwachstum
und Gesundheit*

Anwenderbuch

GANZHEITLICH HEILEN

GOLDMANN

Umwelthinweis:
Alle bedruckten Materialien dieses Taschenbuches
sind chlorfrei und umweltschonend.

Originalausgabe September 2002
© 2002 Wilhelm Goldmann Verlag, München
in der Verlagsgruppe Random House GmbH
Umschlaggestaltung: Design Team München
Umschlagfoto: Imagine/PBY
Satz: Barbara Rabus, Sonthofen
Druck: GGP Media, Pößneck
Verlagsnummer: 14227
Redaktion: Annette Gillich
WL · Herstellung: WM
Made in Germany
ISBN 3-442-14227-X
www.goldmann-verlag.de

5. Auflage

Inhalt

Einleitung

Jeder, der zum ersten Mal von **EM,** den **Effektiven Mikro-organismen,** hört oder liest, ist überwältigt von der schier un-glaublichen Vielfalt ihrer Einsatzmöglichkeiten. Es scheint kaum einen Lebensbereich zu geben, wo diese erstaunlichen winzigen Lebewesen nicht zu gebrauchen wären oder sogar unabdingbar sind: in der Landwirtschaft, beim Obst- und Ge-müseanbau, bei der Sanierung von erodierten Böden und Wäl-dern, bei der Neutralisation von Gestank aller Art, ob Schwei-negülle, sommerlicher Biomüll, Schweißfüße oder muffige Kellerräume, zur Herstellung von hochwertigem Dünger aus diversen Abfällen, als Hilfe für verletzte oder kranke Tiere und Menschen, bei der Reinigung von Abwässern, Seen und Flüssen, ja sogar Meeresküsten, bei der Aufwertung von Trinkwasser, bei der Nahrungsmittelverarbeitung, im Stra-ßen- und Hausbau, bei der Renovierung und Reinigung in Haus und Wohnung, in der Industrie und bei der Energiege-winnung – um nur die offensichtlichsten Anwendungsberei-che aufzuzählen.

Dass Mikroorganismen im Landbau zur Bodenverbesse-rung eingesetzt werden und dafür sorgen, dass erstklassige Er-träge erzielt werden, kann man noch gut verstehen. Selbst den Anspruch, durch Kunstdünger und Pestizide verseuchte Bö-den zu säubern, kann man akzeptieren, hat man doch immer wieder von Öl oder andere Chemikalien fressenden Bakterien gelesen. Wenn aber mit identisch derselben Mischung natürlich vorkommender Mikroorganismen Wasser gereinigt und selbst die Qualität von Meerwasser so verbessert wird, dass schon verschwundene Meerestiere wieder in ihre ehemaligen Lebensräume zurückkehren, werden viele Zeitgenossen kritisch. Doch es geht sogar noch weiter. Nicht nur für die Gesundheit von Boden und Pflanzen, sondern auch für die Tiergesundheit sind diese Mikroorganismen förderlich. Und da der Mensch ja eigentlich auch nur ein Säugetier ist, trifft dies ebenso auf den Menschen zu. Auf Grund der Tatsache, dass im Darm sehr ähnliche Prozesse stattfinden wie im Boden – organisches Material wird mit Hilfe von Bakterien, Hefen, Pilzen, Enzymen usw. verdaut und in verfügbare Stoffe umgewandelt –, haben weltweit schon viele Menschen von den Effektiven Mikroorganismen erstaunliche Verbesserungen ihres Gesundheitszustands erfahren.

Schwerer zu verstehen ist allerdings, dass die Effektiven Mikroorganismen beim Einsatz in Verbrennungsöfen die Entstehung der lebensbedrohlichen Dioxine verhindern, dass sie radioaktive Belastung reduzieren, dass ihr Einsatz den Wirkungsgrad von Treibstoffen verbessern kann und dass ganz erstaunliche Erfolge bei Krebs und anderen schweren Krankheiten erzielt wurden.

Warum das alles doch schlüssig ist, Sinn ergibt und möglicherweise für die Gesundung unseres ganzen Planeten bedeutsam ist, wird in diesem Buch erklärt und an vielen Beispielen gezeigt. Auch wenn viele Berichte aus anderen Erdteilen stammen, gibt es mittlerweile eine täglich wachsende Zahl von Beispielen hier in Mitteleuropa, die von dem Nutzen und der Vielseitigkeit der Effektiven Mikroorganismen erzählen.

Entstehungsgeschichte und Beschreibung der Wirkungsweise

Was ist EM?

Die Bezeichnung »EM« steht ganz allgemein für die »**Mischung Effektiver Mikroorganismen**« und wurde geprägt von Teruo Higa. Er ist Professor für tropischen Gartenbau an der landwirtschaftlichen Fakultät der Ryukyu-Universität auf Okinawa, der größten Insel des japanischen Ryukyu-Archipels, der das ostchinesische Meer vom Pazifik trennt. Professor Higa hat in über 20-jähriger Forschung diese Mischung von Mikroorganismen entwickelt, die sich als unglaublich vielseitiges Mittel in unzähligen Bereichen des täglichen Lebens entpuppt haben: in der Landwirtschaft, in der Wasser-, Bau- und Energiewirtschaft, in Industrie und Hotelgewerbe, im Haushalt und in der Medizin. Die Bezeichnung **EM**, die inzwischen schon Eingang in japanische Wörterbücher gefunden hat, wird häufig für ein ganzes System von Anwendungen und Produkten benutzt. Daher sollte unterschieden werden zwischen der Originalmischung regenerativer Mikroorganismen, die bei uns als **EM1** vermarktet wird, und Produkten, die mit Hilfe von EM1 hergestellt werden. An erster Stelle sei hier auf das für das menschliche Wohlbefinden entwickelte Getränk **EM-X** hingewiesen, ebenso auf die mit Effektiven Mikroorganismen und EM-X hergestellte **EM-Keramik** (auch **EM-X-Keramik**), die in unterschiedlichen Formen angeboten wird. Dazu gibt es noch eine ganze Reihe von anderen Produkten, auf die später eingegangen wird. Die gesamte Bandbreite der EM-Produkte und ihrer vielfältigen Anwendungen wird als **EM-Technologie** bezeichnet. Der Begriff »Technologie« wird im heutigen Sprachgebrauch häufig auch für Anwendungsmethoden und Systeme benutzt, die nichts mit Technik an sich zu tun haben. Er hat sich aus dem englischen Begriff *technology* ergeben, der weiter gefasst ist als die deutsche Übersetzung *Technologie.*

Die Geschichte von EM

Die Entstehung und Geschichte von EM ist untrennbar verbunden mit einer Person: Teruo Higa. Denn EM ist nicht aus einer Schule oder Gruppe entstanden, sondern durch die Kreativität und Beharrlichkeit einer einzelnen Person, die trotz aller Rückschläge und gegen alle Widerstände an einer Vision festgehalten hat und schließlich mit der unerwarteten Entdeckung eines universell einsetzbaren natürlichen und dennoch äußerst potenten Mittels belohnt wurde. Welche Vision ist das?

Ursprünglich war Professor Higas Vision so einfach wie vage. Auf Grund ganz persönlicher Erfahrungen und Überlegungen suchte er einen Weg, Pflanzenwachstum und Pflanzengesundheit mit Hilfe von Mikroorganismen zu verbessern und auf Agrarchemikalien ganz zu verzichten. Im Laufe seiner Forschungen und seiner praktischen Erfahrungen mit dem fertigen EM hat sich diese Vision erheblich erweitert. Heute sieht er eine Zukunft, in der durch den Einsatz von EM und der EM-Technologie grundlegende Probleme unserer Welt bewältigt werden können: Man kann damit eine ausreichende, hochwertige Ernährung für die gesamte Weltbevölkerung sichern, die gesundheits- und lebensfeindlichen Folgen der weltweiten Umweltverschmutzung Schritt für Schritt beheben und zukünftige Umweltverschmutzung vermeiden, einen weiten Bereich des Gesundheitswesens so verändern, dass die medizinische Versorgung besser, aber bezahlbar wird, und schließlich in weiten Teilen der Industrie und im Bereich der Energie neue, revolutionäre Wege gehen.

Für all dies braucht man keine kostspielige komplizierte Technologie, sondern es ist so einfach, dass selbst Entwicklungsländer die erforderlichen Techniken problemlos anwenden können – und dies auch schon tun. Es ist nicht notwendig, Fachleute monatelang auszubilden, um diese Technologie nutzen zu können, sondern es handelt sich um einfache, leicht verständliche Prozesse, die in Kursen und Beratungen, ja durch aufmerksame Literatur der existierenden Handbücher und Broschüren zu erlernen sind. Darüber hinaus dehnt sich Professor Higas Vision auf eine veränderte Gesellschafts- und Wirtschaftsordnung aus, in der nicht mehr das Prinzip des Wettbewerbs Maß aller Dinge ist, sondern ein Prinzip der Koexistenz und Ko-Prosperität Grundlage des Handelns wird.

Zusammenfassend könnte man sagen, dass Higa die bisherige Denkweise, auf Grund physikalischer Gesetze sei die Erde zunehmender Entropie, also zunehmender Unordnung, ausgesetzt und steuere deshalb auf einen von den Menschen verursachten, vorzeitigen Untergang zu, für überholt hält. Seiner Überzeugung nach gibt es mit der EM-Technologie und ihren nahezu unbegrenzten Möglichkeiten nun eine Gegenwelt zu der »auf eine Zerstörung hinlaufenden Entropie«, und diese nennt er »re-vitalisierende Syntropie«.

Nach dem Gesetz der Entropie bleibt nach jeder Verwendung von Energien oder Substanzen ein nicht rückgewinnbarer Anteil an Verschmutzungen zurück, sei es im Boden, im Wasser oder in der Ozonschicht als Form globaler Erwärmung. Die moderne Wissenschaft und Technik sorgt ausnahmslos für ein Anwachsen der Entropie, da sie ihrem Wesen nach auf einen Ausstoß von Emissionen und Verschmutzungen ausgelegt ist. Danach wäre die Menschheit zum Untergang verdammt, egal wie viel Anstrengungen sie auch unternimmt, der Vernichtung durch diese unumkehrbaren Verschmutzungen zu entgehen. Aber überall, wo EM ausgebracht wird, verschwindet über kurz oder lang jegliche Verschmutzung, so dass die Umwelt in jeder Hinsicht und auf allen Ebenen eine Wiederbelebung erfährt. Das bezeichnet Professor Higa als Welt der Syntropie.

Es zeigte sich, dass eine große Menge von Schadstoffen Nahrung für die Effektiven Mikroorganismen sind, und viele Wirkungen von EM sowie der Produkte, die mittels EM hergestellt werden, bieten ungeahnte Möglichkeiten auf unendlich vielen Feldern. Darum entwickelte Higa diese optimistische Perspektive, die er in seinem 1998 erstmals in Japan erschienenen Buch »Die wiedergewonnene Zukunft« (Deutschland 2001) vorstellt. Zusammengefasst führt er aus, dass es keinen Grund mehr für Fatalismus gibt. Mit EM ist der Menschheit ein Werkzeug an die Hand gegeben, das diesen Optimismus rechtfertigt. Man muss es nur benutzen, und zwar möglichst rasch und umfassend, weil die Zeit zum Umsteuern knapp wird. Verfolgt man Professor Higas Schriften und Vorträge, dann fällt auf, dass er zunehmend darauf drängt, EM großflächig auszubringen. Das Ziel seiner Vision ist eine Erde, in der weitgehend flächendeckend regenerative Mikroorganismen wirken und die Führung übernommen haben, so dass Gesundheit und Fruchtbarkeit wieder von der Natur ausgehen. Und den Anstoß dazu kann EM geben.

Verständlicherweise sind viele skeptisch, wenn sie mit Higas Thesen und Aussichten konfrontiert werden. Doch die Flut von Bestätigungen seiner Erfahrungen aus allen Teilen der Welt lassen die Zweifler und Gegner inzwischen leiser werden. Die Einfachheit der Anwendung und der niedrige Preis fördern die spontane Anwendung in vielen Bereichen – vorrangig in der Landwirtschaft, aber zunehmend auch auf vielen anderen Feldern des täglichen Lebens.

Professor Higas Weg zu EM

In seinem ersten Buch, »Eine Revolution zur Rettung der Erde« (Japan 1993/Deutschland 2000), erzählt Professor Higa, dass er schon immer stark von der Praxis bestimmt war. Als Kind half er seinem Großvater in der Landwirtschaft. Noch bevor er morgens zur Schule ging, hatte er bestimmte Aufgaben zu erledigen. Dadurch wurde er zu selbstständiger, disziplinierter Arbeit erzogen, außerdem lernte er hierdurch und durch das, was sein Großvater ihm beibrachte, die Natur genau zu beobachten. Die Produktion landwirtschaftlicher Erzeugnisse interessierte ihn besonders, so dass er lange vorhatte, selbst Bauer zu werden. Da er aber ein intelligenter Schüler war, war sein Weg in ein Landwirtschaftsstudium vorgezeichnet.

Auch an der Universität bevorzugte er ein praxisnahes Studium. Er spezialisierte sich nach dem Grundstudium auf den tropischen Gartenbau, weil dieser in seiner Heimat betrieben wird. Der Gedanke, seiner Heimatinsel Okinawa, die nach dem Krieg sehr arm und rückständig und stark von der Landwirtschaft geprägt war, durch seine an der Universität erworbenen Kenntnisse zu helfen, war für ihn ein starker Antrieb. Als er schließlich nach Okinawa zurückging, arbeitete er als Dozent an der Universität und betreute gleichzeitig ein von ihm selbst initiiertes Projekt, den Mandarinenanbau auf der Insel einzuführen. Dieses Projekt trieb er mit viel persönlichem Einsatz voran und konnte dabei die modernsten Anbaumethoden der Zeit einsetzen. Anfang der 70er-Jahre bedeutete dies den massiven Einsatz von Kunstdüngern und Agrarchemikalien. Da er sich häufig persönlich in den Mandarinenplantagen aufhielt, war er ständig in Kontakt mit diesen Mitteln. Im Laufe der Zeit stellte er fest, dass er nicht nur all seine Energie verlor, sondern sein Körper obendrein auch allergische Reaktionen wie Hautausschlag zeigte. Es dauerte eine ganze Weile, bis ihm, der ja ein genauer Beobachter war, der Zusammenhang zwischen diesem Zustand und dem massiven Einsatz von chemischen Mitteln auffiel. Mit 30 Jahren war sein Gesundheitszustand so schlecht, dass sein Arzt meinte, er würde nicht älter als 50 werden.

Da es damals keine gangbare Alternative zu den chemischen Mitteln in der Landwirtschaft gab, konnte er aus seiner Entdeckung noch keine Konsequenzen ziehen, aber der erste Zweifel war gesät.

Nicht viel später war Professor Higa an einem Projekt im Ausland beteiligt, wo er mit seinem Team Wassermelonenpflanzen, die von einem hartnäckigen Virus befallen waren, behandeln sollte. Alle Anstrengungen zeigten keinerlei positive Wirkung, so dass sie die sterbenden Pflanzen schließlich ausrissen und in Abwassergräben warfen, die von den Küchenabwässern der umliegenden Häuser gespeist wurden. Einige Tage später beobachtete der Professor zu seinem großen Erstaunen, dass die Pflanzen keine Anzeichen der Krankheit mehr aufwiesen und neue Wurzeln geschlagen, ja sogar neue Knospen angesetzt hatten. Er konnte dieses Phänomen zwar nicht erklären, aber ihm wurde bewusst, dass es etwas in der Natur geben muss, das diesen unerwarteten Umschwung erreicht hatte. Ihre chemischen Mittel hatten dies nicht geschafft, aber eine Kraft, die irgendwie mit den Küchenabfällen zusammenhing. Im Nachhinein bezeichnet er diese Beobachtung als Wendepunkt in seinen Forschungen. Er erkannte, dass die chemischen und physischen Eigenschaften des Bodens ausreichend bekannt waren, was aber das Bodenleben anging, insbesondere die Mikroorganismen, war nur ein sehr kleiner Teil der gewaltigen Menge überhaupt erforscht. Deshalb entschloss er sich, seine Forschungen auf die Welt der Mikroorganismen zu konzentrieren.

Welche große Aufgabe er sich vorgenommen hatte, wird deutlich, wenn man sich die Zahl der Mikroorganismen vor Augen führt: In einem Gramm nährstoffreichem Boden oder einem Milliliter Abwasser befinden sich etwa eine Milliarde Bakterienzellen. Bis heute sind kaum mehr als 5000 Bakterienarten und 100 000 Pilzarten beschrieben worden.

Professor Higa begann nun, in seinem Universitätsinstitut mit unterschiedlichen Substanzen, von Mikronährstoffen über Hormone bis zu verschiedensten Stämmen von Mikroorganismen zu experimentieren, wenngleich er nicht genau wusste, wonach er eigentlich suchte. Seine Ergebnisse waren folglich auch unbeständig. Über die Arbeit eines Kollegen an der landwirtschaftlichen Fakultät der Universität kam er darauf, auch Versuche mit Stämmen von Photosynthesebakterien zu machen. Damit erhielt er kontinuierlich bessere Resultate bei seinen Experimenten mit Obstbäumen. Wenn er diese Photosynthesebakterien einsetzte, waren die Früchte süßer, reicher an Vitamin C, und sie ließen sich länger lagern. Diese Ergebnisse gaben ihm erneut Antrieb. Nach wie vor arbeitete er mit einzelnen Komponenten, wie es im Wissenschaftsbetrieb üblich ist. Nur so können exakte Aussagen gemacht werden, und nur so kann man wirklich nachprüfen, welche Einzelkomponenten Veränderungen hervorgebracht haben. Professor Higas Forschungen und Versuche blieben aber weiter unbeständig. Hatte er an einem Tag das Gefühl, er habe eine Lösung gefunden, stellten sich bald darauf wieder Schwierigkeiten ein, die seine Arbeit in Frage stellten. Oft, so schreibt er, war er kurz davor aufzugeben.

Doch dann kam der Durchbruch: Professor Higa hatte sich unterschiedlichste Mikroorganismen besorgt, von denen bekannt war, dass sie in der einen oder anderen Art und Weise nützlich und gesund für Pflanzen und Umwelt sind. Wenn er mit einem Versuch fertig war, schüttete er die Reste der Mikroorganismen auf ein Rasenstück vor seinem Labor, anstatt sie im Müll zu entsorgen, weil er wusste, dass es sich um wertvolle Kulturen handelte. Nach einer Weile fiel ihm auf, dass der Rasen eben dort grüner war und besser wuchs als in der Umgebung. Zunächst fragte er bei seinen Studenten nach, ob sie an der Stelle etwas Besonderes gemacht hatten. Erst als sie verneinten, fiel ihm auf, dass dies genau die Stelle war, auf die er nun schon seit längerer Zeit täglich unterschiedliche Stämme von Mikroorganismen ausschüttete. Er erkannte, dass es bei der Lösung, die er suchte, gar nicht um einzelne Mikroorganismen oder Stämme ging, sondern dass das Entscheidende die Kombination von unterschiedlichen, aber genau zusammenpassenden Mikrobenstämmen ist. Doch welche passen zusammen?

Zwei Richtungen in der Natur

Für Higa kristallisierte sich bei seiner Arbeit mit Mikroorganismen eine Erkenntnis heraus, die neu war, die aber immer deutlicher wurde. Er erkannte, dass es zwei diametral entgegengesetzte Richtungen gibt, die sich in ständigem Widerstreit miteinander befinden: zum einen die Tendenz zur Regeneration, zu Leben, Gesundheit, Wachstum und Vitalität, zum anderen eine degenerative Kraft, die zuständig ist für Zerfall, Krankheit, Fäulnis und Tod. Er stellte fest, dass nur wenige Stämme von Mikroorganismen so dominant sind, dass sie die Richtung vorgeben können. Die große Masse ist neutral, es sind sozusagen Mitläufer, denn sie richten sich danach, welche Richtung in einem gegebenen Umfeld oder Milieu dominiert. Sie sind in der Lage, sich wie abbauende, pathogene Bakterien zu verhalten, doch wenn regenerierende, Gesundheit fördernde Mikroorganismen die Oberhand gewinnen, unterstützen sie diesen Prozess. Es ist also wesentlich, dass in der Natur – auch in den Bereichen, die den Menschen betreffen – dafür gesorgt wird, dass nicht die negativen Mikroorganismen überhand nehmen, sondern die positiven. Diese Einteilung der Gesamtheit der Mikroorganismen entspricht zwar nicht der üblichen wissenschaftlichen Klassifizierung, aber durchaus der natürlichen Ordnung.

Diese Entdeckung führt zu dem Schluss, dass lediglich dominant regenerative Mikroorganismen in ein gegebenes Milieu geimpft werden müssen, um einen negativen Prozess zu stoppen und in einen regenerativen, vitalen umzukehren. Die beiden wesentlichen Milieus sind Boden und Wasser.

Es ist allgemein bekannt, dass sich der Zustand der natürlichen Welt immer stärker in eine Richtung entwickelt, die für alle (nicht nur menschliche) Lebensverhältnisse ungünstig ist. Der Niederschlag ist sauer, die Böden sind belastet, Luft und Wasser sind verschmutzt, und in der Folge entstehen aggressive Kleinstorganismen, wie Aidsviren und Ähnliches, wofür wir keine Gegenmittel haben. Die weltweiten Maßnahmen, dieser Situation Einhalt zu gebieten, wirken hilflos. Dieser Zustand ist beileibe nicht rückläufig, es sei denn weltweite ökonomische Krisen erzwingen eine Verlangsamung dieser massiven und kontinuierlichen globalen Verschmutzung.

Oxidation und Umweltverschmutzung

Sauerstoff bestimmt den größten Teil der Vorgänge auf unserem Planeten. Theorien von der Entstehung der Erdatmosphäre weisen darauf hin, dass dies am Anfang nicht der Fall war. Danach war der glühend heiße Erdball ursprünglich umgeben von Kohlendioxid, Ammoniak, Methan und Schwefelwasserstoff. Als dieses Klima begann, sich langsam abzukühlen, müssen die ersten Organismen entstanden sein. Sie ernährten sich von den vorhandenen Nahrungsquellen, nämlich Kohlendioxid, Methangas, Schwefelwasserstoff und Ammoniak unter einer nicht versiegenden Energiequelle, der Sonne. Als Abfallprodukt schieden sie unter anderem Sauerstoff aus, ein für sie selbst giftiges Produkt. Da diese »an-aeroben« – ohne Sauerstoff lebenden – Organismen wegen des überreichen Nahrungsangebots in riesiger Zahl vorhanden waren und sich massenhaft vermehrten, »vergifteten« sie mit ihrem Abfall allmählich die eigene Atmosphäre. Eine Vielzahl von neuen Organismen entstand, die das Abfallprodukt, Sauerstoff, als Nahrung adaptierten. Einige lernten, in beiden Situationen zu überleben, sie waren je nach Situation aerob oder anaerob, andere spezialisierten sich ganz auf den Sauerstoff als Nahrung. Allmählich wurden die ursprünglich vorhandenen anaeroben Mikroorganismen in Nischen verdrängt, in denen sie sich Jahrmillionen erhalten und weiterleben konnten, nämlich dort, wo die Umwelt für sie noch ideal war: tief in der Erde, in vulkanischen Regionen, in der Tiefsee, ja sogar im Inneren von Felsen und Steinen. Ihre Lebensräume sind oftmals extrem – äußerst kalt oder heiß oder trocken.

So wichtig Sauerstoff für das Leben ist, so problematisch ist er auf der anderen Seite. Er ist äußerst reaktionsfreudig und kann mit fast allen Elementen Verbindungen eingehen. Übermäßiger Sauerstoff braucht Gegenspieler, die ihn in Schach halten, die so genannten Antioxidantien. Die vielfältigen Chemikalien, die nun schon so lange unsere Umwelt – Luft, Wasser und Boden – und unseren eigenen Körper belasten, gehen mit dem Sauerstoff ununterbrochen Reaktionen ein, sie oxidieren. Es werden aber nicht in gleicher Menge Antioxidantien erzeugt, so dass die Welt sich auf einen Zustand immer stärkerer Oxidation zubewegt, und dies schadet ihr und uns.

Denn sehr viele Sauerstoffverbindungen sind giftig oder zumindest schädlich. Eine ganze Reihe von Mikroorganismen hat sich auf solche oxidierten Milieus spezialisiert und entwickelt sich dort hervorragend. Dabei handelt es sich um die Mikroorganismen, die eher lebensfeindliche Prozesse unterstützen, Degeneration, Krankheit und Abbau bewirken.

Durch die zunehmende Umweltverschmutzung ist auf der Erde eine Situation entstanden, die den Boden bereitet hat für eine verstärkte Vermehrung und Entwicklung dieser degenerativen Mikroorganismen. Sie können sich leichter verbreiten und dann die große Masse der neutralen Mikroorganismen in ihre Richtung zwingen. Es wird also immer schwerer für die aufbauenden, regenerativen Mikroorganismen, sich zu vermehren und positiv zu wirken. Deshalb, so Professor Higa, müssen wir Menschen den Prozess umkehren: Um unserer eigenen Zukunft willen müssen wir dafür sorgen, dass regenerative Mikroorganismen so schnell wie möglich massenhaft zunehmen. Wir Menschen können und müssen diesen Prozess in Gang bringen – je eher, desto besser.

Aerobe und anaerobe Mikroorganismen in einem Milieu

Doch zurück zu Professor Higas Suche nach der besten Mischung von Mikroorganismen: Zunächst hatte er bei seinen Forschungsarbeiten Verbesserungen für die Landwirtschaft im Visier. Über Jahre isolierte er unterschiedliche Mikroorganismen, die zu der Gruppe der regenerativen Mikroorganismen gehören und die für ihre positive Wirkung bekannt sind: Milchsäurebakterien, die man für eingelegtes Gemüse benutzt, Hefen, die für die Herstellung von Wein und Bier genommen werden, Stickstoff bindende Bakterien an den Wurzeln von Bäumen und Pflanzen usw.

Langsam baute er eine Mischung dieser Mikroorganismen auf, war aber auf das Prinzip von Versuch und Irrtum angewiesen, weil es für diese Vorgehensweise keine Vorbilder gab, auf die er sich stützen konnte. Immer wieder, schreibt er, geschah es, dass er der schon koexistent existierenden Gruppe eine neue Art zufügte und dort sofort ein Kampf ausbrach, der das Ganze binnen kurzer Zeit vernichtete, so dass er wieder von vorn anfangen musste.

Professor Higa bewegte sich bei seinen Forschungen in Grenzbereichen klassischer wissenschaftlicher Arbeit, deshalb war er gezwungen, weitgehend auf sich selbst gestellt zu arbeiten. Doch dadurch war er auch leichter in der Lage, unkonventionelle Wege zu beschreiten. Er hatte ja schon den ungewöhnlichen Weg eingeschlagen, seine Lösung in einer Mischung zu suchen, nicht in einzelnen Stämmen. Und irgendwann bemerkte er etwas, das in der wissenschaftlichen Welt bis dahin undenkbar war: Ihm war nämlich aufgefallen, dass aerobe Mikroorganismen, also solche, die Sauerstoff zum Leben benötigen, und anaerobe, für die Sauerstoff Gift ist, wunderbar zusammenleben können. Dies funktioniert, weil sie ihre Nahrungsquellen austauschen. Sie profitieren jeweils von den Abfallprodukten der anderen Art. Außerdem beobachtete Professor Higa, dass Mikroorganismen, die zwar sehr unterschiedlich sind, aber die gleiche dynamische Tendenz aufweisen, also zum Beispiel regenerativ wirken, leichter zu einer solchen symbiotischen Koexistenz fähig sind. Ein Beispiel sind zwei in EM existierende Arten, Photosynthesebakterien und Azotobakter. Beide sind Stickstoff sammelnde Spezies, aber während die Photosynthesebakterien keinen Sauerstoff vertragen, brauchen ihn die Azotobakter zum Leben. Für ihr Zusammenleben gibt es zwei Erklärungen: Zum einen findet ein günstiger Nahrungsaustausch statt. Azotobakter leben aerob auf und von organischem Material; der Abfall, den sie erzeugen, ist wiederum eine ausgezeichnete Nahrungsquelle für Photosynthesebakterien. Diese scheiden organische Materialien aus, die den Azotobakter wiederum als Nahrung dienen – ein perfekter Nahrungskreislauf. Hinzu kommt, dass die starke Vermehrung der Sauerstoff zehrenden Azotobakter zu Sauerstoffarmut im Boden führt, was wiederum für die anaeroben Photosynthesebakterien günstig ist.

Higa war einem pragmatischen theoretischen Ansatz gefolgt, indem er sich an dem orientierte, was er vorfand. Er hatte nach Ersatzstoffen für chemischen Dünger und Pestiziden in der Landwirtschaft gesucht und aus etwa 2000 Arten von Mikroorganismen diejenigen mit schädlicher Wirkung eliminiert. Es blieben schließlich gut 80 übrig, die er zusammen in einem Milieu kultivieren konnte, das stabil blieb, und das in der praktischen Anwendung seine Forderungen erfüllte. Diese Mischung nannte Professor Higa **Effektive Mikroorganismen, EM.**

Die Mikroorganismen in EM

Viele der Mikroorganismen in dieser Kombination werden zum Teil schon seit Jahrhunderten oder länger in der Lebensmittelherstellung benutzt, nämlich für Wein, Bier, Brot, Sauerkraut, Joghurt usw. Die wichtigsten Gruppen der Effektiven Mikroorganismen sind Photosynthesebakterien, Milchsäurebakterien, Pilze und Hefen.

Sobald sie Nahrung bekommen, beginnen die Effektiven Mikroorganismen nützliche Substanzen wie Vitamine, organische Säuren, Mineralien und Antioxidantien abzusondern. Im Boden verändern sie die Mikroflora, so dass Krankheiten fördernder Boden umgewandelt wird in Boden, der Krankheiten unterdrückt. Die antioxidative Wirkung dieser Mikroorganismen gelangt direkt in den Boden und indirekt in die Pflanzen, deren Verhältnis von NPK (Stickstoff, Phosphor, Kali) und CN (Kohlenstoff-Stickstoff) aufrechterhalten wird. Die Prozesse im Boden vermehren den Humusgehalt und können

---

Die wichtigsten Mikroorganismen in EM und ihre Wirkungsweisen

Photosynthesebakterien sind unabhängige, sich selbst erhaltende Mikroorganismen. Sie bauen nützliche Substanzen aus Sekreten von Wurzeln, organischem Material und/oder schädlichen Gasen (Wasserstoffsulfid) auf, indem sie Sonnenlicht und Bodenwärme als Energiequellen nutzen. Die von ihnen produzierten Substanzen enthalten Aminosäuren, Nukleinsäuren und bioaktive Substanzen. Sie synthetisieren Glukose, die beispielsweise Pflanzenwachstum unterstützt, aber auch die Wirksamkeit von Aktinomyzeten verstärkt. Photosynthesebakterien unterstützen die Aktivität anderer Mikroorganismen. Andererseits verwerten sie von anderen Mikroorganismen produzierte Substanzen.

Aktinomyzeten, deren Struktur zwischen der von Bakterien und Pilzen liegt, produzieren Substanzen aus Aminosäuren, die von Photosynthesebakterien und organischem Material abgesondert werden. Diese antimikrobiellen Stoffe unterdrücken schädliche Pilze und Bakterien. Sie beschleunigen die Stickstoffbindung der Azotobakter (Stickstoffbakterien). Sie befinden sich in den Knöllchen an den Wurzeln Stickstoff sammelnder Pflanzen (Leguminosen) wie Klee oder Erbsen.

Milchsäurebakterien produzieren Milchsäure aus Zucker und anderen Kohlehydraten, die von Photosynthesebakterien und Hefen hergestellt werden. Nahrungsmittel und Getränke, wie Joghurt und milchsauer eingelegte Gemüse, werden seit langem unter Verwendung von Milchsäurebakterien hergestellt. Milchsäure wirkt als starker Sterilisator. Sie unterdrückt schädliche Mikroorganismen und fördert eine schnelle Zersetzung von organischem Material.

Hefen synthetisieren antimikrobielle und nützliche Substanzen aus Aminosäuren und Zucker, die unter anderem von Photosynthesebakterien abgesondert werden. Sie produzieren Hormone und Enzyme, die zum Beispiel die Zellteilung aktivieren. Ihre Absonderungen sind nützliche Substrate für aktive Mikroorganismen wie Milchsäurebakterien und Aktinomyzeten.

Ferment-aktive Pilzarten, wie Aspergillus und Penizillium, lassen organisches Material schnell zerfallen, wobei Alkohol, Ester und antimikrobielle Stoffe entstehen. Sie unterdrücken Gerüche und verhindern das Auftreten von schädlichen Insekten und Ungeziefer.

eine nachhaltig hohe Qualität von Nahrungsmitteln gewährleisten.

Ab 1982 wurde EM eingesetzt, und in der folgenden Zeit fand Professor Higa die Bestätigung seiner Versuche in der landwirtschaftlichen Praxis auf breiter Basis. Berichte von überwältigenden Erfolgen beim Reis- und Gemüseanbau, die seine eigenen Erwartungen weit übertrafen, häuften sich. Und bei seinen Besuchen und Diskussionen erweiterte sich das Spektrum seiner Kenntnisse für weitere praktische Anwendungen ständig.

Eigenschaften und Einsatzmöglichkeiten von EM

Lebensgrundlage Landwirtschaft

Die Basis unseres Lebens ist die Ernährung und damit auch die Landwirtschaft. Die gilt für die Industrieländer wie für die Entwicklungsländer. Es ist notwendig, genügend Lebensmittel für eine stetig wachsende Weltbevölkerung zu erzeugen, um die ganze Menschheit satt zu bekommen. Im 20. Jahrhundert war es keine Frage, dass dies weltweit nur mit Hilfe von Kunstdünger und Agrarchemie möglich ist. Aber spätestens seit 1962, als Rachel Carson ihr Buch »Der stumme Frühling« veröffentlichte, sind die Gefahren des ungehemmten Pestizid-Einsatzes in der Landwirtschaft bekannt. In der Folge konnte sich zwar langsam, aber kontinuierlich eine weltweite Umweltbewegung etablieren, zu der auch eine allmählich wachsende biologisch wirtschaftende Landwirtschaft gehörte.

Es ist aber hinlänglich bekannt, dass die konventionellen Methoden der biologischen Landwirtschaft immer mit minderen Erträgen einhergehen. Zwar sind die Ernten weitgehend unbelastet und auch nahrhafter als konventionelle Ware, doch die biologische Landwirtschaft wäre heute nicht in der Lage, die Probleme der Nahrungsmittelversorgung einer rapide anwachsenden Weltbevölkerung zu lösen. Aber seit es die EM-Technologie gibt, stellt sich diese Frage nicht mehr. Der Einsatz von EM in der Landwirtschaft macht den Einsatz von Mineraldünger und von Agrarchemikalien mittelfristig überflüssig. Auch wenn es für viele unglaublich klingt: Die Integration der EM-Technologie ins Hofmanagement garantiert gleiche, unter Umständen sogar höhere Ertragsmengen als in der konventionell betriebenen Landwirtschaft, aber die Qualität der Produkte ist erheblich besser, zudem frei von Rückständen chemischer Mittel. Obendrein ist EM in der Lage, chemische Belastungen im Boden aufzubrechen also unwirksam zu machen. Der hohe Grad von Antioxidation in einem solchen Boden funktioniert zusätzlich als Filter für das belastete Regenwasser, das nun auch das Grundwasser verbessert. Wie schon erwähnt, werden Substanzen häufig giftig, wenn sie oxidieren. Indem EM im Boden diese Substanzen in ihren ursprünglichen Zustand zurückverwandelt, macht es sie ungefährlich. Bei diesem Prozess der Oxidations-Reduktion entstehen gleichzeitig Stoffwechselprodukte und Antioxidantien, die für die Ernährung der Pflanzen wichtig sind, zum Beispiel Aminosäuren, Polysaccharide und Vitamine.

So hatte Professor Higa dann auch schnell spektakuläre Erfolge in der Landwirtschaft, zum Beispiel bei Japans wichtigstem landwirtschaftlichem Produkt: Reis. Durchschnittlich werden in der konventionellen Landwirtschaft bis zu 5,4 Tonnen pro Hektar geerntet, mit EM stieg die Erntemenge auf über 8,4 Tonnen pro Hektar. In Experimenten gelang es seiner Arbeitsgruppe sogar, Erträge von über 16 Tonnen pro Hektar zu produzieren. Über ähnliche Erfolge berichtet Higa aus allen Bereichen landwirtschaftlicher Produktion. Es ist aber wichtig zu betonen, dass neben der Menge auch die Qualität überragend ist und obendrein die Pflanzen widerstandsfähiger gegen Krankheiten und Schädlinge werden.

Im Unterschied zu den meisten anderen biologischen Verfahren spielt bei EM die Vermeidung von Sauerstoff eine wesentliche Rolle. EM1, die Urlösung, muss unter Luftabschluss aufbewahrt werden, sonst verdirbt sie schnell. Werden die Mikroorganismen auf Felder gesprüht, dann sollte dies bei oder unmittelbar vor Regen geschehen, damit sie nicht zu lange der Luft und direktem Sonnenlicht ausgesetzt sind. Die wesentliche, synergetische Arbeit der Mikroben findet unter der Oberfläche statt.

Diese Tatsache zusammen mit anderen Erkenntnissen seiner Forschungen brachte Professor Higa früh darauf, organisches Material mit EM einzusäuern, zu fermentieren, um es haltbar zu machen. Die Mikroorganismen tun genau das, was sie auch in der Erde tun: Sie beginnen das Material zu zersetzen und erzeugen dabei die schon erwähnten Antioxidantien und Stoffwechselprodukte, wie Vitamine, Polysaccharide etc. Zu Higas großer Freude ersetzt dieser Prozess das Herstellen von Kompost völlig. In seiner Kindheit oblag ihm auf dem Hof seines Großvaters nämlich die mühselige und langweilige

Herstellung von Kompost, die er verabscheute. Es ist in der Tat frappierend zu beobachten, dass jedwedes organisches Material, das mit EM ein bis zwei Wochen lang fermentiert und dann unter die Erde gebracht wird, in nur sechs bis acht Wochen zu perfektem schwarzem Humus wird.

Diese Methode der Düngerherstellung führte zu der erfolgreichen Fermentation von Tierabfällen. In Europa ist dies in erster Linie die Behandlung von Gülle, die auf diese Weise nicht nur in hochwertigen Dünger verwandelt wird, sondern auch ihren extremen Gestank verliert, wenn die Effektiven Mikroorganismen im Spiel sind. Ebenso wird mit EM sehr erfolgreich Silage fermentiert. So gelangt EM über das Futter in den Verdauungstrakt der Tiere, was zu einer besseren Futterverwertung, höherer Tiergesundheit und Fruchtbarkeit führt. Interessant für den Verarbeiter und Verbraucher ist die Tatsache, dass nicht nur mit EM gezogenes Obst und Gemüse haltbarer ist, sondern auch Fleisch.

Beim Anbau von Gemüse kann man beobachten, dass beim Einsatz von EM alle Pflanzen und Früchte gleich groß werden. Die Felder sehen sehr gesund und gleichförmig aus. Der Grund dafür liegt im Gleichklang der magnetischen Resonanzwellen, die von EM ausgehen.

Magnetische Resonanz

Die in EM koexistierenden und voneinander profitierenden Mikroorganismen haben nicht nur die gemeinsame, erstaunliche Fähigkeit zur Antioxidation, also Oxidation zu verhindern und zur Oxidations-Reduktion, also Oxidation sogar rückgängig zu machen. Sie haben auch eine besonders günstige magnetische Resonanz, die vitale Vorgänge unterstützt und negative umzukehren in der Lage ist. Wie kann man sich dies vorstellen?

Jedes Atom besteht aus einem Kern, der von seinen Elektronen in rasender Geschwindigkeit umkreist wird. Durch diese Bewegung entsteht eine Schwingung mit einer bestimmten Frequenz, also Wellenlänge. Jede Materie bildet auf diese Weise ein eigenes Frequenzmuster.

So wie jeder Ton eine andere Schwingung hat und dementsprechend unterschiedlich klingt, schwingt jede Materie individuell. Eine Geigensaite, ein Trommelfell, ein Stück Holz oder Metall, das angeschlagen wird – immer entsteht eine individuelle und unterscheidbare Schwingung in der Luft, die an unser Ohr gelangt. Glücklicherweise können wir nicht jede Schwingung hören, denn alles, selbst leblose Materie, schwingt.

Wenn zwei gleiche Schwingungen mit gleicher Frequenz unterschiedlicher Herkunft aufeinandertreffen, sprechen wir von Resonanz (lat. »re-sonare« = wider-klingen), treffen sie auf Magnetismus, dann ergibt sich eine magnetische Resonanz. Jede Frequenz hat ihren eigenen Informationsgehalt. Jede Lebensinformation hat ihre eigene magnetische Resonanz, und jede Materie hat ihre eigene magnetische Resonanz. Man kann unterscheiden zwischen Schwingung, die günstig für den Menschen ist, und solcher, die ihm schadet.

EM hat eine günstige, die Lebenskraft fördernde Schwingung, welche die gesamte belebte Welt beeinflusst. Diese Schwingung ist aber auch in EM-X und in der EM-Keramik präsent. Dadurch ergeben sich viele Verwendungsmöglichkeiten, von der Wasserreinigung über die Landwirtschaft bis zum Einsatz in der Industrie.

Professor Higa weist darauf hin, dass Wasser das Medium ist, durch welches die Lebensinformation weitergegeben wird. Jedes Wassermolekül ist bipolar, hat also in sich einen positiven und einen negativen Pol; es funktioniert ähnlich wie ein magnetisches Tonband. Jede Lebensinformation wird in den Wassermolekülen magnetisch aufgezeichnet. Magnetische Resonanz wird am wirkungsvollsten ausgesandt, wenn die Substanz, von der sie ausgeht, in reinem Zustand ist. Wasser absorbiert magnetische Resonanz von den Substanzen, mit denen es in Berührung kommt, und überträgt sie wieder auf andere Substanzen. Es besteht aber die Möglichkeit, dass sie nicht genau übertragen wird, weil irgendetwas sie daran hindert. Die Substanz selbst kann die genaue Übertragung behindern, und/oder das Übertragungsmedium, nämlich das Wasser, ist verunreinigt.

Radioaktivität ist ein klassisches Beispiel für die Behinderung einer korrekten Informationsübertragung. Wenn die Atomstruktur einer Substanz künstlich zertrümmert wird, was im Fall der Kernspaltung passiert, dann ist ihre magnetische Resonanz verzerrt. Durch Substanzen in diesem Zustand werden große Mengen von aktiviertem Sauerstoff, das heißt von freien Radikalen, freigesetzt. Diese besitzen Eigenschaften, die denen von ultravioletten Strahlen ähnlich sind. Freie Radikale sind an sich absolut unentbehrlich für alles Lebendige, aber wenn sie in übergroßer Menge vorkommen, sind sie Ursache für jede Art von Krankheit. Die häufigste Behinderung für normale magnetische Resonanz in der Materie ist die Oxidation. Wenn ein Stoff in lauter oxidierte Substanzen zerfällt, hat er seine ureigene Resonanz verloren. Wollen wir also die wesentlichen Eigenschaften von Lebendigem und von Materie erhalten, müssen wir ihre Fähigkeit, Oxidation zu widerstehen, stärken und vervollkommnen.

Je mehr EM- und EM-X-Keramik verwendet wird, desto größer ist auch die darin angesammelte Menge an Antioxidantien, und die magnetischen Resonanzwellen werden im gleichen Maße stärker. Hat dieses Phänomen ein gewisses Niveau erreicht, kommt es zu dramatischen Verbesserungen im Umfeld. Auf Ackerflächen stellt sich ein gleichmäßiges Wachstum ein. Obstbäume tragen bis zur Spitze hinauf Früchte, überall in gleicher Farbe und Größe – die Folge des Gleichklangs der Resonanzwellen. Ungleiches Gedeihen während des Wachstums zeugt von asynchronen Schwingungen. Folglich muss EM so lange angewendet werden, bis die Schwingungen synchron sind.

Strahlung, starke Temperaturveränderungen und auch Erdbeben sind starke Energieträger, die durch magnetische Resonanzwellen in eine gemeinsame Schwingung gebracht werden können. Deshalb sollte bei einer starken Energieeinwirkung wie bei einem Erdbeben ein solches Resonanzfeld aufgebaut werden, um Erschütterungen und zerstörerische Schwingungen zu vermeiden. Professor Higa berichtet von Fällen, wo durch den Einsatz von EM (EM1 und EM-X-Keramikpulver) in Baumaterialien ein so starkes Resonanzfeld geschaffen wurde, dass selbst die Schwingungen eines starken Erdbebens in eine synchrone Schwingung gebracht wurden, so dass keine Schäden an diesen Häusern entstanden.

Wasser als ideales Medium

Wasser bedingt und fördert Leben in all seinen vielfältigen und unendlichen Formen. Von einzelligen Organismen bis hin zu den höheren Lebewesen sind alle auf Wasser angewiesen. Ohne Wasser würde alles Lebendige auf unserem Planeten aufhören zu existieren.

In der letzten Zeit haben zwei Publikationen das Augenmerk vieler Menschen auf den Zustand und die Qualität von Wasser gelenkt. Der deutsche Biophysiker Peter Ferreira hat mit seinem Buch »Wasser & Salz« offenbar bei vielen einen Nerv getroffen. Außerdem kursieren im deutschsprachigen Raum Tausende von Kopien seiner engagierten Vorträge und haben breite Kreise der Bevölkerung für dieses Thema sensibilisiert.

Ferreira fasst in seinem Buch leicht verständlich und umfassend die verschiedenen Merkmale von Wasser, sein Vorkommen und seine Bedeutung für alles Leben auf der Erde zusammen. Er verdeutlicht den Unterschied zwischen gutem und minderwertigem Wasser und stellt vor allem seine Bedeutung für den menschlichen Körper heraus. Das Wasser mit seiner kristallinen Struktur bezeichnet er als flüssigen Kristall.

Die Tatsache, dass Wasser in der Lage ist, Informationen zu speichern, hat Masaru Emoto in seinen Publikationen mit Fotografien von unterschiedlichsten Wasserkristallen sichtbar gemacht. Zwölf Jahre lang hat der japanische Wissenschaftler erforscht, wie das Gedächtnis des Wassers und seine gespeicherten Informationen sichtbar gemacht werden könnten. Drei Jahre lang hat er Zehntausende von Fotografien von Wasserkristallen aufgenommen und ausgewertet. Es zeigte sich, dass man bei minus fünf Grad Celsius mit einem gekühlten Mikroskop die Kristallisierungsformen des Wassers am besten darstellen kann. Bei gutem Wasser baut der Kristall auf einem Sechseck auf, ähnlich wie bei Schneeflocken. Rund um dieses Sechseck reihen sich die kristallinen Verzierungen. Dieser Aufbau, aber auch die Farbe des Kristalls und sein Zentrum geben Aufschluss über die im Wasser gespeicherten Informationen, die dann interpretiert werden können.

Kristalle sind feste Substanzen mit gesetzmäßig klar geordneten Atomen und Molekülen. Zwar haben alle Schneekristalle dieselbe Grundstruktur (das Sechseck), aber ganz gleich wie viele Proben von demselben Wasser gefroren werden, gibt es keine zwei identischen Muster. Es zeigen sich aber in allen Proben vergleichbare Ähnlichkeiten und Tendenzen in der Struktur des Kristallgitters. Missbildungen und zerfallene Sechseckkristalle sind im Vergleich zu schönen, regelmäßigen Wasserkristallformen kein gutes Zeichen.

Auch Professor Higa schenkt der Betrachtung von Wasser und dessen Qualität große Aufmerksamkeit. Er verweist darauf, dass Wasser eine wichtige Funktion erfüllt: Es bildet eine Verbindung zwischen lebendiger organischer Substanz und anorganischer Materie.

Auf der molekularen Ebene besitzt jede gereinigte Materie charakteristische Eigenschaften, die eine Resonanz auf externe Reize bestimmter Wellenlängen hat. Ein einzelnes Wassermolekül hat einen negativen und einen positiven Pol mit besonderen magnetischen und elektrischen Funktionen. Das bedeutet: Wasser hat eine extrem starke magnetische Resonanzfähigkeit. Ausführlich beschreibt Higa das Phänomen des

Informationstransfers, ein Prozess, bei dem Regenwasser auf seinem Weg bis in die Erde hinein die Eigenschaften der ersten aktivierten Substanzen, mit denen es in Kontakt kommt, aufnimmt und diese Eigenschaften wiederum auf andere Substanzen überträgt. Konsequentes Filtern entfernt zwar Verunreinigungen und schädliche Elemente aus Wasser, das mit Substanzen wie Ammonium, Schwefelwasserstoff oder Methangas kontaminiert ist. Doch es ist immer noch extrem schwierig, den hartnäckigen, unangenehmen Geschmack loszuwerden, will man es überhaupt zu trinkbarem Wasser machen.

Wenn Eigenschaften schädlicher Substanzen einmal auf das Wasser übertragen wurden, sind diese Informationen elektromagnetisch in das Gedächtnis des Wassers eingebrannt. Es ist vergleichbar mit Tonbandaufnahmen. Das Aufnehmen wird ermöglicht durch die Tatsache, dass das Magnetband und die aufgenommene Information eine feste Verbindung eingehen. Auch die Informationen schädlicher Substanzen gehen eine Verbindung mit Wasser ein. Eine solche Verbindung ist ausgesprochen stark, und deshalb ist es äußerst schwierig, auf Wasser übertragene Informationen zu löschen; selbst hohe Temperaturen von mehreren hundert Grad können dies nicht bewirken. Das Auslöschen kann jedoch künstlich auf verschiedene Weise durchgeführt werden, zum Beispiel elektromagnetisch, durch Behandlung mit ultravioletten oder Infrarotstrahlen oder auch durch die Behandlung des Wassers mit Halbleitern oder Photokatalysatoren. Ein Löschen von Informationen geschieht aber auch auf natürlichem Wege, nämlich durch elektromagnetische Sonnenstrahlen oder als Ergebnis

EM-X-Wasserkristall. Er unterscheidet sich in seiner strukturellen Klarheit völlig von den anderen von Dr. Emoto veröffentlichten Wasserkristallen.

von Donner oder Ozon, wenn Wasser als Dampf in die Atmosphäre zurückkehrt.

Die in seinen Molekülen gespeicherte Information gibt das Wasser an alles und jeden weiter. Dies bedeutet, dass negative wie positive Aspekte alles beeinflussen, mit dem das Wasser in Berührung kommt. Das schließt die Menschen ein, die es trinken, und die Pflanzen, die damit gewässert werden. Daraus ergeben sich unsere Probleme mit dem Wasser: Es kommt nicht mehr auf die Wasserqualität allein an, sondern auch auf die im Wasser eingeschlossene Information, die jederzeit aufs

Neue weitergegeben werden kann. Die Verschmutzung der Atmosphäre und verschiedene Vergiftungen des Bodens haben bereits begonnen, Informationen der schlimmsten Art zu produzieren. Übertragen auf Wasser, das als Bote fungiert, beeinflusst diese schädliche, negative Information die Umwelt und die menschliche Gesundheit direkt und indirekt in vielfältiger Weise.

Professor Higa stellte nun fest, dass EM die Fähigkeit hat, auf Wasser übertragene Informationen zu löschen. Es tut dies mit Hilfe der Enzyme, die es produziert, und durch die Schwingungen, die es ausstrahlt.

EM-X

Im Laufe seiner Forschungen und seiner Erfahrungen bei den verschiedenen praktischen Anwendungen kristallisierte sich für Professor Higa heraus, dass alle Mikroorganismen in EM in ihrer Aktivität, das heißt beim Fressen und Ausscheiden, Substanzen absondern, die antioxidativ wirken. Zusammen mit einem seiner Studenten erarbeitete Higa eine Methode, wie diese Substanzen am besten erzeugt und gewonnen werden können; denn sollte dies gelingen, könnte der Einsatz dieses Substrats an vielen Problemstellen von großer Bedeutung sein. Die Lösung sah so aus: Reiskleie, verschiedene Früchte und Seetang wurden über einen längeren Zeitraum mit EM fermentiert. Anschließend wurde die entstandene Flüssigkeit durch Filter geschickt, die so fein waren, dass nur die Antioxidantien und Spurenelemente hindurchgelangten, nicht aber die andere Materie, auch nicht die Mikroorganismen selbst. Das Resultat war eine durchsichtige goldgelbe Flüssigkeit, die fast wie Wasser schmeckt und ein hochwirksames Konglomerat von sowohl wasser- wie fettlöslichen Antioxidantien ist. Es stellte sich heraus, dass dieses Getränk, das EM-X genannt wurde, besonders wohltuend und gesund für den Menschen ist.

Es wurde schon erörtert, wie durch die steigende Umweltbelastung Oxidationsprozesse zunehmen, was große Probleme für die Natur schafft. Zusammen mit anderen Faktoren sind diese Prozesse auch eine große Belastung für den menschlichen Körper. Es ist mittlerweile ein Gemeinplatz, dass sehr viele Krankheiten mit Oxidation zusammenhängen. Ein Teil des lebensnotwendigen Sauerstoffs, den wir einatmen, verwandelt sich im Körper in aktiven Sauerstoff, wird zu so genannten freien Radikalen. Während ein gesunder Körper genügend Antioxidantien produziert, damit die freien Radikalen keinen Schaden anrichten können, sind die meisten Menschen durch viele negative Faktoren so belastet, dass ihr Körper diese Aufgabe nicht mehr vollständig wahrnehmen kann. Zu diesen Faktoren gehören die Luftverschmutzung, Umweltgifte, elektromagnetische Strahlung, Chemo- und Strahlentherapie, Rückstände von Dünge- und Pflanzenschutzmitteln, Zusätze in Nahrungsmitteln, pharmazeutische Produkte, aber auch psychische Stressfaktoren. Krebs und eine Menge anderer Krankheiten hängen direkt oder indirekt mit der Zerstörung von Zellen durch die freien Radikalen zusammen, ebenso frühzeitiges Altern. Durch die Einnahme von Antioxidantien kann diesen Prozessen entgegengewirkt werden. EM-X enthält neben vielfältigen Antioxidantien auch Mineralien, die über magnetische Resonanzwellen verfügen. Sie sind als resonante Katalysatoren aktiv und können die Radikalreaktionen der im Fettgewebe des Körpers gebundenen schädlichen Schwermetalle, Dioxine, Umwelthormone und anderer chemischer Substanzen aufhalten und diese aus dem Fett lösen, so dass sie anschließend aus dem Körper ausgeschieden werden können.

Seit ca. 1994 wird in Japan die Wirkung von EM-X, das als Erfrischungsgetränk vermarktet wird, in verschiedenen Kliniken erprobt. Auch in anderen Ländern sind aussagekräftige Versuche zur Behandlung unterschiedlicher schwerer Krankheiten wie Aids, Hepatitis und Diabetes gemacht worden. Einer der ersten Ärzte, die klinische Langzeitversuche gemacht haben, ist der Japaner Dr. Shigeru Tanaka, der seine Erfahrungen über die ersten fünf Jahre mit EM-X in einem Buch beschrieben hat (siehe Literaturliste im Anhang). Seiner Meinung nach ist EM-X das stärkste Antioxidans, das es gegenwärtig gibt.

Ärzte aus aller Welt berichten, dass EM-X zum Teil erstaunlich schnelle und durchschlagende Wirkungen erzielt, ohne dabei irgendwelche schädlichen Nebenwirkungen hervorzurufen.

EM-Keramik

Die jüngste Entwicklung der EM-Technologie ist die EM-Keramik. In seinem zweiten Buch von 1994 berichtet Professor Higa von der erstaunlichen Entdeckung, dass einige der Mikroorganismen in EM hohe Temperaturen, zum Teil sogar über 1000 °C überleben, wenn kein Sauerstoff vorhanden ist. Diese Erkenntnis und eine Beobachtung in seinem Labor

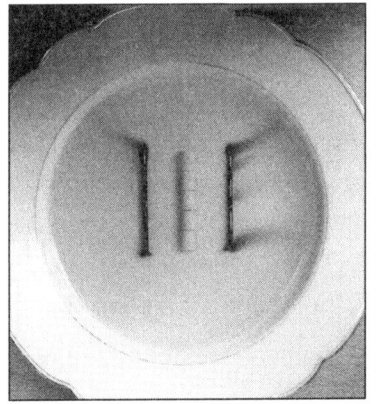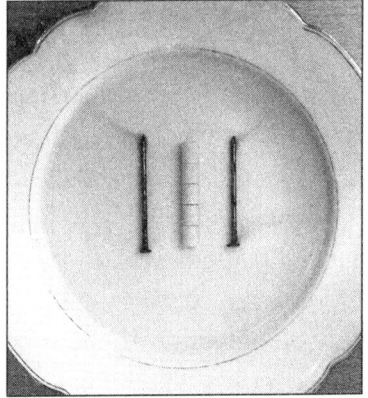

Ein einfacher Test zeigt die Antioxidationskraft von EM-Keramik: Rost bildet sich nur außerhalb des Schwingungseinflusses der Keramikröhrchen.

brachte ihn auf die Idee, EM in Ton einzubrennen. Higa hatte nämlich bemerkt, dass bestimmte Eigenschaften von EM in Gefäßen auch nach gründlichster Säuberung erhalten blieben. Es stellte sich heraus, dass Ton für diesen Zweck besonders geeignet ist. Die EM-Informationen können im Ton gespeichert werden, der anschließend wie eine Schablone funktioniert. Kommt er mit anderen Materialien, zum Beispiel Wasser zusammen, wird die Information auf das Wasser übertragen. Die antioxidative Wirkung in der EM-Keramik kann man in einem einfachen Experiment zeigen, siehe Abbildungen oben.

Neben der Eigenschaft, antioxidativ zu wirken, regt die EM-Keramik die regenerativen Aktivitäten im Boden an, so dass sie in Pulverform für die Landwirtschaft in Zukunft sehr wichtig sein wird. In vielen industriellen Bereichen wird sie ebenfalls Bedeutung erlangen, allein schon dadurch, dass es möglich ist, EM-Keramik als feinstes Pulver gemahlen in Kunststoffe und andere Materialien einzubauen und so diesen Materialien eine bedeutend längere Lebensdauer zu verschaffen. Und schließlich kann die Medizin damit auf vielen Ebenen Verbesserungen erzielen. Mittlerweile gibt es zum Beispiel eine ganze Reihe von Beispielen aus der zahnmedizinischen Praxis, wo EM-Keramik mit Erfolg eingesetzt wird.

Koexistenz statt Konkurrenz

Professor Higa ist davon überzeugt, dass die Menschheit nicht in allen Bereichen dem Prinzip des Wettbewerbs folgen muss, die Gesellschaft muss umdenken. Vor allem die Grundbedürfnisse des menschlichen Lebens – Nahrung und Gesundheit – dürfen nicht dem Wettbewerb unterworfen sein. Das menschliche Miteinander sollte davon geprägt sein, dass man gemeinsam handelt und sich gegenseitig unterstützt. Die Gesellschaft sollte sich an den Begriffen der Koexistenz und Ko-Prosperität orientieren. Dieses Prinzip hat Higa auf Grund seiner Beobachtungen der Mikroorganismen entwickelt: Deren zum Teil unglaubliche Fähigkeiten kommen nur in der Gemeinschaft mit anderen, in der Symbiose zum Tragen.

Higa selbst verwirklicht diesen Anspruch, indem er kein Patent angemeldet hat und seine Entdeckung jedem auf der ganzen Welt zur Verfügung stellt. Sein ultimatives Ziel ist es, dass jedes Dorf, jedes Stadtviertel usw. eine eigene Produktionsstätte für EM hat, wo jeder kostenlos EM beziehen kann. Er möchte weder Konkurrenz entstehen lassen noch sich persönlich an EM bereichern. EM ist ein Gut, das der ganzen Menschheit gehört und das er lediglich gefunden hat.

EM-Chronologie

1968   Teruo Higa beginnt mit der Erforschung von Mikroorganismen für die Bodenverbesserung

1970   Higa wird Dozent an der Ryukyu-Universität auf Okinawa

1972   Higa erhält eine Professur in Kyushu, Südjapan

1977   Beginn der Erforschung von Mikrobenmischungen (EM)

1980   Erste Erfolg versprechende Nachweise

1982   Durchbruch in der Anwendung; Higa wird Professor auf Okinawa (heutige Stellung)

1986   Higas erste EM-Präsentation außerhalb Japans (in Kalifornien)

1989   Erste Kyusei-EM-Konferenz in Thailand/Gründung der APNAN (Asian Pacific Natural Agriculture Network)

1994   »Eine Revolution zur Rettung der Erde« erscheint in Japan, Gründung der EMRO in Okinawa

1995   Konferenz in Frankreich, Beginn der Verbreitung von EM in Europa; »Eine Revolution zur Rettung der Erde« erscheint in Deutschland

2001   Gründung der EMRO Deutschland

Die EM-Technologie – Dämmerung einer neuen industriellen Revolution?

Die industrielle Revolution des 18. und 19. Jahrhunderts basierte auf mechanischen Neuerungen, die grundlegende gesellschaftliche und soziale Umwälzungen mit sich brachten. Grundlage und Bedingung dafür war die Nutzung von natürlichen Ressourcen. Wir stehen heute möglicherweise am Ende dieser Entwicklung, denn noch immer basiert die industrielle Produktion auf der Ausbeutung von Ressourcen, wobei immer mehr nicht verwertbarer Abfall in unterschiedlichsten Formen entsteht. Dies reicht von Dioxinen in Verbrennungsanlagen über Giftstoffe, die auf hoher See verklappt werden, bis hin zu atomaren Abfällen, um nur ein paar Beispiele zu nennen. Wird die Entwicklung nicht gestoppt, dann stehen sich am Ende des Weges erschöpfte Ressourcen und unübersehbare Abfallmengen gegenüber – eine Perspektive, die menschliches Leben auf diesem Planeten in der Zukunft unmöglich erscheinen lässt.

Ein wichtiger Aspekt ist das Phänomen der exzessiven Oxidation. Seit Beginn der industriellen Revolution steigt der Grad der Oxidation weltweit kontinuierlich an. Mittlerweile hat sie ein beängstigendes Maß angenommen, das im Grunde erst nach dem Zweiten Weltkrieg der allgemeinen Öffentlichkeit bewusst wurde: Bilder in den Medien zeigten, wie aggressive chemische Verbindungen in der Luft in kürzester Zeit die jahrhundertealten Fassaden unserer alten Dome und Kirchen zerstörten; Ende der 70er-Jahre wurde die Öffentlichkeit durch Bilder der kranken und sterbenden Wälder alarmiert, und nie gab es in unserer Gesellschaft so viele Allergien wie heute, insbesondere bei Kindern, nie wurde so viel Geld für die Gesundheitsversorgung ausgegeben, aber noch nie gab es so viel Krankheit. Dies alles kann man durchaus als Auswirkungen der unablässig steigenden Oxidation auf unserem Planeten sehen.

Nun wissen wir, dass die antioxidative Wirkung eine der grundlegenden Eigenschaften von EM und den Produkten der EM-Technologie ist. EM ist nicht nur in der Lage, Oxidation zu verhindern, es kann bereits erfolgte Oxidation zu einem bestimmten Grad rückgängig machen. Rost verwandelt sich zurück in Eisen. EM bricht chemische Verbindungen auf und verwandelt sie zurück in einfachere molekulare Strukturen, die weniger gefährlich sind, weniger unsere Gesundheit bedrohen. Es liegt an uns, diese Produkte in möglichst vielen Bereichen einzusetzen und damit die zerstörerischen Prozesse zu stoppen bzw. umzukehren.

Dies ist sogar in konkreten Produktionsprozessen möglich, denn Verluste sind hier in der Regel auf Materialabnutzung und -ermüdung zurückzuführen. Der Verschleiß von Materie ist aber vornehmlich ein Resultat der Oxidation. Würde man mit Hilfe von EM ein antioxidatives Milieu im Produktionsprozess schaffen, würde sich die Dauerhaftigkeit von praktisch allen Materialien erhöhen. Das gilt für die Maschinen, mit denen produziert wird, als auch für die Endprodukte. Das heißt, es gäbe langfristig gesehen weniger Abfall.

In einem Laborexperiment wurden zwei gleiche Eisenstü-

Links: Nagel in 50 Prozent Leitungswasser und 50 Prozent EM1: Der Nagel bleibt rostfrei. **Rechts:** Nagel in Leitungswasser: Der Nagel beginnt zu rosten.

cke bei Raumtemperatur 30 Tage in unterschiedliche Flüssigkeiten gelegt. Ein Eisenstück lag in destilliertem Wasser, das andere in EM-X. Während sich das Gewicht des Metalls im Wasser kontinuierlich verringerte (über 20 mg/cm³ nach 30 Tagen), stieg das Gewicht des Metalls in EM-X gleich zu Anfang minimal an und blieb dann über den gesamten Zeitraum konstant auf diesem Niveau.

Einen ähnlichen Versuch mit ebenso erstaunlichem Resultat kann auch jeder selbst machen: Man braucht zwei Gläser mit Deckel. In ein Glas füllt man Leitungswasser, in das andere EM1, EMa oder EM-X – es geht auch mit einer Mischung von Wasser und EM. In jedes Glas legt man jeweils einen Nagel und schließt es. Der Nagel im Wasser beginnt sofort zu rosten, der andere bleibt unverändert blank.

Erste Erfolge der EM-Technologie

Das erste Gebiet, in dem die EM-Technologie weltweit überwältigende Erfolge hatte, ist die Nahrungsproduktion – die Basis unseres Lebens. Aber auch die Weiterverarbeitung und Lagerung könnte mit der EM-Technologie völlig neue Wege gehen. Werden mit EM erzeugte antioxidative Substanzen (EM-X oder EM-X-Keramikpulver) unter Plastik gemischt, und daraus zum Beispiel Plastiktüten hergestellt, können darin Lebensmittel zum Teil erheblich länger frisch gehalten werden, als es bisher möglich war. Reis bleibt zum Beispiel jahrelang so frisch wie gleich nach der Ernte. Solches Plastik wird in Japan bereits produziert. Im Großen angewandt würde die bisher übliche Nahrungsmittelkonservierung in vielen Fällen praktisch überflüssig werden. Selbst auf Kühlung könnte in vielen Fällen weitgehend verzichtet werden, würde die EM-Technologie konsequent angewandt.

An dieser Stelle käme ein weiterer Einsatzbereich zur Anwendung, der noch recht neu ist: Mischt man ein Prozent EM-X-Keramikpulver Zement bei, erhöht sich beim Anmischen des Betons die Oberflächenfestigkeit, und die Wassercluster werden kleiner. Dadurch härtet der Beton sehr viel schneller durch, und auf Grund der Antioxidationskraft rostet die Armierung nicht – ein entscheidender Vorteil bei allen Stahlbetonbauten. Darüber hinaus strahlt diese Antioxidationskraft auf alle Substanzen aus, die direkte Verbindung zu dem Beton haben. Lagert man auf einem solchen Estrich beispielsweise Lebensmittel, wie etwa Reis oder Getreide, und deckt sie mit einer Plastikfolie ab, die ebenfalls mit EM versetzt ist, können diese Produkte ohne Qualitätsverlust jahrelang gelagert werden.

EM hat die Fähigkeit, synthetische Chemikalien aufzubrechen. Einen wesentlichen Teil der gesamten Umweltverschmutzung machen die in der Landwirtschaft eingesetzten Chemikalien aus, die Boden, Pflanzen, Wasser und Luft belasten. Die meisten Agrar-Chemikalien wirken extrem stark oxidierend, aber wenn große Mengen Antioxidantien produziert werden, könnte das Aufbrechen und Zerfallen der Chemikalien leicht bewerkstelligt werden. Genau das geschieht bei dem Einsatz von EM. Wird die richtige Konzentration von EM angewandt, ist es in der Lage, innerhalb relativ kurzer Zeit alle chemischen Rückstände vollständig aus verseuchten Böden zu tilgen.

EM-X ist ein hochwirksames Antioxidans, das für den menschlichen Verzehr entwickelt wurde. Es wird weltweit als Erfrischungsgetränk vermarktet und verbessert Geschmack und Haltbarkeit von Getränken und Lebensmitteln. In manchen Ländern wird es im medizinischen Bereich eingesetzt. So berichtet beispielsweise der schon erwähnte Dr. Tanaka, Leiter einer japanischen Klinik, in seinem Buch »EM-X« über die Ergebnisse des fünfjährigen Einsatzes von EM-X. Er hat erstaunliche Erfolge selbst bei schweren Krankheiten wie Krebs beobachtet. Eine konsequente und vorurteilsfreie Erforschung der Einsatzmöglichkeiten von EM-X im medizinischen Bereich könnte einen Ausweg aus der Dauerproblematik im Gesundheitssystem weisen, auch im Blick auf die ständig steigenden Kosten.

Wie schon erläutert wurde, kann das flüssige **EM-X** und

auch die zu feinem Pulver zermahlene **EM-X-Keramik** in viele Materialien eingebaut werden, zum Beispiel in Kunststoffe. In Japan gibt es inzwischen eine ganze Reihe von Produkten, die EM integriert haben. Plastiktüten und Behälter werden in vielfältiger Ausführung angeboten, aber auch Textilien, die aus EM-Plastikfäden und Baumwolle gewebt werden und besonders für Allergiker geeignet sind. Auf Grund seiner hohen Reinheit und der starken Fähigkeit, Oxidation zu verhindern, ja rückgängig zu machen, ist es denkbar, EM-X als Reinigungsmittel in der feinmechanischen Industrie einzusetzen. Ansätze hierzu gibt es bereits in Japan.

EM-X-Keramik hat die Kraft, schädliche elektromagnetische und ultraviolette Strahlung ungefährlich zu machen, unterdrückt das Auftreten von statischer Elektrizität und ist außerdem in der Lage, den elektrischen Widerstand zu verringern. Wenn zum Bau elektrischer Haushaltsgeräte und Computer mit EM-X-Keramik behandelter Kunststoff verwendet wird, können nicht nur generell Schäden, die durch elektromagnetische Wellen oder von statischer Elektrizität hervorgerufen wurden, verhindert werden. Zusätzlich kann man damit 20 bis 30 Prozent Energie einsparen. Die Gefahr von Elektrosmog kann verringert werden, indem man die Gehäuse von Mobiltelefonen aus Kunststoff herstellt, der mit EM-X-Keramik angereichert wurde. Dadurch würde auch die Aufladezeit der Akkus reduziert, und die Batteriekapazität könnte steigen.

Behandelte Vinylschläuche und Kunststofffolien für Treibhäuser im Gemüseanbau und in der Landwirtschaft beschleunigen das Wachstum der damit in Kontakt gekommenen Pflanzen und verringern die Zahl der Krankheitserreger.

Alle möglichen Produkte aus einem solchen EM-Kunststoff sind vorstellbar und werden zum Teil auch schon hergestellt. Interessant ist auch, dass bei der Verbrennung dieses Materials, selbst bei ungünstigen Verbrennungstemperaturen, kein Dioxin mehr entsteht.

Bald nach der Entwicklung von EM-X wurde von Professor Higa und seinem Labor das Produkt **EM-Z** entwickelt, das bis dato (2002) nicht in Europa erhältlich ist. Es ist eine EM-X-ähnliche, aus der EM-Fermentation entstandene Flüssigkeit, ein wenig dunkler als EM-X, und wurde für den industriellen Bereich und den Energiesektor entwickelt. Wie EM-X ist auch EM-Z ein Antioxidans. Außerdem strahlt es ebenfalls die günstigen Resonanzwellen aus, die Material langlebiger machen und in vielen anderen Bereichen positiv wirken. In Japan wird EM-Z bereits beim Haus- und Straßenbau eingesetzt, als Zusatz von Öl und Treibstoff, um Leistung und Haltbarkeit zu verbessern, sowie in weiteren industriellen Bereichen.

Die Forschung und Entwicklung des Produktes ist aber noch nicht so weit ausgereift, dass es exportiert wird. Wir können aber davon ausgehen, dass es in absehbarer Zeit auch in Europa angeboten wird.

In Japan wurde eine spezielle **EM-Z-Keramik** entwickelt, die sich ebenfalls noch in der Testphase befindet. Sie wird in erster Linie in Treibstofftanks von Fahrzeugen eingesetzt, ganz gleich ob es sich um Diesel oder Benzin handelt. In einem Plastikgitter befinden sich zwei murmelgroße Keramikkugeln, die von Magnetringen eingefasst sind. Sie sollen den Treibstoffverbrauch wesentlich reduzieren und zusätzlich das Material günstig beeinflussen, so dass es langlebiger wird.

Außerdem sollen sie den Schadstoffausstoß erheblich vermindern. Man kann sich leicht vorstellen, dass sich eine große Menge weiterer Anwendungsmöglichkeiten eröffnen, sobald dieses Produkt die Marktreife erlangt.

Es gibt eine Reihe von EM-Anwendern in Europa, die auf diese Module nicht warten wollten, und die ganz einfach eine Hand voll EM-X-Keramik-Röhrchen (Pipes) in den Tank gegeben oder auf eine Perlonschnur aufgefädelt und dann in den Tank gehängt haben, um daraufhin ihren Spritverbrauch zu überprüfen. Ehrlicherweise muss man sagen, dass die bisherigen Berichte unterschiedlich sind. Noch niemand hat eine wie auch immer geartete nachteilige Veränderung beobachtet, und die meisten waren hellauf begeistert, weil sie von Anfang an fünf, zehn oder sogar mehr Prozent Sprit sparten. Es gibt aber auch diejenigen, die trotz genauester Prüfung überhaupt keine Veränderungen feststellen können, dies war häufig bei neuen, hochwertigen Fahrzeugen der Fall. Aber auf diesem Feld gibt es noch zu wenig genaue Untersuchungen und auch zahlenmäßig zu wenig Erfahrungen, um verlässliche Resultate zu erhalten. Die EM-Technologie ist noch sehr jung, und jahrelange systematische Testreihen waren darum erst bei wenigen Produkten möglich. So berichtete Professor Higa zu Beginn des neuen Jahrtausends erstmals davon, dass EM neben den beiden bekannten Fähigkeiten der Antioxidation und der Emission günstiger Resonanzwellen als dritte starke Kraft Gravitationswellen erzeugt. Welche Auswirkungen dies hat, und welche praktischen Konsequenzen, muss noch genau ausgelotet und beobachtet werden.

Die heutige Zeit steht unter der Prämisse, dass auf der Erde Entropie herrscht, das heißt, bei allen Prozessen entstehen nicht verwertbare Abfälle in unterschiedlichen Formen und Aggregatzuständen, die die Erde immer schneller ihrem Untergang zuführen. Folgt man Professor Higa, könnte der globale Einsatz der EM-Technologie tatsächlich dieser vermeintlich unumkehrbaren Tatsache die Grundlage entziehen. Dann könnte wirklich der Lauf der Welt »um-gedreht«, »re-volutioniert« werden.

Erst wenn die EM-Technologie von innovativen Technikern, Ingenieuren und anderen Fachleuten verstanden und angenommen wird, wird die ganze Fülle der Möglichkeiten zu Tage treten, die in der EM-Technologie schlummern. Wird dies dann in den industriellen Produktionsvorgängen genutzt, lässt sich in Anbetracht der potenziellen Möglichkeiten durchaus von der Dämmerung einer neuen industriellen Revolution sprechen.

Die weltweiten Vertriebs- und Organisationsformen

Professor Higa hat im Jahr 1994 die Organisation EMRO ins Leben gerufen, die bis heute ihren Sitz in seiner Heimatstadt Ginowan auf Okinawa hat. EMRO ist die Abkürzung für EM Research Organisation Inc., auf Deutsch: EM Forschungsgesellschaft mbH. Viele frühere Mitarbeiter und Studenten von Professor Higa sind Angestellte von EMRO geworden; der gegenwärtige Präsident, Asato, ist ebenfalls ein früherer Schüler. Die wesentliche Arbeit der EMRO Japan ist die grundlegende Erforschung von EM und seiner Wirkung in den unterschiedlichsten Bereichen. Während man sich anfangs auf die Landwirtschaft, Umweltprobleme und medizinische Fragen konzentriert hatte, wird heute zunehmend der Einsatz in den Bereichen industrieller Produktion und Energiegewinnung erforscht.

Einmal pro Jahr im November organisiert die EMRO eine zweitägige Messe auf Okinawa, die von Vorträgen und Besprechungen mit internationalen Partnern begleitet wird. Die »EM-Festa« ist eine fröhliche und lebendige Zusammenkunft, die ihren Anfang in einem Klassenzimmer der Universität nahm und jährlich größer wurde. Inzwischen findet sie in dem neuen, modernen Kongresszentrum der Stadt Ginowan mit über 15 000 Besuchern (2000) statt. Durch die zunehmende Verbreitung von EM in aller Welt muss sich die EMRO inzwischen zusätzlich zu ihrer heimischen Forschungsarbeit auch um die Koordination, Beratung und Organisation der ausländischen Büros und der internationalen Partner kümmern.

In jedem Land, in dem die Verbreitung von EM eine gewisse Größenordnung angenommen hat oder wo sich Organisationen intensiv um die Einführung von EM bemühen, wird eine örtliche EMRO gegründet, in Deutschland war dies 2000 der Fall. In Dänemark, in den Niederlanden und in Spanien gibt es schon länger EMRO-Niederlassungen, in den Niederlanden sowie in Spanien befindet sich auch die EMRO Europa, die im Wesentlichen Verbindungsstelle zwischen Japan und Europa ist. Eine besondere Stellung hatten die Niederlande, weil dort über Jahre für den größten Teil Mitteleuropas EM1 produziert wurde. Darüber hinaus hatte die außerordentlich engagierte und erfolgreiche Arbeit von Frits van den Ham großen Einfluss auf die schnelle und zuverlässige Verbreitung von EM in Europa. Gemäß Professor Higas Vorgabe, dass EM möglichst überall vor Ort produziert wird, sind 2002 in Deutschland und in Österreich Produktionsstätten für EM1 aufgebaut worden.

Eine wichtige Organisation für die Verbreitung und praktische Erforschung von EM, vor allem im landwirtschaftlichen Bereich, ist die APNAN (Asian Pacific Natural Agriculture Network) mit Sitz in Thailand. Sie wurde 1989 gegründet und ist in nahezu allen Ländern dieser Region aktiv. Sie propagiert neben einer biologischen Landwirtschaft und Viehzucht auch den Einsatz von EM.

Als Professor Higa Anfang der 80er-Jahre EM fertig entwickelt hatte und auf Vorträgen und in Symposien von seinen Entdeckungen sprach, stieß er häufig auf taube Ohren. Niemand aus der wissenschaftlichen Welt setzte sich mit seinen Entdeckungen ernsthaft auseinander. Es gab in Japan sogar Organisationen, die EM viele Jahre lang geradezu bekämpften und die Verbreitung zu verhindern suchten.

In dieser ersten Phase trat einer seiner Studenten an Higa heran. Der Student war Mitglied in einer Organisation, die sich dem natürlichen Landbau verschrieben hatte, und er fragte Professor Higa, ob er mit dem Einsatz von EM ihre Arbeit unterstützen könne. Auf diese Weise lernte Higa die religiöse Vereinigung Sekai Kyusei Kyo und ihren Begründer Mokichi Okada kennen. Die Vereinigung hat es sich zur Aufgabe gemacht, mit natürlichen Anbaumethoden die menschliche Gesundheit für Produzenten und Konsumenten zu verbessern und zu erhalten, dabei gleichzeitig die Umwelt zu schützen und darüber hinaus genügend hohe Ernteerträge zu erzielen, um weltweiten Nahrungsmangel zu verhindern. Da Professor Higa sich mit diesen Zielen identifizieren konnte, entwickelte er ein Konzept für ihren Anbau, das durchschlagenden Erfolg hatte.

Es war ein Glücksfall für die Verbreitung von EM, dass die Sekai Kyusei Kyo das Internationale Forschungszentrum für Ökologischen Landbau eingerichtet hatte, denn dies half, die EM-Technologie in Ländern außerhalb Japans einzuführen.

So wurde EM zunächst in den Ländern bekannt, in denen Kyusei verbreitet war. Dies waren zunächst Taiwan und andere südostasiatische Länder, allen voran Thailand, wo Kyusei einen Schwerpunkt hatte. Gleichzeitig begann EM sich in Brasilien zu verbreiten und in Hawaii, das wiederum die Tür zu den USA öffnete. In Europa wurde EM ebenfalls über Kyusei eingeführt. Ausgangspunkt war die internationale Konferenz über natürliche Landwirtschaft und EM in Paris, 1995. Damit begann die Verbreitung von EM in Europa.

Kyusei veranstaltete insgesamt sieben Konferenzen über natürliche Landwirtschaft und den Einsatz von EM, die ab 1989 regelmäßig alle zwei Jahre stattfanden. Die letzte Konferenz dieser Art war 2001 in Neuseeland, von allen gibt es umfangreiche Protokolle (nähere Infos über EM e.V. oder EMRO Deutschland; Adressen siehe Anhang). Die sieben Kyusei-Natural-Farming-Konferenzen:

1989	Thailand
1991	Brasilien
1993	USA
1995	Frankreich
1997	Thailand
1999	Südafrika
2001	Neuseeland

Die ursprüngliche Idee, dass es in jedem Land eine Stiftung aus Einheimischen und Japanern geben soll, die für die Produktion und Verteilung von EM zuständig ist, ließ sich in der Praxis aus unterschiedlichen Gründen nicht realisieren. Deshalb hat sich in jedem Land eine eigene Struktur entwickelt. In Europa gibt es in der Regel eine Firma, die in enger Kooperation mit Professor Higas Organisationen EM1 herstellt und einen Vertrieb aufbaut. In Deutschland ist dies die EMIKO GmbH, in der Schweiz die Firma Rationova Umwelthygiene und in Österreich die Firma Multikraft. Österreichs traditionelle Verbindungen zu den östlich angrenzenden Ländern haben dazu geführt, dass Multikraft die EM-Technologie auch in die östlichen Nachbarstaaten verbreitet, nach Tschechien, in die Slowakei, nach Slowenien und Ungarn (Adressen siehe Anhang).

In unserer auf Konkurrenz und Wettbewerb basierenden Gesellschaft ist die Verlockung groß, Methoden zu entwickeln, wie aus einem solchen Produkt ein möglichst hoher Gewinn gezogen wird. Durch seine Veröffentlichungen hat Professor Higa jedoch von Anfang an versucht, dieser Versuchung einen Riegel vorzuschieben. Er hat jedem die Rezeptur für EM an die Hand gegeben, damit die flächendeckende Verbreitung nicht am Preis scheitert. Die Preise für EM1 sind weltweit etwa gleich, so dass ein Handel über Grenzen sich nicht lohnt. Außerdem verwendet Higas eigene Organisation, die EMRO, ihre Überschüsse satzungsgemäß für die Verbreitung von EM und für die Einführung der EM-Technologie in Länder der Dritten Welt.

Alle Organisationen, die in Europa mit der Verbreitung der EM-Technologie und dem Vertrieb von EM befasst sind, versuchen dies gemeinsam unter dem Aspekt der Koexistenz zu verwirklichen.

2001 wurde für die deutschsprachigen Länder der gemeinnützige Verein EM e.V. – Gesellschaft zur Förderung regenerativer Mikroorganismen gegründet. Damit gibt es eine Stelle, wo die verstreuten Informationen über Erfahrungen mit der EM-Technologie gesammelt werden, wo ein Austausch unter den Anwendern stattfindet und Informationen weitergegeben werden. Der Verein gibt eine Zeitschrift heraus, erstellt Broschüren zu unterschiedlichen Themenbereichen und organisiert Vorträge und Konferenzen (Adressen siehe Anhang).

EM in der Praxis

Mikroorganismen sind überall

Mikroorganismen sind die wahren Herrscher dieses Planeten.
Sie sind nicht nur die frühesten Lebewesen unter dieser Sonne, sie haben mit großer Sicherheit auch die dramatischen
Veränderungen der Erdoberfläche und der Erdatmosphäre bewirkt, die Leben, wie wir es heute kennen, erst ermöglichen.
Durch ihre Vielfalt und Anpassungsfähigkeit haben sich die
verschiedenen Arten von Mikroorganismen jeden erdenkli-
chen Lebensraum erobert und existieren nach wie vor in einer
unerfassten Vielfalt. Bis heute sind erst ca. 5000 Bakterienarten und ca. 100 000 Pilzarten bekannt, man vermutet aber, dass
dies lediglich ein kleiner Teil der vorkommenden Mikroben-
arten ist.

Mikroorganismen sind überall. Es gibt keine Fläche und
keinen Ort, wo sie sich nicht niedergelassen und angepasst haben und ihre Arbeit verrichten, das heißt fressen, sich fort-
pflanzen und etwas ausscheiden. In den Partikeln der Luft, im
Wasser, im Boden, auf allen Oberflächen, ja sogar in unserem
Körper sind sie in großer Vielfalt vorhanden und sorgen für
ein reibungsloses Funktionieren. Der Versuch, mit Seife, Deodorant oder ähnlichen Mitteln irgendetwas in unserer menschlichen Umgebung zu »sterilisieren« oder »keimfrei« zu machen, ist hoffnungslos; nach kürzester Zeit siedeln sich wieder
Mikroben an. Dabei spielt es keine Rolle, ob es sich um chemische oder biologische Produkte handelt. Allerdings sorgen
chemische Mittel für ein Umfeld, in dem sich aggressive, pathogene Bakterien anschließend besser entwickeln können als
nützliche, gesunde.

Zu viel Hygiene schwächt das Immunsystem

Der Eifer, mit dem Hausfrauen (und -männer) manchmal gegen Mikroben angehen, könnte unser Immunsystem schwächen, warnen Mikrobiologen. Sind alle harmlosen Mikroorganismen ausgerottet, bleiben die resistenten und gefährlichen übrig und machen uns anfällig für Krankheiten. Die meisten Mikroben sind für den Menschen harmlos, wenn nicht nützlich, und halten außerdem die gefährlichen in Schach. Selbst Babys sollten mit einer Mikrobenvielfalt aufwachsen, damit ihr Immunsystem sich schon früh auf diese einstellt und fürs Leben gerüstet ist. Wer sich die Hände dauernd mit antibakteriellen Seifen wäscht und beim ersten Anzeichen einer Erkältung Antibiotika schluckt, bringt das natürliche Gleichgewicht der Mikroorganismen durcheinander. Dann überleben nur die Killer-Bakterien. Mittlerweile sind die negativen Folgen dieser »Kahlschlag-Methoden« bekannt, aber immer noch werden den Menschen viel zu viele Antibiotika verschrieben und die Medikamente werden viel zu oft in der Tierzucht eingesetzt.

Vor allem aus den USA schwappte nach dem Zweiten Weltkrieg eine Sauberkeitswelle über uns, die zwar wissenschaftlich begründet wurde, aber in erster Linie wirtschaftlichen Interessen diente. Die Menschen entwickelten durch Wissenschafts-, Chemie- und Werbelobbys regelrechte Bakterienphobien. Erst langsam erkennen wir wieder die Wahrheit alter Weisheiten. So kannten unsere Vorfahren ein einfaches Patentrezept, um Infektionskrankheiten vorzubeugen: »Sieben Pfund Dreck benötigt der Mensch, um gesund zu bleiben.« Mit »Dreck« wird hier Staub, Sand, Erde usw. bezeichnet, also all der Schmutz, mit dem der Körper normalerweise täglich in Kontakt kommt. Was den Organismus gesund hält und das Immunsystem stabilisiert, sind in erster Linie Mikroorganismen, die sich in dem Dreck befinden. Allerdings müssen wir berücksichtigen, dass der Dreck heute eine ganz andere Qualität hat als früher. Die Umweltverschmutzung ist so gegenwärtig, dass wir das alte Rezept heute nicht mehr ohne weiteres weitergeben können. Der Erdboden ist belastet, um nicht zu sagen verseucht mit Chemikalien vielfältiger Herkunft und Zusammensetzung, und auch das Bodenleben ist erheblich ärmer geworden. Von den Mikroorganismen, die wir zum Erhalt unserer Gesundheit brauchen, gibt es viele in unseren Böden und Äckern gar nicht mehr, jedenfalls nicht überall.

Genau aus diesem Grund ist es unbedingt notwendig, den Böden und Äckern den Reichtum zurückzugeben, den sie ursprünglich in sich trugen. Auch wenn es unbescheiden klingt: Mit den Effektiven Mikroorganismen ist dies wieder möglich. Wer sich eine Bodenprobe eines schon länger mit EM behandelten Bodens unter die Nase hält, wird verblüfft feststellen, dass diese Erde so würzig duftet wie frischer Waldboden – was man von einem modernen, konventionell bewirtschafteten Ackerboden leider nicht mehr sagen kann.

Welche Mikroorganismen bestimmen die Richtung?

Wie anfangs beschrieben, gibt es nur wenige unter den unzähligen Mikroorganismen, die bestimmen, in welche Richtung es in einem gegebenen Milieu gehen soll. Professor Higa hat die Gesamtheit der Mikroorganismen entsprechend ihrer Wirkung in drei Gruppen aufgeteilt. Die Mikroorganismen der ersten Gruppe sind dominant und drängen in eine aufbauende, lebenserhaltende Richtung. Ihnen stehen die Mikroorganismen der zweiten Gruppe gegenüber, die ebenfalls dominant sind, aber degenerativ wirken, also Verfall, Fäulnis, Krankheit und Tod bewirken. Die große Masse der Mikroben verhält sich allerdings opportunistisch. Sie gehören zu der dritten Gruppe und sind quasi Mitläufer, die beide grundlegenden Richtungen unterstützen können, je nachdem welche Richtung sich durchgesetzt hat. Sie können regenerativ oder auch degenerativ wirken.

Zur Verdeutlichung kann man sich folgendes Szenario vorstellen: In irgendeinen Teich gelangen immer mehr Problemstoffe, wie Nitratauswaschungen von den Feldern, Pestizide, die von den nahen Feldern herüberwehen, chemische Rückstände aus Haushaltsabwässern, saurer Regen aus der Luft, Blei von der nahen Autobahn usw. Das Oxidationsniveau nimmt ständig zu. Obendrein gelangen viele organische Materialien wie fallende Blätter, Ausscheidungen von Enten usw. in das Wasser. Das alles wird dann noch intensiv von der Sonne bestrahlt. Lange Zeit sieht der Teich noch ganz passabel aus, aber eines Tages stellt man entsetzt fest: Er ist über Nacht »umgekippt«. Die degenerativen Mikroorganismen haben die Führung in diesem Milieu übernommen und die Masse von neutralen Mikroorganismen komplett auf ihre Seite gezogen. Sobald diese »gemerkt« haben, welche Richtung den Kampf gewonnen hat, unterstützen sie alle die Gewinner.

Vergleichbares geschieht in einem Boden, der mit EM geimpft wird. EM verändert die Zusammensetzung der Mikroben in der Erde, so dass schließlich – nicht sofort, aber nach einiger Zeit – selbst ein kranker Boden sich in einen gesunden, fruchtbaren Boden verwandelt, in dem Myriaden von neutralen Mikroorganismen die regenerativen unterstützen.

Dabei spielen sowohl aerobe Mikroorganismen, die Sauerstoff zum Leben brauchen, wie auch anaerobe, für die Sauerstoff Gift ist, ihre Rolle. Lange Zeit wurde grob vereinfachend gesagt, dass die aeroben Mikroorganismen die »guten« und die anaeroben die »schlechten« sind. Folgerichtig war es notwendig, Luft bzw. Sauerstoff in organische Umwandlungsprozesse zu leiten. Dass auf diese Weise natürlich alle möglichen schädlichen Oxidationsprozesse in Gang gesetzt werden, musste halt in Kauf genommen werden. Doch inzwischen weiß man es besser, und mit der EM-Technologie werden tatsächlich die regenerativen Mikroorganismen unterstützt.

Die beschriebenen Prozesse finden überall statt, wo sich Mikroorganismen befinden. Unsere Aufgabe ist es nun, dafür zu sorgen, dass die regenerativen in möglichst vielen Bereichen die Führung übernehmen: im Boden und auf den Pflanzen, im Gartenteich und Kompost, auch auf den Fußböden und Teppichen in Büros und Wohnungen, in der Raumluft, auf der Haut – überall, wo die kleinen Helfer sich bewegen können, sollte das Ruder in Richtung Regeneration, Gesundheit und Vitalität umgelegt werden. So kann man der zunehmenden Oxidation Einhalt gebieten und stattdessen eine Zunahme von Antioxidantien bewirken.

Von der Urlösung zu EMa

Basis der EM-Technologie ist EM1, die Urlösung, in der sich die Effektiven Mikroorganismen in flüssiger Form befinden. Es wird in vielen Bereichen pur eingesetzt, meistens aber mit Wasser und Zucker (am besten Zuckerrohrmelasse) zu dem so genannten EMa (= EM aktiv) vermehrt, um einen preisgünstigen Einsatz zu ermöglichen. Aus 1 Liter EM1 entstehen innerhalb einer Woche (Fermentationszeit sieben bis zehn Tage) 30 Liter EMa. Bei einem Preis von ca. 24 Euro pro Liter EM1 (2002), kostet 1 Liter EMa, das man selbst herstellt, weniger als einen Euro, wobei allerdings der Energieaufwand und die eigene Arbeit nicht mit eingerechnet sind.

Die Herstellung von EMa

EM wurde ursprünglich für die Landwirtschaft entwickelt. Dort benötigt man anders als zum Beispiel im Haushalt große Mengen von Mikroorganismen, die gleichmäßig auf die Felder, in den Ställen, in der Silage usw. ausgebracht werden müssen. Die Tatsache, dass sich Mikroben ungeheuer schnell vermehren können, war eine große Hilfe bei der Verbreitung von EM. Die Rezeptur zur Vermehrung der Urlösung EM1 hat Professor Higa von Anfang an mitgeliefert.

Sobald die Urlösung EM1 aus ihrem ausgewogenen, ruhenden Zustand in der Flasche oder dem Kanister herausgenommen wird, beginnen die Mikroorganismen aktiv zu werden. Wie alle Lebewesen brauchen sie Wasser und Nahrung, überwiegend Kohlenhydrate. Als optimale Nährlösung hat sich eine Lösung von Zucker und Wasser ergeben. Wegen des geringen Preises und des hohen Kohlenhydratgehaltes wird Zuckerrohrmelasse vorgeschlagen, wenngleich auch andere Zuckerarten möglich sind. Da sich in Zuckerrohrmelasse auch noch viele Mineralstoffe und Eiweiße befinden, die von den Mikroben genutzt werden, ist diese Nahrungsquelle optimal. Diese Kombination wird auf der ganzen Welt für die Vermehrung von EM1 zu EMa benutzt.

Sehr wichtig ist auch der Zustand des Wassers. In vielen Ländern ist dem Trinkwasser zur Abtötung von Bakterien Chlor beigemischt. Deshalb ist solches Wasser natürlich nicht günstig für die Aktivierung von EM. Je unbelasteter das Wasser ist, desto besser für die Mikroorganismen. Das Leitungswasser in Deutschland, Österreich und der Schweiz hat in der Regel eine ausreichende Qualität zur Vermehrung von EM. Seit es EM-X-Keramik zur Wasserbehandlung gibt, kann man außerdem das Wasser, das man zur Vermehrung von EM benutzen möchte, verbessern. Es gibt verschiedene geeignete Formen Keramik, beispielsweise einen Ring, der für einen Liter Flüssigkeit vorgesehen ist, oder einen Beutel mit Röhrchen (Pipes), die sich vor allem für die Verbesserung von größeren Wassermengen sehr gut eignen. Als Faustregel gilt: Ein 500-Gramm-Beutel Pipes genügt für ca. einen Kubikmeter Wasser. Je länger das Wasser behandelt wird, desto besser ist die Wirkung. Die Keramik sollte mindestens zehn Minuten in dem Wasser bleiben, besser sind zwölf Stunden.

EM-X-Keramik-Pipes im 500-Gramm-Beutel

Zwei weitere Faktoren spielen bei der Herstellung von EMa eine wichtige Rolle: die richtige Temperatur und der Ausschluss von Sauerstoff. Wir alle wissen, dass sich Mikroben bei höheren Temperaturen schneller vermehren, deshalb bewahren wir viele Lebensmittel im Kühlschrank auf. Zwar sind die Effektiven Mikroorganismen schon ab sechs Grad Celsius aktiv, vermehren sich also, jedoch nur sehr langsam. Die ideale Temperatur zur Vermehrung von EM liegt zwischen 25 und 37 Grad Celsius. Große Temperaturschwankungen sollten vermieden werden.

Der Ausschluss von Sauerstoff ist notwendig, da sich in EM anaerobe Mikroorganismen befinden. Der Prozess der Vermehrung muss also anaerob – unter Luftabschluss – stattfinden. Alle lebensmittelechten Plastikbehälter mit dichtem Verschluss sind dafür gut geeignet. Da bei der Fermentation – wie bei einer alkoholischen Gärung – ein leichter Überdruck entsteht und sich der Behälter gelegentlich etwas aufbläht, kann man kein Glas oder (rostfreies) Metall nehmen, es sei denn, die Behälter sind mit einem entsprechenden Überdruckventil oder einem Gärspund ausgestattet. Manche Nutzer berichten, dass es durchaus praktikabel ist, lediglich den Deckel nicht ganz zuzuschrauben.

EM in der Praxis

***Beispiele für die Praxis
der Vermehrung von EM***

Im Haushalt wird EM1 zum
überwiegenden Teil pur angewendet. Sobald eine Flasche angebrochen ist, sollte
sie zügig verbraucht werden,
denn bei jedem Öffnen gerät
neuer Sauerstoff in die Flasche. Dadurch bildet sich
allmählich ein weißer Belag
an der Oberfläche, der aber

Eine handelsübliche Einliterfla-
sche EM1 kann in zwei Halbliterflaschen umgefüllt werden.

keine Verderbnis signalisiert; es sind lediglich Hefen. Man
kann den Inhalt der Literflasche in zwei Halbliterflaschen um-
füllen – so entsteht eine geringere Luftsäule über dem EM und
es bleibt länger frisch.

Die ideale Situation für die Vermehrung von EM in unseren Breitengraden wäre ein Raum, der konstant eine Temperatur von 25 bis 37 Grad Celsius hat. Da dies hierzulande selten
ist, müssen wir künstlich die entsprechende Temperatur erzeugen. Manchmal reicht ein konstant warmer Raum wie der
Heizungskeller oder eine warme Stelle, auf die man den Kanister oder die Flasche stellt, zum Beispiel einen Heizkörper
oder eine entsprechende Stelle der Fußbodenheizung.

Eine andere Möglichkeit wäre, einen wärmegedämmten
Raum beispielsweise aus Styroporwänden zu bauen, wie es
ein Landwirt in Schleswig-Holstein für seinen Bedarf an größeren Mengen EMa getan hat. Er kann dort mehrere Tausend-
Liter-Behälter gleichzeitig ansetzen. Als Wärmequelle hat er

einfache Heizlüfter aufgestellt, die mit einem Thermostat gesteuert werden, damit die Raumtemperatur 37 Grad Celsius nicht übersteigt.

Die einfachste Lösung ist, in einen Kanister einen Heizstab zu hängen, der eine konstante Temperatur erzeugt. Solche preiswerten Heizstäbe gibt es in verschiedenen Ausführungen überall, wo es Aquariumszubehör gibt. Eine gut handhabbare Größe ist ein handelsüblicher Zehn-Liter-Plastikkanister mit Deckel, in den ein solcher Heizstab genau passt. In den Kunststoffdeckel schneidet man eine Öffnung, in die der Heizstab gesteckt und so mit Klebeband fixiert wird, dass er nicht senkrecht herabhängt, sondern diagonal (schräg) durch die Flüssigkeit reicht, um eine möglichst gleichmäßige Erwärmung zu erreichen. Mit der Fixierung durch Klebeband verschließt man gleichzeitig den Kanister luftdicht. Nach zwei Tagen muss man täglich den entstehenden Überdruck durch kurzes Öffnen des Deckels entweichen lassen. Wenn kein Überdruck mehr existiert, ist der Vorgang abgeschlossen.

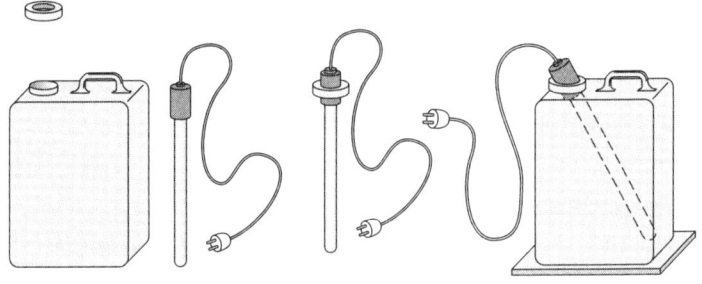

Ein Handwerker aus Bayern, der schon seit einigen Jahren mit EM arbeitet, hat ein sehr einfaches, funktionstüchtiges System zur Herstellung von EMa entwickelt. Er nutzt die Tatsache aus, dass eine normale Glühbirne erheblich mehr Wärme als Licht erzeugt. Aus Spanplatten baut er verschieden große Kästen für eine bzw. zwei Einliterflaschen, aber auch für einen Fünf-Liter-Kanister, in denen EMa fermentiert wird. In den Kästen befindet sich jeweils eine Glühbirne, die mit einem Thermostat verbunden ist und sich einschaltet, wenn die Temperatur unter 25 Grad Celsius fällt. Bei 37 Grad Celsius schaltet sie sich aus, so dass eine konstante Temperatur gewährleistet ist. Nach drei Tagen muss man täglich den Überdruck in den Plastikflaschen entlüften, da bei der Fermentation Gase entstehen.

Wo mit Hitze und elektrischer Energie gearbeitet wird, muss man Vorsicht walten lassen, so sollte zum Beispiel eine Sicherung zwischengeschaltet werden für den Fall, dass ein Kurzschluss entsteht.

Seit kurzem bietet er verbesserte Fermentationskästen in verschiedenen Ausführungen an, die auf dem gleichen Prinzip beruhen. Sie nutzen allerdings eine Heizspirale statt einer Glühbirne und sind gegen mögliche Gefahren wie Brand gesichert (Bezugsadresse im Anhang).

Je näher sich die Wärmequelle am Boden des Behälters befindet, desto besser. Die Thermik im Wasser folgt einem bestimmten Druck: Die Wärme steigt in der Mitte nach oben, drückt zur Seite und fällt am Rand wieder nach unten. Deshalb sollten sich die Heizquellen möglichst immer am Boden des Kanisters befinden.

Über den OLV-Shop (siehe Anhang) kann man ein Set für eine Fermentationsanlage auf der Grundlage dieses Prinzips beziehen, die sich für Haushalte bis hin zu kleinen Landwirt-

Ein selbst gebauter Fermentationskasten, um zwei Liter EMa herzustellen.

schaftsbetrieben eignet. Man kann damit je nach Bedarf einen bis zehn Liter EMa herstellen. Ein Heizstab erwärmt ein Wasserbad, in dem ein oder mehrere entsprechende Behälter stehen. Es wurde versucht, eine einfache, preisgünstige Anlage zu entwickeln, die möglichst wenig Energie verbraucht, die Thermodynamik nutzt und Einflüsse von Elektrosmog weitgehend ausschließt (Bezug im Anhang).

Grundrezeptur zur Herstellung von EMa (EM aktiviert)

300 Milliliter EM1 mit 300 Milliliter (Zuckerrohr-)Melasse mischen und mit Wasser auf zehn Liter auffüllen. Bei 25 bis 37 Grad Celsius sieben bis zehn Tage im geschlossenen Kanister vergären, ab dem dritten Tag täglich einmal Überdruck ablassen; EMa ist fertig, wenn sich kein neuer Überdruck einstellt. Der Fermentationsprozess soll möglichst im Dunkeln stattfinden.

Dieses Produkt ist dann 14 Tage optimal verwendbar, danach verliert es an Wirksamkeit. Deshalb sollte man vorher die richtige Menge kalkulieren.

EMa, aber auch EM1 sollte immer kühl und dunkel gelagert werden – aber nicht im Kühlschrank.

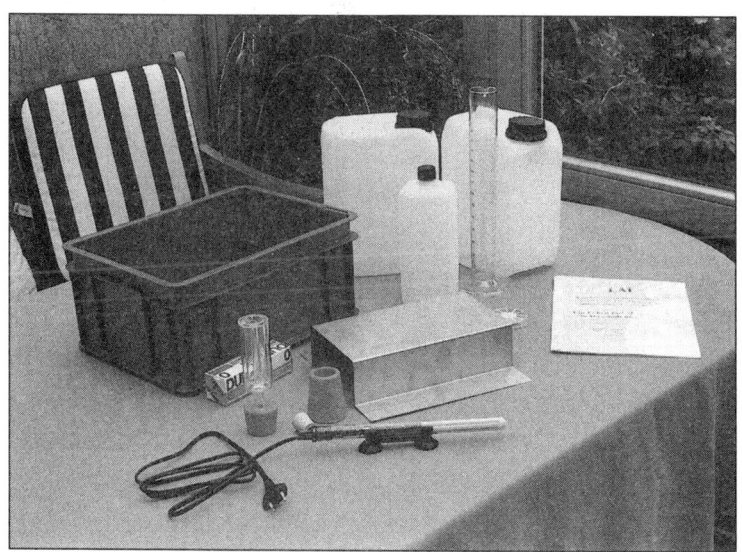

Set für eine variable Fermentationsanlage; geeignet für die Herstellung von einem bis zehn Liter EMa im Wasserbad.

Probleme bei der Herstellung

Ein EM-Nutzer schaffte es trotz großer Mühen und Sorgfalt nicht, EMa herzustellen, das eine ausreichende Qualität hatte – im Wesentlichen ließ sich dies am pH-Wert festmachen, der nie unter 4,2 fiel, also nicht sauer genug war. Der örtliche EM-Berater hatte telefonisch schon alle möglichen Störfaktoren abgefragt: Ist das Wasser schlecht (dann müsste er es vorher filtern und/oder mit EM-X-Keramik behandeln); ist die Temperatur nicht konstant; ist die Melasse vielleicht kontaminiert oder ist das EM1 nicht in Ordnung? Auch ein zusätzlicher Heizstab und eine Umwälzpumpe brachten keine besseren Ergebnisse. Schließlich machte der Berater mit dem Anwender eine Ortsbegehung, um herauszufinden, woran dieser Misserfolg liegen könnte. Dabei fiel dem Berater auf, dass der Fermentationsbehälter sich direkt unter einem Schaltkasten befand, wo ein gutes Dutzend Licht- und Starkstromleitungen zusammenliefen. Diesen Elektrosmogeinfluss scheint EM nicht vertragen zu haben, denn als ein anderer Ort gefunden war, verschwanden die Probleme.

In einem anderen Fall, wo es trotz aller Anstrengungen nicht gelang, zufriedenstellendes EMa herzustellen (der pH-Wert lag immer über 4, war also nicht sauer genug), stellte sich zufällig heraus, dass der Fermentationsbehälter auf einer Wasserader stand. Es ist also empfehlenswert, bei wiederholtem Misserfolg versuchsweise den Standort für die Herstellung zu wechseln.

Ein Biobauer hatte sich zum Einsatz von EM von einem Bekannten mehr drängeln lassen, als dass er sich entschieden hatte. Zunächst wollte er mit einer kleinen Menge beginnen.

Vorsicht vor Etikettenschwindel

Scheinbar pfiffige, zumindest aber geschäftstüchtige Menschen versuchen aus der Tatsache, dass sorgfältig hergestelltes EMa in Geruch, Geschmack und Konsistenz von EM1 kaum zu unterscheiden ist, ein Geschäft zu machen. Sie bieten zum Teil übers Internet ihr EMa unter Begriffen wie »Super-EM« oder Ähnliches an, manche nehmen sogar EMa, vermehren diese Mischung dann wieder und bieten das Ergebnis als ihr »EM« an. Diese Bezeichnung suggeriert, dass es sich um konzentriertes EM1 handelt, und der Käufer verwendet die Mischung entsprechend weiter. Darum ist dies Etikettenschwindel, wenn nicht gar Betrug.

Denn die zweite und jede weitere Vermehrung aus EMa hat nicht mehr denselben Inhalt wie EM1 und EMa. Manche Mikroorganismen vermehren sich stärker und schneller als andere, zum Beispiel die Milchsäurebakterien. Andere, die wir aber im EM brauchen, sind in weiter vermehrten Mischungen nicht mehr zu finden! Diese Weitervermehrungen sind für manche Anwendungen zwar noch brauchbar, aber die Erfahrungen, über die in diesem Buch berichtet wird, beziehen sich ausschließlich auf EM1 und die Erstvermehrung daraus, EMa.

Man kann sich an der Etikettierung orientieren: Wenn sich das offizielle EM-Logo auf der Verpackung befindet, kann man sicher sein, das ursprüngliche EM zu bekommen.

Das offizielle EM-Logo

Als der Bekannte lange nichts von ihm gehört hatte, fragte er nach, wie es denn ginge mit dem EM. Der Bauer beklagte sich daraufhin, dass das EM bei ihm nichts würde, »das ist voll von Schlieren und schimmelt«. Der Bekannte konnte das gar nicht glauben und fuhr hin. Er fand folgende Situation vor: Eine ca. 200-Liter-Regentonne aus Plastik stand an einem dunklen Platz im Stall und war mit einer Plastikplane luftdicht verschlossen. So weit, so gut – auch wenn die Temperatur hier nicht gleichmäßig sein konnte, denn nachts ist es kälter als tagsüber. Als die Plane gelüftet war, war der Fehler sofort klar: In der riesigen Tonne war nur eine kleine Menge angesetzt worden – weil der Bauer ja nicht mehr brauchte. Nun war aber mindestens 20-mal so viel Luft in der Tonne wie Flüssigkeit. Auch wenn die Plane die Tonne luftdicht abschloss, konnte von einem anaeroben Zustand keine Rede sein. So konnte kein EMa entstehen.

Dosierung von EM

Wenn man EM in einem Milieu anwendet, wo sich schon zu viele Nährstoffe befinden, beispielsweise in überdüngten Gewässern, kann es von Vorteil sein, EM1 anstatt EMa zu verwenden. Rückstände des Zuckers in EMa können zumindest anfangs die Prozesse verschlechtern. Viele Menschen wenden EM1 pur aus praktischen Erwägungen an, weil sie zum Beispiel nur sehr kleine Mengen benötigen.

Bei der Dosierung von EM sollte man sich immer vor Augen halten, wie groß die Zahl der Mikroorganismen in EM ist. Wichtiger als eine große Menge auszubringen, ist es meist, gleichmäßig und wiederholt zu sprühen, zu gießen oder wischen. Vor allem, wenn EM zum ersten Mal benutzt wird, ist eine häufige und wiederholte Anwendung vorteilhaft. Haben die dominanten, positiven Mikroorganismen erst einmal die Oberhand gewonnen, genügt die gelegentliche Anwendung.

Verhältnistabelle für den Einsatz von EM1 oder EMa

Im weiteren Verlauf dieses Buches gibt es viele Beispiele für den Einsatz von EM. In der Regel wird sowohl EM1 wie auch EMa verdünnt verwendet, je nach Anwendung wird mehr oder weniger Wasser hinzugefügt. In der folgenden Tabelle können Sie auf einen Blick erkennen, welche konkreten Mengenangaben jeweils hinter den Verhältnisangaben stecken.

Mischverhältnis	EM1/EMa	Wasser
1 : 250	40 ml	10 l
	400 ml	100 l
	1000 ml = 1 l	250 l
	2 l	500 l
	4 l	1000 l
1 : 500	20 ml	10 l
	200 ml	100 l
	500 ml = 0,5 l	250 l
	1 l	500 l
	2 l	1000 l
1 : 1000	10 ml	10 l
	100 ml	100 l
	250 ml	250 l
	500 ml = 0,5 l	500 l
	1 l	1000 l

Mischverhältnis	EM1/EMa	Wasser
1 : 10 000	10 ml	100 l
	25 ml	250 l
	50 ml	500 l
	100 ml	1000 l
	500 ml = 0,5 l	5000 l
	1 l	10 000 l

Qualitätsmerkmale von EM

EM1 hat einen angenehm säuerlich-vergorenen Geruch. Manche erinnert er an sauer eingelegtes Gemüse, andere an Essig. EM sollte nicht mehr benutzt werden, wenn es unangenehm riecht. Wenn es schlecht wird, beginnt es zunächst muffig zu riechen, dann stinkt es penetrant nach Buttersäure. Dieser Geruch ist so intensiv, dass niemand, dessen Geruchsnerven noch funktionieren, auf die Idee käme, dieses verdorbene Produkt zu benutzen.

Verschiedene Abfüllungen von EM können unterschiedlich riechen oder schmecken. Dies verunsichert viele, ist aber kein Grund zur Besorgnis. Man muss sich nur vergegenwärtigen, dass es sich bei einer Flasche EM um eine konzentrierte Ansammlung von Abermillionen oder besser -milliarden von Lebewesen handelt und nicht um eine chemische Flüssigkeit wie etwa ein Reinigungsmittel, das tote Materie ist. Die Mikroorganismen in EM reagieren auf ihre Umwelt, auf kalt und warm, auf Lagerung, Transport, Strahlung und andere Einflüsse, von denen wir vielleicht noch gar nichts wissen.

Ganz gleich wie sorgfältig EM1 hergestellt wird, es kommt immer wieder vor, dass zwar alle Zutaten und Bedingungen stimmen und nach den gängigen Messwerten die Charge in Ordnung ist, wir aber dennoch einen Unterschied feststellen können. Wie bei jedem seriösen Hersteller kann man das Produkt dann wieder umtauschen. Allerdings braucht man sich erst wirklich Gedanken zu machen, wenn EM beginnt, recht unerträglich zu stinken. Bis dahin kann man so verfahren, wie es viele Anwender tun: Ist einem der Geruch unangenehm, wird man es nicht für die Körperhygiene anwenden, sondern möglichst schnell im Garten, Kompost etc. verwenden.

Auch bei EM-X kann es zu leichten geschmacklichen Unterschieden kommen. Der Grund ist der gleiche wie bei EM1: Es handelt sich um ein natürliches Produkt aus lebenden Substanzen, die von sich vermehrenden und interagierenden Mikroorganismen in einem mehrmonatigen Prozess erzeugt werden. Zwar wird peinlich genau auf die immer gleiche Zusammensetzung der Inhaltsstoffe geachtet, geringfügige Geschmacksunterschiede von Charge zu Charge können aber vorkommen.

Der pH-Wert als Qualitätsmerkmal

Wenn man sich nicht sicher über den Qualitätszustand von EM1 oder EMa ist, oder wenn man die Qualität des selbst hergestellten EMa überprüfen möchte, misst man den pH-Wert. EM1 hat einen pH-Wert von 3,2 bis 3,5. Tolerabel sind Werte bis zu 3,9. Liegt der gemessene Wert darüber, handelt es sich nicht mehr um erstklassiges EM.

Die Abkürzung »pH« steht für »pondus hydrogenii« – Gewicht der Wasserstoffionen pro Liter Lösung. Der pH-Wert gibt also Auskunft über die Konzentration der Wasserstoffionen. Ganz grob gesagt beschreibt der pH-Wert, ob eine Substanz oder Lösung im chemischen Sinne sauer (pH-Wert < 7), neutral (pH-Wert = 7) oder alkalisch (pH-Wert > 7) ist.

Es gibt verschiedene Methoden, den pH-Wert zu messen: Lackmuspapier ist preisgünstig und leicht handhabbar. Die meisten Sorten sind nicht sehr genau, es gibt aber auch unterschiedlich feine Papiere, die nur bestimmte pH-Zonen messen. Genauer sind elektronische Messgeräte, die allerdings teurer sind und regelmäßig eingestellt werden müssen, damit sie ihre Genauigkeit behalten.

Der pH-Wert des Bodens ist wichtig für das Pflanzenwachstum. Er muss unter 7 liegen, also sauer sein. In der nachfolgenden Liste sind eine Reihe von pH-Werten angegeben:

Alkalisch > 7

- ▶ Brandkalk: 12–14
- ▶ Kohlensaurer Kalk: 10–11
- ▶ Natriumbicarbonat (Natron): 9–9,5
- ▶ Basenwasser: 8–8,5
- ▶ Leitungswasser: 7,8
- ▶ Blut eines gesunden Menschen: 7,5
- ▶ Mineralwasser ohne Kohlensäure: 7,2

Neutral = 7

- ▶ Menschliche Zellen
- ▶ Reines Wasser

Sauer < 7

- ▶ Lehm-Ton-Ackerböden: 6–7
- ▶ Lehm-Ton-Wiese: 6,5–5,5

- Boden: über 5
- Haut: ca. 5,5
- Pilze: meist unter 5
- Moorboden: 4,8
- EM-Bokashi: 3,5–4
- EM1: ideal unter 3,5; brauchbar bis 4
- Essig: 3
- Coca-Cola: 3
- Menschlicher Magen: 2
- Salzsäure: 1

EM im täglichen Leben

Es ist immer wieder erstaunlich, wie inspirierend EM auf die Nutzer wirkt, vielleicht sollte man besser sagen: EM bringt den Einfallsreichtum seiner Nutzer zum Vorschein. Deshalb sind die Einsatzbereiche nahezu unbegrenzt. Täglich findet wieder jemand eine neue Anwendung für die Effektiven Mikroorganismen oder andere Produkte der EM-Technologie.

Im Folgenden werden eine Reihe von Beispielen für den täglichen Gebrauch vorgestellt. Diese können als Anleitungen verwendet werden, sollen jedoch auch dazu anregen, individuelle Anwendungsmöglichkeiten zu entdecken.

Palette der EM-Produkte, die in Europa erhältlich sind

Bokashi – Dünger für den optimalen Boden

Gesundheit kommt aus dem Boden

Die wichtigste Quelle für die Gesundheit der Pflanzen ist die Erde, in der sie wachsen. Auch die Sonne ist eine unentbehrliche Energiequelle, doch was die Pflanzen brauchen, um zu wachsen, zu blühen und Früchte zu produzieren, nehmen sie sich aus der Erde. Viele Stoffe werden dort von unzähligen Mikroorganismen be- und verarbeitet und auf diese Weise für die Pflanzen verfügbar gemacht. Andererseits kann hier auch die Quelle für Krankheiten und Wachstumsprobleme liegen. Wenn beispielsweise im Herbst untergegrabenes oder untergepflügtes organisches Material im Frühjahr wieder »unverdaut« zum Vorschein kommt, dann stimmt etwas nicht. Dann ist das Bodenleben so arm, dass es diesen Rohstoff nicht verarbeiten kann. Da es in erster Linie die Mikroorganismen sind, die diesen Verdauungsprozess bewerkstelligen, hilft uns EM hier weiter.

Die Natur unterliegt dem immerwährenden Zyklus des Wachsens und Vergehens. Im Frühjahr wächst alles, kommt zur Reife und wird anschließend wieder vom Boden aufgenommen. Der Landwirt unterbricht diesen Zyklus, indem er erntet. Deshalb muss er wieder etwas als Dünger in den Boden zurückgeben, am besten organisches Material.

Das Leben im Boden

Die konventionelle Agrarchemie hat uns gelehrt, dass die Pflanze Stickstoff, Phosphor, Kali und einige Mikronährstoffe braucht. Das ist unbestritten richtig. Doch dabei wird die tatsächliche Wechselwirkung zwischen Boden, Bodenlebewesen und den Pflanzen nicht beachtet.

Die feinen Wurzeln der Pflanzen geben Botenstoffe in ihre Umgebung ab, die den Mikroorganismen signalisieren, was die Pflanze gerade benötigt. Daraufhin beginnen die Bodenlebewesen organisches Material umzuwandeln und mineralisieren die Mikro- und Makronährstoffe. Gleichzeitig produzieren sie auch Vitamine, Enzyme und Botenstoffe, die die Pflanze mit aufnimmt. Mit ihrer antioxidativen, pflanzenstärkenden und hygienisierenden Wirkung lassen sie keinen Platz für Schadorganismen. Bei der Anwendung von EM ist sichergestellt, dass sich genügend Mikroorganismen im Boden befinden, damit diese Prozesse optimal ablaufen können.

So lässt sich erklären, warum konventionelle Bauern als EM-Anwender bereits im ersten Jahr die mineralischen Düngergaben um 25 Prozent reduzieren können, ohne Ertragseinbußen hinnehmen zu müssen. Nach spätestens vier Jahren, wenn eine stabile Bodenflora aufgebaut wurde, arbeiten sie meist nur noch mit der Zugabe organischer Dünger oder dem verstärkten Anbau von Zwischenfrüchten, die auch Futter für die Bodenorganismen liefern. Bio-Bauern in Japan und in über 50 Ländern dieser Erde, die schon länger EM anwenden, haben ebenso große oder sogar größere Ernten als ihre konventionell wirtschaftenden Kollegen – bei erheblich höherer Qualität!

EM-Bokashi

Bokashi ist ein japanischer Begriff und bedeutet »fermentiertes organisches Material«. Hier soll es uns ausschließlich um »EM-Bokashi« gehen, also mit EM fermentiertes organisches Material. Bokashi ist hochwertiger Dünger und mindestens so wertvoll wie reifer Kompost, aber bei weitem nicht so arbeitsintensiv. Worin besteht der Unterschied?

Kompost wird aerob hergestellt, das heißt man setzt ihn öfter um, damit möglichst überall Sauerstoff hingelangt. Dadurch wird der Zersetzungsprozess beschleunigt, und die organischen Abfälle werden im Laufe einer Saison, also etwa einem Jahr, so weit reduziert, dass der schwarze Humus entsteht, der, wenn er gelungen ist, gesund nach Walderde riecht.

Bei diesem Prozess entweicht eine Menge Energie als Wärme; in dem Zersetzungsprozess entstehen verschiedene Gase, die entweichen, wie CO_2, Methan (Faulgas) und verschiedene andere. Zudem werden große Volumen von Abfällen zu einer relativ kleinen Menge Humus verringert – was ja auch erwünscht ist. Eine ähnliche Reduzierung würde man allerdings auch durch Verbrennen erreichen. Im Grunde ist der Zersetzungsprozess ein Verbrennungsprozess. Greift man beispielsweise selbst bei kühleren Temperaturen in das Innere eines Komposthaufens, spürt man die hohe Temperatur, die dort herrscht. In Kompostwerken, die den Biomüll entsorgen, ist diese Phase hoher Temperatur gesetzlich vorgeschrieben, weil die unerwünschten Mikroben Temperaturen über 70 Grad Celsius nicht überleben.

Bei Bokashi ist alles anders: Das organische Abfallmaterial wird so frisch wie möglich mit Effektiven Mikroorganismen geimpft und luftdicht verschlossen. Dies kann in jedem luftdicht verschließbaren Behälter oder Sack geschehen. Dann überlässt man dieses Gemisch sich selbst, bis es nach 10 bis 14 Tagen (je nach Temperatur) vollkommen fermentiert ist. Da dies ein Säuerungsprozess ist – vergleichbar mit milchsauer eingelegtem Gemüse – spricht man auch von einsäuern. Nun kann man die Mischung sofort unter die Erde graben oder eine Weile aufbewahren und zwar bis zu sechs Monaten, vorausgesetzt, sie ist völlig luftdicht abgeschlossen. Man kann sie sogar trocknen, doch geht dabei ein Teil der Energie verloren. In der Erde geben die dominanten Mikroorganismen von EM die Richtung an, die schnell von den im Boden vorhandenen Mikroben unterstützt wird. Gemeinsam stürzen sie sich nun auf das reichliche Futter, vermehren sich dabei rapide und produzieren weiter Vitamine, Enzyme und andere Nährstoffe für die Pflanzen. Im Sommer ist schon nach sechs bis acht Wochen alles zu wunderbarem schwarzem Humus geworden, durchsetzt von Regenwürmern und anderen Bodentierchen

Praxistipp

Unter Umständen hat man viel mehr organischen Abfall, als man in den Boden wieder zurückgeben möchte. Dann legt man sich für die »minderwertigen« Materialien einen organischen Abfallhaufen an oder wirft sie in die Biotonne; beides wird natürlich auch regelmäßig mit FMa-Lösung besprüht. Die kostbareren Abfälle nimmt man für die Bokashi-Herstellung.

und natürlich voll von den für uns unsichtbaren Mikroorganismen. Dieser Boden hat einen hohen Anteil von Antioxidantien, aus ihm gehen niemals Krankheiten hervor.

Am anschaulichsten lässt sich der Fermentationsprozess mit der Herstellung von Sauerkraut vergleichen: Das beste Sauerkraut entsteht aus frischem, möglichst natürlich angebautem Weißkohl. Unter Luftabschluss machen sich Milchsäurebakterien an die Arbeit und produzieren ein erstaunliches Mehr aus dem Kohl, nämlich lebensnotwendige Vitamine und andere bioaktive Stoffe, die unser Körper braucht und die er gerade im Winter sonst nur schwer bekommt. Das Sauerkraut ist also wertvoller als der rohe Kohl oder anders ausgedrückt: Die Mikroorganismen sind in der Lage, einen solchen »Mehr-Wert« herzustellen, dem Kohl mehr Qualität zu geben, als ursprünglich vorhanden ist.

Dasselbe geschieht bei der Herstellung von EM-Bokashi. In EM bündeln sich unendlich viele verschiedene regenerative Mikroorganismen, die allesamt an einem solchen Einsäuerungsprozess beteiligt sind. Auch sie brauchen ein feuchtes, luftabgeschlossenes Milieu, um organisches Material in vitaminreiches, antioxidativ wirkendes, hochwertiges Material umzuwandeln, das in diesem Fall als Dünger benutzt wird. Ein früher Pionier des EM-Einsatzes hat den Begriff »Bokashi – Vollwertkost für den Boden« geprägt, der die Bedeutsamkeit dieses Materials gut illustriert. Im Bokashi erzeugen die Mikroorganismen verschiedene Vitamine, Aminosäuren, Enzyme, Spurenelemente usw., die allesamt wertvolle Nahrung für die Pflanzen sind. Wenn man diesen fertigen Dünger dann in den Boden einbringt, stellt er ein Wertstoffdepot für die Pflan-

Gekauftes EM-Bokashi

zen dar. Wann immer eine Pflanze bestimmte Stoffe braucht, sendet sie Botenstoffe (Hormone) aus, die von den Mikroorganismen aufgenommen werden. Daraufhin findet der gewünschte und notwendige Austausch über die Wurzeln statt.

Bokashi selbst herstellen

Man kann grundsätzlich aus allen organischen Materialien Bokashi herstellen. Wesentlich ist, dass die Mikroorganismen einen optimalen Start an ihrer Wirkungsstätte haben.

Während es in Japan eine große Zahl von Firmen, Einzelpersonen und Institutionen gibt, die ihr eigenes EM-Bokashi herstellen und vertreiben, finden sich in Europa bisher nur wenige Hersteller, da der Bedarf noch nicht groß genug ist. Für Japan, Deutschland und Österreich gilt, dass es verschiedene

Arten von Bokashi gibt, die sich alle in Geruch und Konsistenz unterscheiden (Bezugsquellen im Anhang).

Wer will, kann sich sein perfektes EM-Bokashi selbst herstellen. Dafür gibt es grundsätzlich zwei Möglichkeiten: Küchenbokashi oder das professionellere Super-Bokashi.

Küchenbokashi herstellen

Um aus Küchenabfällen einfaches Bokashi (EM-Kompost) herzustellen, braucht man einen luftdicht verschließbaren Plastikeimer und EM1 bzw. EMa. Am besten verwendet man einen speziellen Bokashi-Eimer. Dieser Plastikeimer ist mit einem Ablasshahn versehen, damit die entstehenden Sickerwässer abgezapft werden können. Wer einen normalen Plastikeimer verwendet, sollte im unteren Bereich ein Loch hineinbohren, das zum Beispiel mit einem Korken verschlossen wird.

Der Bokashi-Eimer wird lagenweise mit den klein geschnittenen Abfällen gefüllt. Die Lagen werden mit EMa oder EM1 eingesprüht und festgedrückt, und der Eimer wird luftdicht verschlossen. Ist der Eimer voll, bleibt er noch drei bis vier Wochen an einem warmen Ort stehen, aber nicht in der Sonne. Das fertige Küchenbokashi riecht angenehm süß-säuerlich und hat oft einen weißlichen Belag auf der Oberfläche – der erwünscht ist. Es wird als Dünger verwendet.

Man kann Küchenbokashi auch mit Hilfe von selbst hergestelltem oder gekauftem Super-Bokashi herstellen, indem man die Küchenabfälle nicht mit EM besprüht, sondern mit jeweils zwei bis drei Esslöffeln Super-Bokashi pro Lage bestreut. Ansonsten ist die Vorgehensweise die gleiche.

Super-Bokashi herstellen (Grunddünger)

▶ 330 Gramm Getreideschrot oder gekrümeltes Altbrot (kann auch durch trockenen Hühnerkot ersetzt werden)
▶ 330 Gramm Spelzen von Getreide oder Strohmehl oder gerebeltes trockenes Laub
▶ 330 Gramm frische Grünabfälle (zum Beispiel Grasschnitt oder klein gehackte Küchenabfälle)
▶ EM-Mischung aus 3 Esslöffeln EM1 und 3 gestrichenen Esslöffeln (Zuckerrohr-)Melasse oder Rübenkraut, aufgefüllt mit einer großen Tasse warmen Wassers (250 ml). Die EM-Mischung soll man gut verrühren, damit sich die Melasse (bzw. das Rübenkraut) gut auflöst.

Sämtliche Bestandteile gut miteinander vermischen. Das Ganze muss krümelig sein und darf nicht schmieren. Ist die Mischung zu nass, gibt man noch vom trockenen Material dazu, ist sie zu trocken, fügt man noch ein wenig Wasser dazu. Die Mischung füllt man in eine Plastikschale oder eine Plastiktüte, die luftdicht zu verschließen ist, damit sie fermentieren kann. Dabei vermehren sich die Mikroorganismen und bilden ihre Enzyme, Antioxidantien und andere wertvolle Stoffe. Nach 14 Tagen an einem warmen Ort riecht das Ganze süß-sauer und ist von weißem Pilzmycel durchwachsen. Der pH-Wert des Materials liegt dann unter 4, ist also sauer. Unter Luftabschluss an kühlem Ort ist der Dünger dann zwei bis drei Monate haltbar.

Wer möchte, kann Seemuschelkalk und Urgesteinsmehl – ein Teelöffel auf die oben angegebene Menge – darunter mischen.

Utensilien für die Herstellung von Küchenbokashi: spezieller Eimer, Küchenabfälle, eine Sprühflasche mit verdünntem EM1 oder EMa. Das Ergebnis ist gröber als gekauftes Bokashi.

Wer genügend Platz hat, kann dieses Bokashi auf einem Betonfußboden trocknen. Geeignet sind zum Beispiel ein Heizungskeller, eine unbenutzte Garage oder Ähnliches. Durch das Trocknen kann man die Haltbarkeit verlängern. Wichtig ist dabei häufiges Wenden, damit sich keine Fäulnis bildet.

Verwendung des Super-Bokashi

► **Für Topfpflanzen:** Das Super-Bokashi wird mit handelsüblicher feuchter Blumenerde vermischt. Das Ganze lässt man zwei Wochen entweder im offenen Sack oder auf einem Haufen liegen. In dieser Zeit bauen die Mikroorganismen das Material um, so dass ein pH-Wert von ca. 7 gemessen wird. Das fermentierte Material beginnt zu vererden. Nun hat man hervorragende Pflanzerde zur Verfügung, die alle Topfpflanzen wunderbar und gesund wachsen lässt.

► **Für den Garten:** Wer einen Garten besitzt, streut pro Quadratmeter ca. 150 bis 200 Gramm dieses Super-Bokashis aus und arbeitet es leicht ein. Mit dem Pflanzen oder Säen wartet man ca. 14 Tage, bis ein neutraler pH-Wert von 7 entstanden ist. Hat man schon gepflanzt oder gesät, ist es notwendig, ca. 10 bis 20 Zentimeter tiefe Rillen in 20 bis 30 Zentimeter Abstand zu den Pflanzen in den Boden zu ziehen. In diese Rillen wird das Super-Bokashi eingebracht. Nach drei bis vier Wochen kann man nachschauen, wie schön die Wurzeln auf dieses Bokashi zuwachsen. Dazu sticht man mit dem Spaten quer in die Reihe, möglichst nahe bei einer Pflanze und hebt den Boden aus. Man kann genau erkennen, wie die Wurzeln auf den »Düngerstreifen« zuwachsen. Das signalisiert, dass die Pflanze und die Mikroorganismen gerne zusammenarbeiten. Gegossen wird mit einer EMa-Lösung.

Wichtig: Wartezeiten beachten

Eine von EM begeisterte ältere Dame hatte mit gutem Erfolg in ihrem Garten EM im Gießwasser eingesetzt. Nun wollte sie einen Schritt weiter gehen und auch das viel gepriesene Bokashi verwenden. Sie bestellte sich einen großen Sack davon und arbeitete die entsprechende Menge Bokashi in ihre freien Beete ein. Am nächsten Tag pflanzte sie Salat in die vorbereitete Erde. Täglich beobachtete sie ihre kleinen Pflänzchen und erlebte eine herbe Enttäuschung: Nach einigen Tagen verfaulten alle. Sie beriet sich mit einer Bekannten und fand schon bald heraus, was sie falsch gemacht hatte: Wie EM1 ist auch EM-Bokashi ziemlich sauer – mit einem pH-Wert von 3,5 bis 4,0 fast so sauer wie Essig. Das vertragen junge Pflanzen nicht. Nachdem man Bokashi – selbst hergestelltes oder gekauftes – in die Erde eingearbeitet hat, muss man 8 bis 14 Tage warten, bis sich der pH-Wert neutralisiert hat. Dann liegt der pH-Wert des Bodens bei ca. 7 und eignet sich hervorragend für die Aufzucht von jungen Pflanzen.

Die so belehrte Gärtnerin wartete eine weitere Woche und setzte dann neue Salatpflanzen, die herrlich wuchsen. Man sollte beachten, dass gerade Kopfsalat besonders empfindlich auf Säure reagiert. Endivien und auch die roten Sorten sind weniger anfällig.

Ein Leckerbissen auch für ungewollte Gäste

Das selbst hergestellte Küchenbokashi hat ein sehr hohes Antioxidationspotenzial. Wie wir von einer EM-Freundin mitten aus München wissen, ist es für sie fast unmöglich, ihre Gemüse im Garten mit Küchenbokashi zu düngen. Fast jede Nacht kommen Füchse in den Garten und prüfen, ob wieder eine Ladung von ihrem erstklassigen Küchenbokashi in die Beete eingegraben wurde. Ist dies der Fall, graben sie es aus und fressen es. Füchse als Aasfresser haben zwar selbst ein sehr großes Vermögen, Antioxidantien aufzubauen, genießen es aber offensichtlich, frisches wohlschmeckendes Bokashi zu stehlen.

Auch Hunde sind begeistert von dem Super-Dünger. Man sollte sie darum besser nicht in die Nähe lassen, wenn man gerade Bokashi ausbringt. Diese Vorliebe ist leicht festzustellen, wenn man seinen Hund von der Flüssigkeit trinken lässt, die sich bei der Herstellung des Bokashi bildet, und die wir normalerweise als ausgezeichneten Flüssigdünger einsetzen. Aller Wahrscheinlichkeit nach wird er sie mit Begeisterung trinken.

Es gibt noch eine ganze Armee von Tieren, die sich im Garten an offen daliegendem Bokashi erfreuen, die der Gärtner aber nicht unbedingt anziehen möchte, zum Beispiel Mäuse oder Krähen, um nur einige zu nennen. Deshalb ist es wichtig, Bokashi immer **unter** die Erde zu bringen. Dort riechen es die meisten Tiere nicht – bis auf die, für die es auch bestimmt ist, nämlich Regenwürmer und Mikroorganismen. Die sind aber genauso wild darauf wie die erwähnten Füchse und Hunde und wandeln es binnen kürzester Zeit – je nach Temperatur in etwa sechs bis acht Wochen – in schwarzen Humus um. Der pH-Wert wird Tag für Tag ein wenig neutraler und liegt schon nach ca. 14 Tagen bei 7 wie der andere Boden auch.

Wie oft kann man Bokashi in den Boden geben?

Unser selbst hergestelltes Küchenbokashi ist mit einem pH-Wert von 3,5 bis 4 zu sauer für feine Wurzeln. Deshalb muss man frisches Bokashi mit Bedacht einsetzen. Wie jeder Dünger füttert Bokashi die Organismen im Boden, die wiederum Stoffwechselprodukte für das Wachstum der Pflanze erzeugen. Man will sie natürlich nicht überfüttern. Deshalb sollte man nicht an der gleichen Stelle zu häufig düngen. Es ist besser, man gibt Bokashi, für das man gerade keine Verwendung hat, in den Kompost, schenkt es den Nachbarn oder düngt damit das städtische oder kommunale Grün. Wichtig ist aber, das eingemischte Bokashi mit einer EMa-Lösung zu gießen, um auch die Umgebung dieser Stelle mit genügend regenerativen Mikroorganismen zu besiedeln.

EM-X-Keramikpulver

Eine interessante Ergänzung hat die Bodenpflege der EM-Technologie mit der Entwicklung von EM-X-Keramik erfahren. Das fein gemahlene Pulver baut sich in den Ton-Humus-Komplex ein und verbessert den Boden schnell und sicher. Während die Effektiven Mikroorganismen über einen gewissen Zeitraum wiederholt in den Boden eingegeben werden müssen, bis der Boden einen antioxidativen und regenerativen

EM-X-Keramikpulver

Charakter erlangt hat, gelingt dies mit dem Keramikpulver schneller, so dass die Effektivität von EM schneller greift. Außerdem bleibt diese Wirkung über einen langen Zeitraum erhalten, da die Potenz der Keramik sich nicht erschöpft. Längerfristig verliert sich die Wirkung erst mit dem Auswaschen der Keramikpartikel in tiefere Bodenschichten.

EM-X-Keramikpulver im Garten

▶ **In Pflanzerde:** 5 Teelöffel Pulver pro 50 Liter Pflanzerde sorgfältig untermischen, sofort verwendbar

▶ **Auf die Beete:** 2 bis 10 Gramm Pulver (pro Quadratmeter) mit feinem Sand oder feiner, trockener Erde gut vermischen, gleichmäßig ausstreuen und leicht einarbeiten.

Perfektes Recycling von Küchenabfällen
mit Bokashi

Das Herstellen von EM-Bokashi aus organischen Küchenabfällen ist eine Erfolgsgeschichte in Japan. Der Kostendruck bei der Müllabfuhr und Entsorgung war in den letzten Jahrzehnten immer größer geworden, und viele Kommunen suchten verzweifelt nach Lösungen für dieses Problem. Nicht immer war es machbar, bestehende Verbrennungsanlagen zu erweitern oder neue zu bauen. Außerdem setzte sich auch in Japan allmählich die Meinung durch, dass es ökonomisch wenig Sinn ergibt, Bioabfälle zu verbrennen.

So wurden auch in der mitteljapanischen Stadt Kani Bürger für dieses Thema sensibilisiert, als der Neubau einer Müllverbrennungsanlage durch eine Bürgerbewegung verhindert wurde. Einzelne hatten einen Aufsatz von Professor Higa gelesen, der unter anderem von dem Nutzen der EM-Behandlung von biologischen Küchenabfällen handelte. Sie probierten dies selbst aus und waren von dem Ergebnis dermaßen überzeugt, dass sie der Kommune eine Lösung der Müllprobleme mit Hilfe von EM vorschlugen.

Tatsächlich setzten sich die Behörden schon bald mit den Bürgern zusammen, und es wurde eine Lösung erarbeitet, wie der Bioabfall aus den Haushalten behandelt werden sollte. Diese sah so aus, dass jeder Haushalt seine Bioabfälle mit einem professionellen Bokashi-Eimer fermentierte, der dann abgeholt wurde. Aber statt den Abfall zu deponieren oder zu verbrennen, wurde dieser hochwertige Dünger für städtische Grünanlagen, Gärtnereien und private Gemüsegärten genutzt.

In kurzer Zeit wurde ein funktionierendes Recycling-System eingeführt, das zu einer Reduktion der Abfallmenge um 1000 Tonnen im ersten Jahr führte. Die Abfallbehörde hatte einen jährlichen Anstieg der Abfallmenge von 1000 Tonnen prognostiziert, so dass insgesamt 2000 Tonnen weniger Abfall entsorgt werden mussten. Dass dies für die Kommune auch eine finanzielle Erleichterung war, braucht nicht besonders erklärt zu werden. Das System wird heute in vielen japanischen Städten erfolgreich angewendet.

Die EM-Technologie ermöglicht ein perfektes Recycling-System – das bei uns noch organisiert werden müsste: Die Bioabfälle, die wir sowieso trennen, werden zu Hause mit EM (oder EM-Bokashi) fermentiert. Was man nicht selbst braucht, wird abgeholt und Bauern zur Verfügung gestellt. So werden mehrere Fliegen mit einer Klappe geschlagen: Der Bauer bekommt hochwertigen Dünger zu niedrigen Kosten, die Bodengesundheit wird verbessert, und bei der Müllabfuhr werden Kosten gesenkt. Obendrein erhält man beim Fermentieren des Hausmülls eine kleine Menge von Flüssigkeit, die abgezapft wird und entweder als Flüssigdünger oder zur Reinigung der Abflüsse im Haus verwendet werden kann. So würde allmählich die Kanalisation gereinigt, die Klärwerke entlastet und letztlich hätte man damit begonnen, Flüsse und Meere zu reinigen.

Blumen und Rasen

Wenn ein Boden durch die Effektiven Mikroorganismen seine Vitalität und Lebenskraft zurückbekommen hat, kann man beobachten, dass Blumen blühen, die sich lange nicht mehr gezeigt haben, dass Sträucher, Bäume und Gras kräftiger und widerstandsfähiger werden, dass die Pflanzen länger blühen und die Blüten schöner leuchten. Es geht nicht darum, besonders große Früchte und Blüten zu erzeugen oder Rekorde zu brechen, aber durch den Einfluss von EM erreichen Pflanzen ihr genetisches Optimum, und zwar nicht nur einige, sondern alle.

Wie schon erwähnt, muss sich Bokashi 14 Tage an die Umgebung anpassen, also von einem sauren in einen neutralen Zustand kommen, bevor man etwas pflanzen kann. Versuche mit EM haben gezeigt, dass die Säure ebenfalls die Wurzeln schädigen kann. Sobald aber die Empfehlungen eingehalten werden, mit Verdünnungen von mehr als 1 : 200 zu arbeiten, kann man sicher sein, dass das Gießwasser einen pH-Wert um 7 hat, also neutral ist. Damit entfallen alle Gefahren einer Verätzung. Gleiches gilt natürlich auch, wenn man EM aufs Blattwerk sprüht.

Nur wenn es erwünscht ist, ein leicht saures Milieu herzustellen, zum Beispiel um eine beginnende Pilzerkrankung zu stoppen, kann man mit geringeren Verdünnungen arbeiten. Die Säuretoleranz der verschiedenen Sorten bei Blumen, Gemüse, Rasen und anderen Pflanzen ist sehr unterschiedlich.

Deswegen muss man sich in seinem Garten durch Versuche an die tolerablen Grenzen heranarbeiten. Experimentierfreude führt zu neuen Erkenntnissen. Und mit dem natürlichen Mittel EM sind diese Experimente ungefährlich.

Blumen und Topfpflanzen

Rosen

Ein Hobbygärtner berichtet: »Die Rosen auf der Südostseite unseres Hauses sind über dreißig Jahre alt. Hier in der Baumschulgegend bleibt keine Rose frei von Sternrußtau. Im Mai des Jahres 2000 kamen diese Rosen unter meine Fittiche. Seit dieser Zeit haben sie keine chemischen Hilfen mehr bekommen und sind wirklich prächtig. Ich bin eifriger EM-Anwender. Schon während unseres Einzugs in die neue Wohnung habe ich das Beet mit einem Liter EMa auf eine Gießkanne begossen, und das in der Wachtumsperiode fünfmal wiederholt. Im März fing ich wieder damit an. Zusätzlich sprühe ich bei warmer und feuchter Witterung, also bei Pilzgefahr, einmal in der Woche abends nach Sonnenuntergang die Rosen und sonstige gefährdete Pflanzen mit einem Liter EMa auf vier Liter Wasser in der Fünf-Liter-Spritze. Das Ergebnis sind kräftige Pflanzen, die manchmal von Blattläusen beflogen werden, die sich dann aber wieder entfernen, weil ihnen die Pflanzen zu gesund sind. Sie haben dort keine natürliche Aufgaben.«

Ein anderer erzählt von einem alten Rosenstock am Eingang seines Hauses, der zwar noch lebte, aber seit einigen Jahren nicht mehr blühen wollte. Schon nach gelegentlichem

Sprühen mit EMa und Gießen der Erde ringsum begann die Rose in der darauf folgenden Saison zu seiner Überraschung und großen Freude wieder zu blühen.

Topfpflanzen

Die Gesundheit von Topf- und Balkonpflanzen kommt in erster Linie aus der Erde, darum setzt man EM zunächst hier ein. Außerdem kann man auch die Keramik-Röhrchen benutzen, denn sie verbessern das Wasser in jeder Gießkanne. Schließlich gibt es hervorragendes fertiges EM-Bokashi als Dünger zu kaufen, das feinkörnig und daher leicht und bequem zu verarbeiten ist. Wer noch mehr machen möchte, besorgt sich zusätzlich das EM-X-Keramikpulver, das die Vitalität des Bodens und die Effektivität der Mikroorganismen steigert.

Hydrokulturen erfreuen sich besonders in Büros und öffentlichen Gebäuden großer Beliebtheit, aber auch viele private Haushalte schätzen die pflegeleichten Kulturen. Ein Gartenbetrieb in Nordhessen, der unter anderem die Hydrokulturen in einer großen Bank versorgt, berichtete von hervorragenden Ergebnissen durch EM. Die großen Pflanzkübel in der Schalterhalle hatten begonnen, unangenehm zu riechen. Den Pflanzenpflegern gelang es nicht, das Problem in den Griff zu bekommen, bis sie von EM erfuhren. Bald darauf impften sie die Pflanzen mit EMa, das sie selbst angesetzt hatten, und schon nach 24 Stunden waren keine unangenehmen Gerüche mehr wahrzunehmen. Zu ihrer großen Freude stellte sich obendrein ein verstärktes Wachstum der Pflanzen ein. Sie wuchsen nicht nur durchweg höher, auch die Blätter wurden größer und die Blüten üppiger als vorher.

EM-Erde für Topfpflanzen

Einen Teil EM-Bokashi (5 Prozent) mit 19 Teilen Blumenerde (95 Prozent) mischen. Die Mischung 14 Tage stehen
lassen, dann kann man sie zum Säen bzw. Pflanzen verwenden. Als i-Tüpfelchen kann man noch drei Teelöffel Keramikpulver auf 50 Liter Erde geben.

EM-Lösung zum Gießen

EM1 oder EMa im Verhältnis 1 : 50 bis 1 : 100 (ein bis zwei
Verschlusskappen auf einen Liter Wasser) ins tägliche Gießwasser mischen.

EM-Lösung zum Sprühen

EM1 oder EMa im Verhältnis von 1 : 5 mit Wasser mischen.
Die Pflanzen gelegentlich damit einsprühen – dabei die
Unterseiten der Blätter nicht vergessen.

Schnittblumen

In jede Vase mit Schnittblumen gibt man je nach Größe der
Vase und Wassermenge mehrere EM-Keramik-Röhrchen (Pipes). Anfangs gab ich EM1 oder EMa ins Blumenwasser und
konnte keine Verbesserung der Schnittblumen bemerken. Erst
als die EM-Keramik in Deutschland verfügbar war, stellten
sich hier bemerkenswerte Veränderungen ein. Schnittblumen
mit EM im Wasser halten nicht unbedingt viel länger frisch –
lediglich das alte Blumenwasser stinkt bei weitem nicht so
wie ohne EM. Allerdings halten prinzipiell Schnittblumen, die
mit EM im Garten gezogen wurden, merklich länger in der

Vase als die meisten gekauften. Die Blumen verhalten sich aber anders, wenn man EM-Keramik ins Wasser gibt. Die Blütenblätter bleiben länger am Stiel, sie tendieren dazu, am Stiel zu trocknen, was oft einen schönen Effekt ergibt. Das Wasser bleibt geruchsneutral, selbst wenn es sehr lange in der Vase steht.

Welche erstaunlichen Lebens- und Wachstumskräfte durch die EM-X-Keramik mobilisiert werden, konnte ich selbst an folgendem Beispiel beobachten: Mitte Dezember bekam ich einen Blumenstrauß mit Tannengrün, Efeu und mehreren roten Zwerg-Amaryllis mit. Der Strauß kam wie immer in eine Vase mit ca. fünf bis acht der EM-X-Keramik-Röhrchen. Alle Blüten gingen auf und hielten sich herrlich bis etwa zum Ende des Jahres. Allmählich trockneten sie am Stiel, fielen aber nicht herunter – ein Zustand, mit dem ich ja schon vertraut war. Mir fiel dann aber auf, dass sich unter einer Blüte ein Fruchtknoten entwickelte, so dass ich diese weiter behielt, während der Rest des Straußes auf dem Kompost landete. Nach einer Weile knickte der Stiel in der Vase um, da er etwa in der Mitte weich geworden war. Ich schnitt ihn ab und stellte ihn in eine kleinere Vase. In den nächsten Wochen wuchs der Knoten beständig weiter, und die trockene Blüte fiel nicht ab. Mitte Februar knickte der Stiel wiederum ab, wenige Zentimeter unter der Blüte. Ich stellte das zum Zerplatzen angeschwollene Monstrum nur wenige Tage in eine kleine Vase, bis die Fruchthülse begann, heller zu werden. Dann legte ich das Ganze in eine trockene Glasschale, wo die Hülse aufbrach und die Samen freigab. Nun bin ich gespannt, ob sich eine neue Amaryllis aus diesen Samen ziehen lässt.

Pflanzenableger

Wie schon erwähnt, verbessert EM-X-Keramik Wasser erheblich. Mit der von Professor Fritz-Albert Popp entwickelten Methode der Biophotonenmessung kann man messen, wie viele Lichtteilchen (Photonen) eine bestimmte Materie ausstrahlt. Je mehr Licht, desto höher die Qualität. Popp hat dies in »Die Botschaft der Nahrung« ausführlich beschrieben (siehe Literaturliste im Anhang). Beim Testen von Leitungswasser mit und ohne EM-Keramik zeigte sich, dass Wasser, das von EM-X-Keramik informiert worden war, einen signifikant höheren Biophotonenwert hatte als das normale Leitungswasser. Es ist also lebendiger und feiner. Das Ziehen von Pflan-

Bei dieser Zwergamaryllis trocknete die Blüte zwar ein, doch darunter entwickelten sich Samen.

Zwei Ableger einer Weide: Der linke ist in Wasser mit EM-Keramik gewachsen, der rechte in normalem Leitungswasser.

zenablegern macht diesen Unterschied sichtbar: Ein Ableger in EM-Wasser entwickelt erheblich schneller Wurzeln als ein Ableger in normalem Leitungswasser. Auch beim Kressetest wird dies schnell offenbar: Die mit EM-Wasser gegossene Kresse wächst deutlich besser als die mit normalem Leitungswasser gegossene.

Natürlich kann man die Keramik-Röhrchen auch in die Pflanzerde geben, wenn man die Ableger einpflanzt oder Blumen umtopft. Inzwischen gibt es für diesen Zweck aber das ausgezeichnete und sehr praktisch zu verwendende EM-X-Keramikpulver. Wenn man in die Blumenerde, die man fürs Um- oder Eintopfen nehmen möchte, dieses Keramikpulver mischt, ist der Effekt größer, weil sich die winzigen Keramik-partikel besser verteilen können. Sie werden praktisch in den Ton-Humus-Komplex eingebaut und können so besser und gleichmäßiger wirken. Förderlich für das Pflanzenwachstum ist es auch, wenn man einen Blumentopf auf die Keramik-Röhrchen stellt.

Gras und Rasen

Wie alle anderen Pflanzen wächst auch Gras mit Hilfe von EM besser. Bauern beobachten beispielsweise, dass ihre Weiden, die mit EM besprüht oder mit EM-fermentierter Gülle gedüngt wurden, im Laufe der Zeit eine viel größere Vielfalt an Kräutern ausbilden, insbesondere verschiedene Kleesorten, die nicht nur sehr nahrhaftes Futter sind, sondern auch als Leguminosen (Stickstoffsammler) den Boden nachhaltig verbessern.

Beim Rasen im eigenen Garten kann EM ebenfalls sehr erfolgreich eingesetzt werden. Schon wenn man den Rasen regelmäßig mit einer EM-Lösung gießt, wird man im Laufe der Zeit schnelleres Wachstum, sattes Grün, geringere Anfälligkeit für Krankheiten und eine schnellere Regeneration beobachten können.

Dazu bringt man bei kleinen Flächen die EMa-Lösung am einfachsten mit der Gießkanne aus, bei größeren haben sich Sprenganlagen bewährt, die mit einer Tauchpumpe Regenwasser mit EMa aus einem Regenwasserbehälter pumpen.

Problematische Rasenflächen brauchen jedoch eine spezielle Behandlung.

EM zur Sanierung des Rasens

Vermooste Rasen unter Bäumen oder im Schatten von Gebäuden sind immer ein Ärgernis. Meist ist dort die Erde auch noch recht undurchlässig. Der Gartenfachhandel empfiehlt das Vertikutieren, was zwar kurzzeitig hilft, es ist aber nicht zu erwarten, dass auf diese Weise allein ein schöner Rasen entsteht. Der Boden leidet an diesen Stellen unter Nährstoffmangel, ist meist zu sauer und deswegen schlecht durchlüftet. Folgende Strategie hat sich als sehr erfolgreich erwiesen.

► Rasen unter Bäumen soll durch Schattenpflanzen ersetzt werden, denn nur bei Berücksichtigung der natürlichen Bedingungen können Pflanzen sich gut entwickeln.

► Kommt doch noch genügend Licht an den Rasen, sollte man alle zwei Monate zwei Esslöffel Seemuschelkalk und zwei Esslöffel Gesteinsmehl pro Quadratmeter streuen.

EMa-Mischung für Grasflächen

Für den EMa-Bedarf bei größeren Flächen gelten folgende Anhaltspunkte:

2 Liter EMa auf 1 Hektar (10 000 m² = 100 x 100 m)

200 Milliliter EMa auf 1 Ar (100 m² = 10 x 10 m)

Die entsprechende Menge EM mit ausreichend viel Wasser mischen (die Menge spielt keine Rolle) und die Fläche damit gleichmäßig gießen oder besprühen. Je nach Belastung des Rasens die Behandlung alle 14 Tage wiederholen. Prinzipiell sollte man anfangs häufiger behandeln, bis sich der Rasen stabilisiert hat. Danach genügt eine monatliche oder sogar nur zweimonatliche EM-Gabe.

Zusätzlich gibt man einen Liter EMa in die große Gießkanne, am besten bei oder kurz vor Regen, und gießt damit ca. 20 Quadratmeter ab. Wenn man dies zwei Jahre lang tut, kann sich der Rasen regenerieren.

▶ Soll ein neuer Rasen angesät werden, empfiehlt es sich, bei der Bodenvorbereitung 100 Gramm Bokashi, 100 Gramm Gesteinsmehl und 100 Gramm Seemuschelkalk pro Quadratmeter einzuarbeiten.

▶ Natürlich sind Nährstoffgaben auf den Rasen, der sonst immer nur gemäht wird, sinnvoll. Am besten macht man sich einen guten EM-Kompost und gibt diesen zweimal pro Jahr in einer dünnen abgeharkten Lage auf die Fläche. In den Gartenfachmärkten gibt es auch Rasendünger aus Mist zu kaufen, die recht gut wirken. Werden diese Mittel eingesetzt, ist zur Unterstützung der Wirksamkeit eine EMa-Gabe, wie oben beschrieben, hilfreich.

Golfplätze

Die Pflege zur Erhaltung der Rasenflächen von Golfplätzen ist immens. In der Regel sind große Mengen von Kunstdünger und andere teure Chemikalien dazu nötig. Wenn es regnet, werden diese Chemikalien aber ausgewaschen und belasten angrenzende Wälder und Flüsse.

Vor einigen Jahren wurden in Japan interessante Versuche mit Gras auf Golfplätzen gemacht. Unter den verschiedenen Grassorten für die so genannten Greens gibt es eine Sorte, die »Sand Green« heißt und auf Sand wächst. Der Vorteil dieses Typs liegt in seiner ausgezeichneten Wasserdurchlässigkeit sowie der Art des Wachstums, die akkurates Putting zulässt.

Sand unterscheidet sich von Erde jedoch dadurch, dass er eine beschränkte Fähigkeit zur Speicherung von Nährstoffen und Wasser hat, dass die Population von Mikroorganismen niedrig ist, dass wegen der geringen Aktivität und Speicherfähigkeit Dünger nicht effektiv genutzt werden kann und dass organische Materialien wie Blätter, Wurzeln und gemähtes Gras nur sehr langsam abgebaut werden können. Deshalb wächst das Gras oft nicht gesund und ist auch nicht resistent gegen Krankheiten.

Da zudem die gute Durchlässigkeit schnellen Wasserabfluss bedeutet und große Mengen von gesprengtem Wasser verlangt, wird Dünger ausgewaschen und die Gefahr der Grundwasserverschmutzung steigt. Man brauchte also eine Methode, mit der man die Mikroflora aktivieren, die Bodeneffizienz steigern, den Abbau von organischem Material beschleunigen und verhindern kann, dass problematische Stoffe ausgewaschen werden.

Dazu wurden unterschiedliche Versuche im Gewächshaus und unter freiem Himmel gemacht. Dazu gehörten das Ausbringen von mit EM1 getränkter Aktivkohle, die Zugabe von EM-Bokashi in den Boden und das regelmäßige Gießen mit EM.

Die Ergebnisse dieser Versuche waren hervorragend: Schon erkrankter Rasen regenerierte sich mit EM in der Hälfte der Zeit, die Anfälligkeit gegenüber Krankheiten nahm ab, Farbe und Wachstum des Grases waren ausgezeichnet und die Wurzelmasse im Durchschnitt etwa ein Drittel höher.

Gemüse anbauen

Gemüse bauen wir nicht selbst im eigenen Garten an, weil dies billiger ist, sondern weil wir wissen, dass es sich um eine saubere Qualität handelt, um frische, natürliche und reichhaltige Kost, manchmal auch um besondere Sorten, die sonst nur schwer zu finden sind. Dazu kommt natürlich auch die Freude an den Erträgen, welche auch noch genossen, geteilt, verschenkt werden können.

Aus diesen Gründen macht im Hobbygarten die Arbeit mit EM besonderes Vergnügen. Denn die gelungene Integration der Effektiven Mikroorganismen im eigenen Garten bringt eine dauerhafte Fruchtbarkeit in den Boden, die nicht nur gesunde, sondern besonders reichhaltige und haltbare Früchte hervorbringt, welche mehr Vitamine und Antioxidantien enthalten als gewohnt. Dies wird man möglicherweise schon bald am Geschmack feststellen, auf alle Fälle aber an der besseren Lagerfähigkeit. Früchte, Gemüse und Salat bleiben länger frisch und verderben später als normalerweise. Im ersten Jahr ist dies natürlich noch nicht überall bemerkbar, da der Garten sich ja langsam umstellt. Dennoch merken diejenigen mit dem »grünen Daumen« sehr schnell, wo EM im Garten Erfolge bringt.

Die Freude an den selbst gezogenen Früchten wird mit dem Einsatz von EM noch gesteigert, weil auch die Erntemengen größer werden. EM lässt die Früchte allerdings nicht explodieren – ein Kohlrabi wird nicht kürbisgroß –, aber die Früchte wachsen sehr gleichmäßig, sie erreichen ihr natürliches, genetisches Optimum. Man hat zum Beispiel nicht mehr einige sehr kleine, viele mittlere und wenige große Kartoffeln an einer Staude, sondern gleichmäßig große Knollen.

Dennoch kann man durchaus mit Überraschungen rechnen, dass nämlich viel mehr Fruchtstände ausgebildet werden als bisher erlebt, dass mehr Früchte zur Reife gelangen und dass sie einen intensiveren Geschmack haben, als man es gewohnt ist.

Wie kann man die Qualität von Lebensmitteln spüren oder gar messen?

Früher war es leichter, eine gute Qualität von Lebensmitteln herauszufinden, man brauchte nur seinen fünf Sinnen zu folgen: Sieht es frisch aus, riecht und schmeckt es gut? Fühlt es sich richtig an, nicht zu weich, nicht zu hart? Und am Klang konnte man erkennen, ob eine Wassermelone reif war.

Die moderne Lebensmittelindustrie kann unsere Sinne aber längst ausgezeichnet täuschen. Künstliches Erdbeeraroma riecht und schmeckt mehr nach Erdbeere als die, die man im Supermarkt kauft. Und man weiß nicht mehr, ob es daran liegt, dass die Erdbeeren einfach nicht mehr so schmecken, wie man es in Erinnerung hat, oder ob der Geschmacks- und Geruchssinn im Laufe der Jahre durch die künstlichen Aromastoffe gelitten hat. Nach Farbe und Festigkeit kann man schon gar nicht gehen, denn die Lampen über den Obsttheken suggerieren eine Frische, die bei Tageslicht schon anders aussieht.

Dennoch haben wir nach wie vor unsere Sinne zur Kontrolle und sollten sie auch so oft wie möglich benutzen und trainieren. Dabei sollte man darauf achten, so wenig künstlich verstärkte Nahrungsmittel zu essen wie möglich. Wer auf Natürlichkeit und Frische bei seinen Lebensmitteln pocht, wird auch die feinen Unterschiede zwischen guter und besserer Ware erkennen. Dass dies durchaus möglich ist, zeigt zum Beispiel die Aktion eines rheinländischen Hofes. Bei einem Tag der offenen Tür konnten die Besucher die Früchte von drei unterschiedlich angebauten Tomatenpflanzen verkosten: Ein Teil war nach biologisch-dynamischen Prinzipien angebaut worden, ein anderer mit einem neuen dänischen Multimikrobenpräparat und ein dritter mit EM. Bei dem Geschmackstest schnitten die EM-Tomaten eindeutig am besten ab. Dieses Ergebnis bestätigt die vielen Berichte, die Professor Higa in seinen Büchern immer wieder erwähnt. Nicht nur die Quantität stimmt, sondern, was noch wichtiger ist, die Qualität ist hervorragend.

Erfolgsgeschichten – Gemüseanbau mit EM

Es gibt viele Berichte und wissenschaftliche Untersuchungen aus unterschiedlichen Teilen der Welt, die von phänomenalen Erfolgen im Gemüseanbau mit Hilfe von EM berichten. Auch Professor Higa schreibt in seinen Büchern ausführlich über solche Erfolge, wobei die meisten seiner Beispiele aus Japan stammen, wo EM am weitesten verbreitet ist. Es folgen exemplarisch für viele andere eine Reihe von Beispielen, die die Wirkung von EM illustrieren.

Tomaten

Reiche Ausbeute an gesunden Tomaten, die mit EM-Bokashi gedüngt und mit EMa gesprüht werden.

Tomaten sind ein äußerst beliebtes Gartengemüse, nicht zuletzt, weil sie in der Küche so vielfältig eingesetzt werden können. Wer in seinem Garten mit EM beginnt, sollte für erste Versuche ruhig Tomatenpflanzen nehmen, denn damit lassen sich relativ schnell und leicht gute Resultate erzielen.

Ein Kindergärtner pflegte mit seiner Gruppe mehrere Tomatenpflanzen. Als er von EM erfuhr, goss er in den folgenden Wochen einmal pro Woche die eine Hälfte der Pflanzen mit einer EM-Lösung im Verhältnis 1:1000 (EM1:Wasser). Ansonsten wurden alle Pflanzen gleich behandelt. Der Unterschied war so beträchtlich, dass er sogar bei den Kindern großes Erstaunen hervorrief.

Professor Higa berichtet von unglaublichen Erträgen bei Tomaten, zum Beispiel von Cocktailtomaten, wo die Erträge sich von 30 bis auf 300 Tomaten pro Pflanze erhöhten. Diese Steigerung ist nicht nur von der Menge her fantastisch, sondern die geernteten Tomaten erweisen sich auch im Geschmack und im Nährwert als qualitativ höchstwertig. Darüber hinaus wurde in Japan beobachtet, dass Tomaten, die von Anfang an sorgfältig mit EM behandelt wurden, sogar leichten Frost aushielten. Auch in Europa sind Erfolge in Hinblick auf Gesundheit, Wachstum, Geschmack und Haltbarkeit vielfach bestätigt worden.

EM-Tomaten sind weniger anfällig für die gefürchtete Braunfäule und brachten in verschiedenen Versuchen in Deutschland Mehrerträge von 20 bis 30 Prozent. Falls Braunfäule auftrat, verlief sie weniger gravierend und die Pflanzen wuchsen kräftig weiter. Bei den Versuchen ging man folgendermaßen vor:

Rund um jede Pflanze wurde beim Setzen eine Hand voll Bokashi eingearbeitet. Hat man genügend Zeit und Platz, ist es noch besser, das Bokashi zwei Wochen vor der Pflanzung auszubringen. Zusätzlich wurde ein halber gestrichener Teelöffel EM-X-Keramikpulver in die Erde gegeben. Einmal pro Woche wurde mit einer EMa-Verdünnung gegossen. Neben der EM-Gabe ist es wichtig, einige Grundregeln einzuhalten. So muss man spätestens ab dem zweiten Blühtag die untersten Blätter vom Stamm abstreifen, so dass keine im Boden leben-

---

Der Tomaten-Qualitätstest

Die Qualität und Frische von Tomaten kann man leicht testen. Man legt sie in einen Behälter mit Wasser; schwimmen sie oben, oder sinken sie nur sehr langsam, ist ihre Qualität nicht besonders gut, sinken sie aber schnell zu Boden, kann man davon ausgehen, dass es sich um frische Tomaten von guter Qualität handelt.

den Pilze bei Regen auf die Blätter hochspritzen können. Auch ist es vorteilhaft, die Tomatenpflanzen vor Regen zu schützen, weil die Blüten einiger Sorten keine Feuchtigkeit mögen. Deswegen sollte man beim Spritzen von Pflanzenstärkungsmitteln, auch von EMa-Verdünnung, darauf achten, dass die noch nicht befruchteten Blüten nicht feucht werden. Tomaten pflanzt man immer wieder an die gleiche Stelle und gibt die ausgegeizten Triebe und abgebrochenen Blätter als Bodenbedeckung unter die Pflanze.

Brokkoli

Ein weiteres Gemüse eignet sich hervorragend, um mit EM zu experimentieren: Brokkoli. Diese Pflanze gehört zur Familie der Kohlgewächse, braucht viele Nährstoffe und ist anfällig für Nematoden (Fadenwürmer). Deswegen pflanzt man ihn üblicherweise im Fruchtwechsel an und gibt viel Dünger. Bereitet man nun ein Brokkoli-Beet mit 100 Gramm gutem Bokashi pro Quadratmeter vor und setzt 14 Tage später die Kohlpflanzen, wird man wahre Prachtexemplare ernten. Zusätzlich kann man ab dem dritten Jahr EM-Einsatz Kohl nach Kohl pflanzen, weil dann die Vielfalt der Mikroben im Boden die Vielfalt durch die Fruchtfolge ersetzt. In Thailand gibt es Flächen, auf denen sehr erfolgreich kontinuierlich seit zwölf Jahren jährlich Brokkoli angebaut wird. In Untersuchungen der landwirtschaftlichen Fakultät der Universität Tokio wurde gezeigt, dass ein breites Pilzvorkommen im Boden am besten vor Nematoden schützt. Diese Vielfalt an Lebewesen wird durch die EM-Technologie gefördert.

Kartoffeln

Ähnliche Erfahrungen liegen mit Kartoffeln vor. Diese gelingen dem biologisch und auch konventionell arbeitenden Hobbygärtner am besten, wenn er vorkeimt. Vorkeimen bedeutet, dass man ab Mitte März die Kartoffeln warm und feucht in etwas Torf oder gute lockere Erde legt. Sie sollen schon Würzelchen bilden, damit sie im kalten Gartenboden sofort loslegen können, in der Wärme bekommen die Kartoffeln einen Wachstumsvorsprung. Zeigen sich die ersten Blättchen, kommen die Kartoffeln in den Boden und werden gut angehäufelt. Optimalerweise ist der Boden mit Bokashi vorbereitet, hat man das noch nicht getan, kann man in der Mitte zwischen den Reihen Bokashi eingraben. Natürlich soll man nicht vergessen, das Bokashi mit EMa-Verdünnung zur Umsetzung anzuregen.

Im weiteren Wachstumsverlauf werden die Kartoffeln alle 14 Tage mit EMa-Verdünnung gespritzt. Kräutervergärungen mit EM sind ebenfalls vorteilhaft als Blattschutzmittel, doch letztlich kann man keinen hundertprozentigen Schutz gegen die Krautfäule erreichen. Wichtig ist, dass die Kartoffeln möglichst frühzeitig den Ertrag bilden. Sterben dann die Blätter ab, verbleiben die Kartoffeln noch mindestens drei Wochen im Boden, damit die Schale ausreift und fest wird. Dann können in der Erde verbliebene Pilzsporen nicht durch die Schale dringen und die Kartoffel befallen. Will man Frühkartoffeln ernten, die man schnell verbraucht, sind natürlich keine Ausreifzeiten einzuhalten, sonst ginge auch der besondere Geschmack der Frühkartoffel verloren.

Nach zwei bis drei Jahren intensiver EM-Anwendung kann

man mit Mehrerträgen von über 30 Prozent rechnen. Die Lagerfähigkeit wird ebenfalls besser, aber auch die Keimfähigkeit. Darum muss man die Kartoffeln sehr kühl lagern, damit sie nicht frühzeitig keimen.

Auf einem frisch abgeholzten Tannengrundstück setzte ein Erstanwender von EM Anfang Mai zehn Setzkartoffeln (von Raiffeisen) zwischen Baumstümpfe. Drei Wochen vorher hatte er den Boden mit Hausabfällen, die mit EM-Bokashi und Seemuschelkalk fermentiert worden waren, vorbereitet, indem er dies 25 Zentimeter tief eingegraben und unter die Erde gemischt hatte. Die Kartoffeln wuchsen problemlos heran und Anfang September konnte er 15 Kilogramm gleichmäßig große Knollen von ausgezeichnetem Geschmack ernten.

Ein deutscher Auswanderer auf einer der Kanarischen Inseln schickte im Juni 2002 diesen Kurzbericht: »Kartoffelfest – heute gab es eine Rekordernte. Aus höchstens sechs Quadratmeter Anbaufläche durften wir mindestens 50 Kilogramm Kartoffeln ernten. So viel gab es noch nie! Bleibt uns nur noch zu sagen: ›Danke EM!‹«

Salat

Ein Beispiel aus den USA soll verdeutlichen, dass Gemüse durch den Einsatz von EM nicht nur reichlicher wächst, kräftiger und besonders schmackhaft wird, sondern auch wegen der vermehrt aufgenommenen Antioxidantien haltbarer ist. Ein Gärtner in Kalifornien hatte eine Salatmischung entwickelt, die sich besonders in Restaurants der gehobenen Gastronomie großer Beliebtheit erfreute. Er vertrieb den Salat hauptsächlich über Großhändler, die ihn übers ganze Land verteilten.

Die gleiche Mischung ließen sie auch von anderen Gärtnereien anbauen, weil sonst der Bedarf nicht hätte gedeckt werden können. Bald stellte sich aber heraus, dass nur der EM-Salat auch in New York oder Florida noch frisch war, während die konkurrierenden Salatmischungen diesen langen Transport nicht unbeschadet überstanden. Sie waren schon schlapp, während der EM-Salat noch frisch und knackig war wie nach der Ernte – sehr zur Freude des Produzenten. Er ist von den Ideen Professor Higas überzeugt und zeigte anderen Gärtnern, wie sie durch den Einsatz von EM eine ebensolche Qualität erreichen. Neben dem Anbau mit EM hatte er einen besonderen Trick: Vor dem Versand werden die Schnittsalate in EM-Wasser (1 : 10 000) gewaschen. Das Vlies unten in den Transportschalen saugt das EM-haltige Wasser auf und sorgt so für eine lang anhaltende Frische.

Dies kann man zu Hause natürlich auch machen: Man wäscht den Salat in Wasser mit einigen Tropfen EM und legt ihn nach dem Abtropfen in eine Schüssel mit ein oder zwei Lagen Küchenpapier. Die Schüssel deckt man fest zu, oder man packt das Ganze in eine Plastiktüte.

Möhren

Möhren sind dankbare Versuchsobjekte für die EM-Technologie. Sie sind allen Gärtnern als Sämereien bekannt, die einen hohen Jäteaufwand erfordern. Deswegen gießt man das Beet, auf dem die Möhren wachsen sollen, mit einem Schnapsglas EMa pro Quadratmeter, verdünnt in Wasser, drei Wochen vor der geplanten Saat ab. Dieses Beet hält man feucht, damit vom EM angeregte Unkrautsamen anfangen zu keimen. Wenn dann das erste Grün auftaucht, wird das Beet flach bearbeitet. Bio-Bauern haben sich Geräte gebaut, mit denen sie nur zwei bis drei Zentimeter tief arbeiten, um nur Unkraut in der obersten Schicht zu bearbeiten. Der Rest der Erde wird nicht bewegt, damit nicht neue Unkrautsamen Lichtimpulse erhalten und zu keimen beginnen. Wenn man nun mit EM die meisten Samen in den obersten Zentimetern angekeimt und die Keime im Wachstum gestört hat, ist klar, dass man in der nachfolgenden Möhrenkultur weniger Probleme mit dem Jäten hat.

Nach der Saat wird das Beet wieder mit EM-Verdünnung angegossen, was dann in den ersten beiden Jahren im Vier-Wochen-Abstand wiederholt werden soll. Später, etwa ab dem dritten Jahr, ist das nicht mehr notwendig. Die Möhren werden sehr schön gleichmäßig heranwachsen. Der Ertrag wird um etwa 20 Prozent steigen, am wichtigsten aber ist, dass die Möhren im Geschmack intensiver werden. Allerdings unterscheiden sich die Sorten sehr voneinander, und auch der Standort spielt beim Geschmack eine Rolle. Deswegen muss man bei einer Geschmacksbeurteilung dieselbe Sorte am gleichen Standort miteinander vergleichen. Nach den vorliegenden Erfahrungen wird außerdem die Lagerfähigkeit wesentlich verbessert, so dass die Möhren im Erdlager gut bis ins Frühjahr kommen.

Saatgut mit EM beizen

EM, das wissen Leute, die sich mit der Idee von EM beschäftigen, kann nicht schaden, da keine schädlichen Substanzen darin enthalten sind. Wenn man sich nicht sicher über die Wirkung ist, wendet man es häufiger an, oder etwas konzentrierter. So dachte auch ein Ehepaar, das einen großen Garten bewirtschaftet. Natürlich hatten die beiden auch davon gehört, dass man jedweden Samen mit EM beizen kann, um ihn für das Wachstum zu stärken. Sie begannen mit Bohnen, setzten EMa an und legten die Bohnen darin ein. Um eine intensive Wirkung zu erzeugen, ließen sie sie 24 Stunden bei Zimmertemperatur darin liegen. Dann setzten sie mit ebenso großer Hoffnung wie Sorgfalt die Bohnen in den gut vorbereiteten Boden und schauten regelmäßig danach. Obwohl sie nicht ungeduldig waren, wunderten sie sich doch, dass wochenlang kein Spross aus dem Boden brach. Vorsichtig untersuchten sie eine Stelle und fanden von ihrer Bohne keine Spur mehr. Wie groß war die Überraschung, als sie alle Stellen untersuchten, an denen sie die Bohnen gesetzt hatten und nirgends auch nur eine Spur von ihnen entdecken konnten.

Da sie sich beide lange und intensiv mit unterschiedlicher Lektüre zu EM befasst hatten, ging ihnen schon bald ein Licht auf: Durch die lange Zeit des Beizens hatten sie die Bohnen nämlich nicht gebeizt, sondern fermentiert, also hochwertiges Bokashi daraus gemacht. Und dies war von den Lebewesen im Boden bei frühlingshaften Temperaturen binnen kurzer Zeit – ca. 14 Tage – zersetzt und zu hochwertigen Nährstoffen umgewandelt worden!

Wenn man also Saatgut mit EM beizen möchte, muss man vor allem auf die richtigen Beizzeiten achten. Natürlich darf man auch nicht vergessen, dass ein mit Bokashi vorbereiteter Boden genügend Zeit zur Umsetzung des »EM-Komposts« braucht: in unseren Breitengraden etwa drei bis vier Wochen. Erst dann ist der Boden nicht mehr sauer (EM-Bokashi hat einen pH-Wert um 4), sondern hat sich durch die Aktivität der Mikroorganismen und anderer Tiere im Boden einem neutralen pH-Wert von 7 angenähert. Wird zu früh gesät, können die Samen den Fermentationsprozess der anderen organischen Materialien im Boden mitmachen und ebenfalls zu hochwertigem Humus werden – aber nicht mehr zu Pflanzen.

Saatgut richtig beizen

▶ Drei bis sechs Verschlusskappen EM1 oder EMa mit einem Liter Wasser verdünnen.

▶ Einen Netzsack mit den Samen die vorgeschriebene Zeit in die EM-Lösung eintauchen – oder das Saatgut besprühen, damit es die vorgeschriebene Zeit immer feucht ist.

▶ Beizzeiten:
  – Kleine Saaten: 20–30 Minuten (zum Beispiel Raps, Klee, Möhren, Blumen etc.)
  – Mittlere Saaten: 30–60 Minuten (zum Beispiel Getreide)
  – Große Saaten: 2–3 Stunden (zum Beispiel Kürbisse, Pferdebohnen, Mais, Kartoffeln).

▶ Das Saatgut so feucht wie möglich säen.

▶ Zum Schluss Steinmehl, Korallalgenkalk oder Montmorillonit (Tonmineralien) über das feuchte Saatgut streuen.

Durch das Beizen der Samen wird die Keimung angeregt, die Mikroflora wird vor Krankheiten geschützt und die Pflanze kann sich gut entwickeln.

In der Landwirtschaft wird etwas Steinmehl, Korallalgenkalk oder Montmorillonit (Tonmineralien) über das feuchte Saatgut gestreut, damit es in der Sämaschine nicht zusammenklumpt, und um zusätzliche Nährstoffe in den Boden um den Samen herum einzubringen. Dieses Verfahren begünstigt auch das Wachstum im Garten. Die zusätzliche Ummantelung des Samenkorns mit Kalk reguliert den pH-Wert im Boden. Am besten ist Kalk aus dem Meer – Seemuschelkalk –, da dieser mehr Spurenelemente und Mineralien enthält und sich viel langsamer im Boden löst als gewöhnlicher Kalk.

Ein für die Mikroorganismen günstiger »Anlegeplatz« sind Tonmineralien. Ihr lamellenförmiger Aufbau ergibt eine sehr hohe Oberfläche. Bei Feuchtigkeit dehnen sie sich aus und können so eine große Menge Wasser speichern; bei Trockenheit geben sie allmählich das Wasser an ihre Umgebung. Mikroorganismen können sich in den Lamellen ausgezeichnet verstecken, so dass viele ihrer natürlichen Feinde, zum Beispiel Nematoden, sie nicht erreichen können.

Unkraut, Krankheiten und Schädlinge bekämpfen

Was wir als Unkraut bezeichnen, heißt korrekt Beikraut oder Wildkraut. Die meisten sehen darin tatsächlich Unkraut, das es zu vertilgen gilt. Wer mit EM arbeitet, sieht diese Kräuter in einem anderen Licht, nicht nur weil auch sie als organische Masse potenzielle Nahrung für die effektiven Mikroorganismen sind, sondern auch, weil viele von ihnen mit EM1, Melasse, Essig und Alkohol zu dem so genannten EM-FPE (fermentierter Pflanzenextrakt) werden können.

Alle Rückstände, die beim Ernten anfallen, Blätter, Strünke, Schalen, Wurzeln etc., werden gegebenenfalls ein wenig zerkleinert, aber auf dem Boden liegen gelassen. Darüber sprüht oder gießt man die EMa-Lösung (1 Liter auf eine Gießkanne, also 10 Liter Wasser) und vermengt das Ganze ein wenig, damit EM möglichst überall hinkommt. Bald beginnt ein Umsetzungsvorgang, der das Keimen von Samen begünstigt. Spätestens nach 14 Tagen bearbeitet man das Beet ganz flach und arbeitet das aufgegangene Unkraut oberflächlich ein. Von da ab tun die Mikroorganismen die Arbeit. Unter den organischen Materialien an der Oberfläche tummeln sich die Regenwürmer, die den Boden lockern und Humus erzeugen. Einen so behandelten Boden braucht man nicht mehr umzugraben und auch nicht mehr zusätzlich zu düngen. Hat man aber zu wenig organische Masse im Laufe des Jahres eingebracht, kann man mit EM-Bokashi oder anderem Naturdünger operieren.

Wenn man zwei bis drei Jahre lang flächendeckend mit EM gearbeitet hat, kann man den EM-Einsatz Jahr für Jahr verringern, bis schließlich Beete und Rabatten nur noch gelegentlich mit EMa behandelt werden. Die Antioxidationskraft befindet sich zu diesem Zeitpunkt ja schon in Pflanzen und Boden, und die Effektiven Mikroorganismen in der Erde.

Dieser Spar-Effekt spielt im Hausgarten keine besondere Rolle, doch man kann sich leicht vorstellen, welch revolutionäres Programm dies für die Landwirtschaft ist. Anstatt von Jahr zu Jahr mehr und teurere Dünger und sonstige chemische Hilfsmittel kaufen zu müssen, braucht der EM-Bauer nach einigen Jahren intensiver EM-Anwendung jedes Jahr weniger EM – von den Einsparungen durch den Verzicht auf Kunstdünger und Agrarchemikalien ganz zu schweigen.

Das A und O für die Erzeugung gesunder Feldfrüchte ist und bleibt ein gesunder Boden. In einem Boden, der reich an Vitaminen und anderen Nährstoffen ist, der locker und aufnahmefähig ist, wachsen tatsächlich manche Unkräuter nicht mehr. Als Beispiel kann die gefürchtete Quecke gelten: In einem fruchtbaren, mit Humus durchsetzten Boden stirbt sie aus.

Wie wir inzwischen wissen, erzeugen die Mikroorganismen in EM bei ihrer Aktivität jede Menge Antioxidantien. Diese Substanzen reichern sich im Boden an und statten ihn mit einer starken Antioxidationskraft aus. Ein solcher Boden verstärkt zusätzlich die elektromagnetischen Resonanzwellen. »Dadurch können Schädlinge auch keine Krankheiten mehr bewirken. Marienkäfer, Gottesanbeterinnen, Libellen und andere Nützlinge hingegen vermehren sich«, wie Higa in seinem Buch »Die wiedergewonnene Zukunft« schreibt.

EM5 gegen Pilzerkrankungen

Im Garten und in der Landwirtschaft wird das so genannte **EM5** als Regulator für Pilzerkrankungen genutzt. Die Wirkung tritt aber nur dann zuverlässig ein, wenn der Boden ausreichend regeneriert ist, also die Mikrobiologie wieder zufriedenstellend arbeitet. Im Obst- oder Weinbau wird EM5 ebenfalls gerne eingesetzt, weil dort besondere Pilzprobleme bestehen. Aber auch in diesen Fällen erweist sich die Wiederbelebung des Bodens mit EMa als wichtigster Faktor. Es ist wie bei allen natürlichen Hilfsmitteln: Sie brauchen ihr Umfeld, und nur in einem organischen Zusammenhang werden sie wirksam. Wunder soll man nicht erwarten, sondern die EM-Technologie kontinuierlich anwenden und genau beobachten.

Seinen Namen EM5 verdankt das Mittel den fünf Ingredienzen – Wasser, Melasse, EM1, Essig und Alkohol. Es kann gelegentlich auch fertig gekauft werden.

EM5 kann auch zur Schädlingsbekämpfung im Haus genommen werden, zum Beispiel zum Vertreiben von Ameisen. Dazu mischt man einen halben Liter EM5 mit fünf Litern Wasser und gießt das Ganze über das Ameisennest oder so lange auf die Ameisenstraßen, bis die Ameisen verschwunden sind.

EM als Pflanzenvergärung

EM unterstützt die Wirksamkeit von Pflanzenjauchen sehr intensiv. Ein ganz offensichtlicher Vorteil ist, dass sie nicht mehr stinken. Grundsätzlich werden zwei Kilogramm klein geschnittene Kräuter mit zehn Liter EMa-Ansatz vergoren. Nach sieben Tagen im Warmen werden die festen Bestandtei-

EM5 selbst herstellen

In eine Plastikflasche einen Liter Wasser mit jeweils 100 Milliliter EM1 und 100 Milliliter Melasse (Nahrung für EM) gut vermischen. Eine Woche dicht verschlossen stehen lassen, nur von Zeit zu Zeit das entstehende Gas entweichen lassen. Als Nächstes 100 Milliliter Essig und 100 Milliliter Schnaps dazu geben und so lange gären lassen, bis kein Gas mehr entweicht (ein bis zwei Wochen – es gärt, wenn überhaupt, nur sehr zögerlich). Zur Steigerung der Wirkung kann roter Pfeffer, Knoblauch und Wegerich zufügt werden.

Das EM5 wird 300- bis 500-fach mit Wasser verdünnt (ein bis zwei Schnapsgläser auf einen halben Liter) und auf die gesamte Pflanze gesprüht – dabei die Unterseiten der Blätter nicht vergessen. Im größeren Einsatz rechnet man mit zwei bis fünf Litern EM5 pro Hektar in 500 Liter Wasser, das sind 1,5 Schnapsgläser auf 100 Quadratmeter, in mindestens fünf Litern Wasser.

le abgeschüttet und die Flüssigkeit wird kühl aufbewahrt. Dieses so genannte EM-FPE (EM-Pflanzenextrakt) ist sechs Monate in der geschlossenen Flasche haltbar. Als Grundlage sind alle Kräuter geeignet, die einem sympathisch sind: Kamille, Liebstöckel, Brennnessel, Wegerich, Schachtelhalm usw. Im Mix ergeben sie ein schönes Potenzial zur Pflanzenstärkung und wirken natürlich auch im Boden. Dosiert wird die Pflanzenvergärung wie EM5, also mit zwei bis fünf Litern pro Hektar (siehe Kasten oben).

Schädlinge vertreiben

Ratlosigkeit und Verzweiflung macht sich breit, sobald Schädlinge – an allererster Stelle Insekten – sich in Gemüsebeeten und Blumenrabatten breit machen. Wer standhaft auf Chemikalien verzichtet, ist oftmals auf zeitaufwendige Aktionen angewiesen: das Ansetzen von Jauchen, das ständige Sprühen, das manuelle Ablesen von Raupen, Läusen und Schnecken und ähnliche unerfreuliche Maßnahmen.

Nachdem in Europa nun schon einige Jahre mit EM gearbeitet wird, können die Erfahrungen mit Schädlingen, von denen aus Japan und dem südostasiatischen Raum berichtet wird, inzwischen auch für mitteleuropäische Verhältnisse bestätigt werden.

Die meisten Schädlinge haben eine Eigenschaft gemeinsam, nämlich ihre Vorliebe für oxidierte Substanzen. Chemisch behandelte Pflanzen, Pflanzen aus chemisch belasteten Böden sowie kranke oder gestresste Pflanzen enthalten zum Teil große Mengen von Oxidantien, die entsprechend viele Schädlinge anziehen. Denn deren Aufgabe ist es, solche Pflanzen zu orten und zu vertilgen, nicht zuletzt, um die gesunden Pflanzen zu schützen und vor Ansteckung zu bewahren. Pflanzen und Umweltbedingungen mit einem hohen Antioxidationsgrad stoßen diese Schädlinge ab. Darüber hinaus bleiben die Eier, die auf Pflanzen mit hohem Antioxidationsgrad abgelegt werden, meist im Eistadium, so dass die Schädlinge gar nicht erst schlüpfen.

Ein anschauliches Beispiel sind die Güllegruben der Landwirte. Sobald die Gülle mit EM behandelt wird und vollständig fermentiert ist, schwimmen die Fliegenlarven auf der Oberfläche. Sie brauchen für ihre Metamorphose bestimmte Substanzen aus fauligem Milieu, das nicht mehr vorhanden ist, weil die Antioxidantien in EM die Entwicklung verhindert haben.

Ein weiterer Punkt: Die meisten Schädlinge sind Pflanzenfresser, die sich von kranken oder schwachen Pflanzen ernähren, während die Nützlinge überwiegend Fleischfresser sind. Im Gegensatz zu den Pflanzenfressern haben Fleischfresser die Fähigkeit zur Antioxidation, also wirkt das erhöhte Antioxidationsniveau in einem EM-behandelten Garten günstig auf die Entwicklung der Nützlinge, während es die Schädlinge eher verdrängt.

Natürlich passiert dies nicht über Nacht. Viele Gärtner berichten, dass sie erst im zweiten Jahr des EM-Einsatzes diesen Effekt bemerkten, manche erst im dritten Jahr, dann aber nachhaltig – und mit großer Freude und Befriedigung.

Schnecken

Neben den Blattläusen sind die Nacktschnecken sicherlich die am meisten verbreiteten und gefürchteten Quälgeister im Garten. Wer Schnecken in seinem Garten hat – und das hat fast jeder –, der fühlt sich in feuchten Witterungsperioden hilflos, geradezu überrannt von den glitschigen Gartenbewohnern. Von ihrer sprichwörtlichen Langsamkeit ist nichts zu merken, wenn frisch gesetzte Pflänzchen in einer Nacht nahezu spurlos abgefressen werden. Was kann man tun?

Die üblichen Methoden sind: absammeln, wenn es trocken ist, Tontöpfe umgestülpt hinstellen und täglich absammeln, Schneckenkorn, auch biologisches, Bierfallen etc.

Schöner ist es natürlich, wenn unser Garten Schnecken gar nicht oder zumindest nur in geringer Menge anzieht. Könnte dies mit EM geschafft werden?

Natürlich haben Schnecken an sich nichts gegen EM, aber die Pflanzen werden durch die Behandlung mit EM dauerhaft gestärkt, so dass es für die Schnecken immer unattraktiver wird, sich ihrer anzunehmen. Denn sie fressen kranke und schwache Pflanzen, machen aber einen Bogen um starke, gesunde. Wenn ein Boden außerdem nicht in der Lage ist, die Menge an nachwachsendem organischem Material zu verdauen, übernehmen die Schnecken die Aufgabe, einen Teil davon schon vorab zu eliminieren. Ist der Boden aber ganz in Ordnung, und leistungsfähig, haben die Schnecken nicht mehr so viel zu tun. Je gesünder der Garten also in seiner Gesamtheit ist, desto weniger Schnecken wird er anziehen. Und eine kleine Population kann leicht bewältigt werden.

EM-Gärtner berichten, dass sie in ihrem Garten Schnecken »suchen« müssten, aber schon der unmittelbare Nachbar über die Schneckenplage klagt. Es kann also durchaus sein, dass man als Gärtner Schnecken in einem herrlichen EM-Salatkopf findet, diese aber keinerlei Schäden anrichten, weil sie ihn nur als »gesunde« Bleibe über Tag benutzen und nachts nach kranken Pflanzen oder abgestorbenen Pflanzenteilen etc. Ausschau halten. Allerdings kann es länger als eine Saison dauern, bis dieser Effekt eintritt.

Ameisen

Ameisen gehören nicht unbedingt zu den Schädlingen, sondern eher zu den lästigen Nützlingen – wenn sie uns zu nahe kommen. Auch hier kann EM zur Hilfe eilen: Es schadet den Ameisen nicht, aber wenn EM in ihre Nester gelangt, bilden die Mikroorganismen dort ein Enzym, das den Ameisen nicht behagt. Das Resultat: Sie verlegen ihr Nest.

Professor Higa berichtet von den gefräßigen Blattameisen in Südamerika, die in einer einzigen Nacht einen ganzen Wald kahl fressen können. Versuche hätten gezeigt, dass sie »mit Hilfe von EM wirksam in Schach gehalten werden können. Wird nämlich EM in die Nester verbracht, so wird nicht nur der gesamte Nahrungsvorrat der Kolonie zerstört, sondern es werden auch die Eier an der Weiterentwicklung gehindert.«

Das ist generell der Fall bei Schadinsekten und anderen Schädlingen: Der Schädling selbst wird nicht vernichtet, aber seine Brut wird an der Entwicklung gehindert, so dass sich die nachfolgende Generation durchschlagend vermindert.

Nach der Gartenarbeit – Waschtipp

Wenn man sich nach getaner Gartenarbeit die Hände wäscht, dauert dies meist etwas länger, denn feiner Dreck hat sich tief in die Hautfalten eingegraben und auch die Fingernägel müssen gebürstet werden. Danach ist die Haut oft besonders spröde und trocken. Viele haben ausgezeichnete Erfahrungen damit gemacht, die Hände mit reinem EM bzw. EMa einzureiben. Dadurch fühlt sich die Haut schnell wieder normal an, außerdem sind kleine Verletzungen, die man sich leicht zuzieht, durch das saure EM desinfiziert, können sich nicht entzünden und heilen auch schneller als sonst.

Obstgarten und Wald

Wein

Wie alle anderen Pflanzen auch, dankt der Weinstock den sorgfältigen EM-Einsatz mit höheren Erträgen, gesundem Wachstum und Widerstandsfähigkeit, aber auch mit einem erhöhten Zuckergehalt der Beeren.

Das größte Problem der Winzer liegt aber in der Vorbeugung bzw. Behandlung von Pilzbefall. In Kroatien, das von dem österreichischen EM-Vertrieb betreut wird, wurde ein erster erfolgreicher Versuch mit EM gegen echten Mehltau gemacht. Demnach ist die Wirkung der EM-Produkte bei der Behandlung von echtem Mehltau sehr gut – sie entspricht sogar der Wirkung von chemischen Fungiziden. Gegenwärtig laufen Versuche, mit EM-Produkten auch den falschen Mehltau unter Kontrolle zu halten. Wenn man die anderen Vorteile von EM hinzurechnet, nämlich die gleichzeitige und nachhaltige Stärkung der ganzen Pflanze, der günstige Preis sowie die Vermeidung umweltschädigender Substanzen, dann gibt es wohl kaum eine Alternative zu dem Einsatz von EM im Weinbau.

Ein deutscher Bio-Winzer arbeitet im dritten Jahr mit EM und sieht jetzt eine erste Eindämmung des Mehltaues bei den empfindlichen Weinsorten. Dabei unterscheidet er genau zwischen den mehltaugefährdeten und weniger gefährdeten Standorten. An den Problemstandorten muss der Boden offensichtlich eine sehr intensive Antioxidationskraft aufbauen, bis es sich auf die Pflanzengesundheit auswirkt.

Obstbäume

Es gibt Obstbäume und -sträucher, die nicht sehr robust sind, und bei denen die Erfahrung gemacht wurde, dass sie im ersten Jahr der Umstellung auf EM weniger, in manchen Fällen kaum Früchte getragen haben. Das kann geschehen, wenn sich ein Bauer oder Gärtner zu einer völligen, abrupten Umstellung von chemischen Mitteln auf EM entscheidet. Es ist also durchaus sinnvoll, die Umstellung allmählich durchzuführen. Dies ist vergleichbar mit einer Entgiftung beim Menschen: Der Körper braucht zunächst alle Kraft, um die Gifte loszuwerden, und kann sich dann erst auf die neue Situation einstellen. Professionelle Berater raten den Bauern darum immer, schrittweise vorzugehen. Wenn sich jemand trotzdem für eine abrupte Umstellung entscheidet, muss er mindestens die doppelten EM-Aufwendungen treffen. Das wird etwas teurer, erhöht aber die Chancen, ohne große Einbußen zu wirtschaften.

Verschiedene Schritte sind möglich: zum Beispiel die Reduzierung der Mineraldünger zu Gunsten von Bokashi oder auch intensives Sprühen mit EMa und EM5. In jedem Fall sollte man die Reaktionen beobachten und erst im zweiten Jahr ganz umstellen. Bei Bäumen, die Schwächen zeigen, insbesondere alten, legt man Bokashi-Depots an, aus denen die Wurzeln über einen langen Zeitraum ihre Nährstoffe ziehen. Nachfolgend eine Skizze, wie man diese Depots anordnen kann:

Professioneller Weinbau mit EM

1. Im Herbst oder Frühjahr drei bis acht Tonnen EM-Bo-kashi-Kompost pro Hektar **auf den Boden** aufbringen, dann spritzen mit:

10 kg	ultrafeinem Biolit	
2 kg	EM-X-Keramikpulver	
60 l	EMa	pro ha*
600 l	Wasser (möglichst handwarm)	

Anschließend mit Mulch bedecken bzw. leicht einarbeiten (Frühjahr).

Alternativ ohne Bokashi:

20 kg	ultrafeines Biolit	
20 kg	EM-X-Keramikpulver	pro ha*
60 l	EMa	
600 l	Wasser	

2. **Weinstöcke besprühen:** nicht bei Sonneneinstrahlung!

a) Frühes Frühjahr – mindestens 14 Tage vor dem Knospenschwellen in frostfreier Zeit

300 l	Wasser	
4 kg	ultrafeines Biolit	
0,5 kg	EM-X-Keramikpulver	pro ha*
0,8 l	EM5	
10 l	EMa	

* Sprühgerät mit laufendem Rührwerk

b) Von Frühjahr ab dem Knospenschwellen bis Herbst ca. alle 14 Tage je nach Witterung bzw. Bedarf

300 l	Wasser	
2 kg	ultrafeines Biolit	
0,125 kg	EM-X-Keramikpulver	pro ha*
0,5 l	EM5	
5 bis 10 l	EMa	

c) Spätherbst nach der Lese

300 l	Wasser	
4 kg	ultrafeines Biolit	
0,5 kg	EM-X-Keramikpulver	pro ha*
0,8 l	EM5	
10 l	EMa	

* Sprühgerät mit laufendem Rührwerk

Am Rand der Baumscheibe, also dort, wo die Verlängerung der äußersten Blätter senkrecht auf den Boden trifft, werden im Abstand von einem bis eineinhalb Metern spatentiefe Löcher ausgehoben. Dort hinein gibt man eine Schaufel Bokashi, vermengt dieses mit der Erde aus dem Loch und schließt das Loch wieder mit der ausgehobenen Erde. Danach wird reichlich EMa (1 : 100 EMa : Wasser) gegossen, so dass nicht nur das Bokashi durchtränkt ist, sondern auch die umgebende Erde.

Je nach Temperatur wird das Bokashi innerhalb von sechs bis acht Wochen in schwarzen Humus verwandelt!

Anlegen eines Bokashi-Depots für Obstbäume

Für die Bäume im Hausgarten mischt man sich eine Gießkanne mit den entsprechenden Mitteln an. Der Vorteil der
EM-Technologie ist, dass man praktisch nicht überdosieren
kann. Also kommt immer ein guter Schuss der oben genannten Bestandteile in die Gießkanne.

Wald

Spätestens die aufrüttelnden Nachrichten über die Schäden
des »sauren Regens« in den 80er-Jahren haben die Bäume
bzw. den Wald ins allgemeine Blickfeld gerückt. Durch den
sauren Regen gelangen Abgase (Schwefel- und Stickstoffdio-
xide) auf die Bäume und in die Erde. Zwar haben andere
Schreckensmeldungen den Wald immer wieder aus den Zei-
tungen verdrängt, sein Zustand hat sich aber bis heute eigentlich nicht verbessert, wie wir in dem jährlichen Waldscha-
densbericht nachlesen können. So sind im Jahr 2001 zwei
Drittel der Wälder in Deutschland erkennbar geschädigt, nur
25 Prozent aller Buchen und sogar nur 21 Prozent der Eichen
gelten als »gesund«. Die Art der Schadstoffbelastung hat sich
im Laufe der Jahre allerdings deutlich verändert. Während in
der Vergangenheit der Schwefel Hauptverursacher war, ist es
heute der Stickstoff, der zu zwei Dritteln aus der Landwirtschaft stammt, vornehmlich aus der Massentierhaltung bzw.
der Gülle-Düngung. Die Effektiven Mikroorganismen können
dabei helfen, diesen Schadstoffausstoß zu verringern.

Zu den Myriaden von verschiedenen Spezies im Boden gehören auch die Photosynthesebakterien und die Azotobakter.

Professioneller Obstbau mit EM

1. Im Herbst oder Frühjahr drei bis acht Tonnen EM-Bokashi-Kompost pro Hektar **auf den Boden** aufbringen, dann spritzen mit:

10 kg	ultrafeinem Biolit	
2 kg	EM-X-Keramikpulver	
60 l	EMa	pro ha*
600 l	Wasser (möglichst handwarm)	

Anschließend mit Mulch bedecken bzw. leicht einarbeiten (Frühjahr).

Alternativ ohne Bokashi:

20 kg	ultrafeines Biolit	
20 kg	EM-X-Keramikpulver	pro ha*
60 l	EMa	
600 l	Wasser	

2. **Bäume besprühen:** nicht bei Sonneneinstrahlung!

150 l	Wasser	
4 kg	ultrafeines Biolit	pro ha*
0,5 kg	EM-X-Keramikpulver	
0,8 l	EM5	

Diese Mischung ist auszusprühen wie folgt:

a) Vor der Blüte in frostfreier Zeit

b) Gleich nach der Blüte, wenn sich die Frucht bildet

c) Nach Laubabfall, jedoch vor den ersten Frösten

* Sprühgerät mit laufendem Rührwerk

3. **Gießen/Bewässern:** im Morgentau oder abends, jedoch nicht bei Trockenheit.

60 l	EMa	pro ha*
600 l	Wasser	

Gleichzeitig mit dem Mulchvorgang (mindestens dreimal pro Jahr)

4. **Baumstamm bestreichen:** im Herbst, rund um den Baumschnitt bzw. bis Mitte März (je nach Witterung) EM-X-Keramikpulver wird mit EMa zu einer Paste gerührt. Diese Paste wird auf den Stamm aufgetragen.

* Sprühgerät mit laufendem Rührwerk

Beide Arten, die sich auch in EM befinden, erfüllen die lebenswichtige Funktion der Stickstoffbindung bzw. -fixierung. Die Effektiven Mikroorganismen nehmen den Stickstoff auf und wandeln ihn um in körpereigenes Eiweiß, das für das Pflanzenwachstum wichtig ist.

Wenn nun ein Bauer seine Gülle mit EM behandelt, wird der Stickstoff darin gebunden und entweicht nicht mehr in Form von Ammoniakgas in die Atmosphäre. Dadurch schlägt der Bauer zwei Fliegen mit einer Klappe: Zum einen bringt er mit der EM-fermentierten Gülle eine große Menge von gebundenem Stickstoff in seine Böden. Das heißt, er braucht immer weniger und nach einigen Jahren gar keinen chemischen Stickstoff (Kunstdünger) mehr. Und gleichzeitig entlastet er die Umwelt in erheblichem Maße. Der Bauer wird zum Umweltschützer!

EM-Projekt in Thailand

Mit dem Forstministerium des Königreichs Thailand unter der Schirmherrschaft der Königin Sirikit wurde ein Projekt zur Rekultivierung des Waldes begonnen. Die Wälder um das EM-Zentrum Sara Buri nordwestlich von Bangkok brannten etwa alle zwei Jahre ab, da die Böden und damit auch der Aufwuchs in der Trockenzeit völlig austrockneten. In dem Projekt wurde auf einer Fläche von 800 Hektar Bokashi (20 g/m^2) und EMa (60 l/ha) ausgebracht. Schon im zweiten Jahr stellten sich die ersten Erfolge ein, da sich viele vom Aussterben bedrohte Pflanzen und Tierarten wieder vermehrt angesiedelt hatten und durch den krautigen Bewuchs und Pilze der Boden stabilisiert wird. Das Projekt wird gegenwärtig mit hoher Intensität fortgesetzt, nicht zuletzt, weil die aus diesem Wald kommenden Bäche wieder sehr gutes Wasser führen, Fische sich vermehrt ansiedeln und Hochwasser weniger Probleme bereitet.

Aufforsten am Fuji

Bei einem staatlichen Programm zur Wiederaufforstung von erodiertem Gelände an Japans berühmtem Berg Fuji wurde auch EM eingesetzt. Professor Higa beschreibt detailliert, auf welche Weise und in welchen Schritten EM dabei arbeitet: Zuallererst legen die Mikroorganismen Hyphen, das sind mikroskopisch kleine Fäden, an, die sich über die gesamte Fläche ausbreiten, und die so ein natürliches Netz bilden. Dies ist die Voraussetzung für den Moosbewuchs an der Oberfläche. Moos ist ein starkes Mittel gegen Bodenerosion, es führt dazu, dass pflanzliches Leben anfangen kann, Wurzeln in den

Boden zu treiben. Zusätzlich zum Einsatz von EM wurden die erodierten Bereiche mit organischem Dünger angereichert. Darüber hinaus wurden mehr als 20 verschiedene Bergpflanzen angesiedelt. Dabei halfen viele Freiwillige, ohne die das Projekt nicht so einfach durchzuführen gewesen wäre. Die Menschen bringen den Prozess in Gang, doch letztlich sollen die der Bergerde innewohnenden Fähigkeiten, auf natürliche Weise Erdrutsche zu verhindern, wiedererweckt werden. Im Grunde werden lediglich Schritte unternommen, um die Fähigkeit des Berges zur Selbstheilung zu verbessern. Die Natur ist im Prinzip selbst in der Lage, auftretende Probleme zu lösen, ohne das natürliche Gleichgewicht zu stören.

Der Mensch hat die Macht, der Natur unnatürliche Veränderungen aufzuzwingen oder sie zu zerstören und die ihr innewohnenden Selbstheilungskräfte unwirksam zu machen. Glücklicherweise kann der Mensch aber auch ebendiese Fähigkeiten in der Natur wiedererwecken, und genau das müssen wir mit allen uns zur Verfügung stehenden Kräften tun.

Freiwillige Helfer

EM kann viel erreichen, braucht aber den Menschen, der es einsetzt. Deshalb werden viele Freiwillige benötigt, die EM dorthin bringen, wo es gebraucht wird. In Japan haben sich um EM zum Teil große provinzübergreifende Freiwilligenorganisationen gebildet, die sich in unterschiedlichsten Problembereichen engagieren. An erster Stelle steht der Umweltschutz, denn hier geht es immer um große Flächen, denen geholfen werden muss. In einem Inselstaat wie Japan spielt die Gewässerreinigung natürlich eine besondere Rolle. Aber auch der Einsatz für Verbesserungen bei der Müllentsorgung hat eine breite Bewegung ins Leben gerufen.

Die europäischen Umweltverbände bieten eine ganze Reihe von interessanten Einsatzmöglichkeiten an, wo zukünftig auch EM seinen Platz finden kann. So führt zum Beispiel der Deutsche Alpenverein nun schon seit 18 Jahren im Sommer in Kooperation mit bayerischen Gebirgsforstämtern wöchentliche Hochlagenaufforstungs-Aktionen durch. Freiwillige Helfer übernachten je eine Woche lang auf einer Hütte in einer Gruppe von bis zu zwölf Personen, helfen ehrenamtlich bei der Arbeit im Bergwald und lernen dabei eine ganze Menge über die ökologische und ökonomische Situation in Gebirgsforsten. EM wäre sicherlich auch hier in der Lage, die schwierige Arbeit zu unterstützen, die viele sehr engagierte Menschen Jahr für Jahr durchführen.

Rettung heiliger Bäume in Taiwan

Bei seinem Besuch anlässlich der Gründung der EMRO Deutschland im Frühjahr 2001 berichtete Professor Higa von einem hochinteressanten Projekt in Taiwan, das er 1999/2000 durchgeführt hatte. Dort gibt es uralte riesige Bäume, die der Bevölkerung heilig sind. Es handelt sich um eine einheimische Zypressenart (Chamaecyparis Formosensis), die sich wahrscheinlich auf Grund von Umweltschäden in einem erbarmungswürdigen Zustand befanden. Die Einheimischen waren höchst besorgt. Man sprach Higa an, ob er eine Möglichkeit sehe, diesen Bäumen zu helfen. Zusammen mit seinen Mitarbeitern entwickelte er ein Konzept, mit dem die Bäume wieder gesunden sollten.

Im Juni 1999 wurde der Zustand der Bäume begutachtet. Im Juli begann dann die Behandlung, die alle 15 Tage wiederholt wurde. Insgesamt wurde sie 16-mal bis Mai 2000 durchgeführt. Bedarf für die Behandlung eines Baumes:

► 2–3 Kilogramm Bokashi
► 2 Liter EM1 verdünnt mit 400 Liter Wasser
► 500 Milliliter (1 Flasche) EM-X und 500 Milliliter EM1 – verdünnt mit 250 Liter Wasser
► 300 Milliliter Vitamin B1 in etwa 170 Liter Wasser (im Verhältnis 500 : 1)

Bei jeder Behandlung wurde zuerst das Bokashi rings um den Baum in den Boden eingearbeitet und danach mit dem verdünnten EM1 gegossen. Dann wurde der gesamte Baum von der Spitze bis zum Boden mit in Wasser gelöstem EM1 und EM-X besprüht. Ab September wurde zusätzlich verdünntes Vitamin B1 gesprüht, das günstig auf die Kronenbildung von Bäumen wirkt. Insgesamt wurden folgende Mengen verbraucht:

► EM-X: 16 Flaschen (8 Liter)
► EM1: 40 Liter
► EM-Bokashi: ca. 60 Kilogramm
► Vitamin B1: ca. 4 Liter

Man kann sich leicht vorstellen, wie groß die Begeisterung und Dankbarkeit war, als im Frühling die Bäume wieder vollständig austrieben. Unter einem befindet sich heute eine Tafel, auf der sinngemäß steht: »Dieser Baum wurde mit der Hilfe von EM und Professor Higa gerettet.«

EM in europäischen Wäldern

In Europa hat noch niemand begonnen, gegen die mannigfaltigen Probleme des Waldes mit EM anzugehen. Erste Signale in diese Richtung gibt es aber, so dass zukünftig auch hier EM seine überragende Rolle als preiswertes und nachhaltiges Hilfsmittel spielen kann.

Fachleute haben schon Vorschläge gemacht, wie man bei uns an dieses Problem herangehen könnte:

EM im Wald ausbringen

Das erste Problem ist das Ausbringen von EM auf solch großen Flächen. Man sollte drei bis fünf Liter EM pro Hektar in Form von 90 bis 150 Liter EMa verwenden, das mit Wasser verdünnt ausgebracht wird. Dazu benutze man am besten eine motorgetriebene Rückenspritze, mit der man diese Menge in etwa einer Stunde versprühen kann.

Dazu sollte man sich vorher die Fläche von 100 x 100 Metern kennzeichnen und in Felder von 1000 Quadratmeter einteilen. Dann bekommt man am besten ein Gefühl dafür, wie schnell man gehen muss, um 9 bis 15 Liter auf je 1000 Quadratmeter auszubringen. EM ist zwar ein natürliches Mittel, so dass man nicht überdosieren kann, aber gerade bei großen Flächen ist der ökonomische Faktor wichtig.

Ausbringen sollte man EMa möglichst bei sehr feuchter Erde oder noch besser im Regen, damit die Mikroorganismen schnell in den Boden eingespült werden.

Da Wald nicht schnell reagiert, sollte man mit der Beurteilung der Wirkung zwei bis drei Jahre warten – was nicht heißt, dass man nicht schon vorher positive Veränderungen feststellen kann.

Eine weitere Möglichkeit wäre das Ausbringen über Sägespäne, doch hierbei bleibt das EM zu lange oben auf der Erde.

Alternativ könnte man Gesteinsmehl mit EMa tränken und streuen. Aber dies bedeutet einen enormen Aufwand, denn man muss viele Kilogramm im Wald verteilen.

EM-Keramikpulver wird auf dem Acker mit etwa 20 kg pro Hektar ausgebracht. Das wäre natürlich auch für Waldflächen möglich und nach den bisherigen Erfahrungen auch erfolgversprechend, natürlich im Zusammenhang mit EMa. Da die Keramik aber bisher nur in Japan produziert wird, kommt diese Möglichkeit wegen der hohen Kosten einer solch großen Menge kaum in Frage.

Grundsätzlich wäre es von Vorteil, vor der Behandlung den Zustand genau zu erfassen. Insbesondere sollten die Bodenparameter aufgenommen werden und natürlich sollte auch eine Vergleichsparzelle beprobt und katalogisiert werden.

Wasser

Über die Bedeutung von Wasser, seine Qualitäten und Fähigkeiten wurde schon gesprochen. Hier soll nun gezeigt werden, auf welche Weise die EM-Technologie in der Lage ist, qualitative Verbesserung von unterschiedlichsten Gewässern zu bewerkstelligen.

Der Gartenteich –
kristallklar und gesund

Teiche und Seen bedeuten eine Labsal für Geist und Seele, nicht nur in der Landschaft und in Parks, sondern insbesondere im eigenen Garten. Dass sie darüber hinaus als kleine Biotope gesund für das gesamte Leben im Garten sind, hat sich mittlerweile im allgemeinen Bewusstsein festgesetzt.

Selbst in kleinen Gärten werden daher häufig mit viel Fantasie und Geschick herrliche Teiche angelegt, und jeder, der einmal eine Weile das Leben in einem Gewässer beobachtet hat, ist begeistert von der Vielfalt des sichtbaren Lebens in, am und über einem gesunden Teich oder See. Doch noch viel faszinierender ist die unsichtbare Welt der Mikroorganismen, die erst unter dem Mikroskop sichtbar werden und die maßgeblichen Einfluss auf die Qualität des Wassers haben.

Wenn die Sicht getrübt ist

Leider wird die Freude an diesen Gewässern im wahrsten Sinn des Wortes oft getrübt, wenn nämlich das Wasser immer undurchsichtiger und trüber wird und vom Leben im Wasser so gut wie nichts mehr zu sehen ist. Gänzlich ärgerlich wird es, wenn das Wasser beginnt, unangenehm zu riechen. Woran liegt das?

Wassertrübung und das übermäßige Wachstum von Algen zeigt immer an, dass die Mikroorganismen im Wasser überfordert sind, mit einer Verschmutzung umzugehen. Sie können die übermäßigen organischen Materialien im Wasser nicht mehr bewältigen, manchmal kommen zusätzlich Belastungen von Umweltgiften aus der Luft hinzu. Es entstehen Sinkschichten, in denen das Material fault, anstatt in Substanzen umgewandelt zu werden, die den Wasserlebewesen als Nahrung dienen. In dieser Schicht bildet sich Schwefelwasserstoff, den man dann riechen kann – besonders, wenn ein solcher Teich ausgebaggert wird. Es riecht richtig scharf nach faulen Eiern. Was ist also zu tun?

Zunächst sucht man nach der Ursache: Woher kommt das Zuviel an organischem Material? Im Garten ist dies oft relativ leicht festzustellen, es handelt sich um die Blätter im Herbst, das Gras vom Rasenmähen im Sommer, möglicherweise Enten oder das Futter für die Enten, das Kinder in den Teich werfen. Hier hilft es manchmal schon, im Herbst ein Netz über den Teich zu legen, damit nicht Unmengen von Blättern hineinfallen.

Bei manchen Gräben und Teichen liegt es eindeutig an der Menge von nicht sachgerecht ausgebrachtem (Kunst-)Dünger und/oder Gülle, die von den anliegenden Feldern und Weiden eingespült werden. Da bisher fast ausschließlich faulige Gülle auf die Felder ausgebracht wird, kommt das Problem der Nitratbelastungen hinzu. Andere Teiche werden durch Abwasser von Güllegruben oder von Überläufen der Klärgruben gespeist und erhalten so eine Überdosis Nährstoffe.

Oftmals, vor allem bei älteren Gewässern, hat sich aber schon über Jahre eine Schicht abgesetzt, deren fauliges Milieu das Gewässer je nach Witterung und Jahreszeit immer wieder plötzlich umkippen lassen kann.

Woher die Nährstoffe auch kommen, allen Teichen und Seen ist gemein, dass sie einer zusätzlichen natürlichen Belastung unterliegen, vor der man sie auch nicht bewahren kann: Gemeint ist das Regenwasser, von dem wir ja wissen, dass es sauer und vielfältig belastet ist.

Wenn man sich zusätzlich vor Augen hält, dass das mikrobielle Leben immer ärmer geworden ist, dass viele nötige Mikroorganismen kaum oder gar nicht mehr in ausreichender Menge vorhanden sind, kann man sich über einen sauberen, klaren Teich mit gesunden Fischen und anderen Tieren fast schon wundern.

Inwieweit kann EM nun bei diesem Problem helfen?

Wie erwähnt, fehlen in einem solchen trüben Teich die richtigen Mikroorganismen, bzw. es sind nicht genügend regenerative Mikroorganismen oder zu wenige der dominanten positiven vorhanden. Mit EM können wir hier relativ schnell das mikrobielle Milieu in Ordnung bringen, weil wir nur positiv wirkende hinzufügen und damit diese Anteile so weit stärken und vermehren, dass sie endlich dominant sein können.

Die unterschiedlichen Mikroorganismen in EM wirken teilweise nebeneinander, teilweise nacheinander. Daher kann es eine Weile dauern, bis der Teich vollständig gesundet.

Einen trüben Teich klären

Professor Higa beschreibt die verschiedenen Stufen der Regeneration am Beispiel eines kleinen Teichs auf einem Golfplatz in Japan. Dort setzte er EM1 im Verhältnis von ca. 1 Liter auf 10 000 Liter Wasser (= 10 Kubikmeter) ein. Schon nach etwa einer Woche wurden die Veränderungen in dem Teich sichtbar. Als Erstes fiel auf, dass organisches Material, das sich am Grund abgelagert hatte, hochkam und an der Oberfläche schwamm. Es schien also, als hätte EM die Verschmutzung eher erhöht als verringert, doch dies war nur ein vorübergehendes Phänomen. Innerhalb kurzer Zeit war der dadurch auftretende Gestank verschwunden und die trübe Wasseroberfläche wurde mit der Zeit immer klarer, das Material zersetzte sich rapide. Dann begannen Algen an der Oberfläche zu wachsen, die ihren typischen Geruch abgaben. Nach etwa zwei Wochen ballten sie sich allmählich zusammen, wie man es manchmal bei Wolken beobachten kann, bis bei ihnen ebenfalls der Zersetzungsprozess einsetzte. Einen Monat später war das Wasser des Teichs so klar, dass man bis auf den Grund sehen konnte.

Aus dieser Beschreibung wird deutlich, dass EM Schlamm auflösen und beseitigen und trübe Garten- und Fischteiche reinigen kann. Zwar gibt es Fälle, wo Teiche über einen langen Zeitraum – bis zu drei Jahre nach der Klärung durch EM – rein geblieben sind. Es ist aber empfehlenswert, den Teich regel-

Ein modriger, übel riechender Badeteich wurde mit EM1-Gaben in ein sauberes Biotop verwandelt.

mäßig mit einer zusätzliche Gabe EM zu impfen, denn selbst wenn er sich in einem ausgewogenen mikrobiellen Zustand befindet, kann zum Beispiel durch kontaminierten Regen oder andere unvorhersehbaren Einleitungen immer einmal die Ausgewogenheit der Mikroorganismen verloren gehen. Hier ist die Fähigkeit von EM hilfreich, problematische chemische Verbindungen aufzubrechen und unschädlich zu machen.

Modifiziertes EMa für die Klärung von Gewässern

Bei der Herstellung von EMa für Wasserklärung muss der Kohlenhydratanteil etwas niedriger sein als bei »normalen« EMa. Normalerweise besteht in EMa ein leichter Zuckerüberschuss – also ein Überschuss an Kohlenhydraten –, der dann

Behandlung stehender Gewässer

Dosierung: mindestens 1 Liter EMa auf 10 Kubikmeter (10 000 l) = 0,01 %

Diese Menge sollte bei mehr oder weniger stehendem Gewässer, je nach Witterung, vier- bis achtmal pro Saison ins Wasser eingebracht werden. Nach vier Wochen wiederholen und dann alle sechs Wochen, solange sich kein durchschlagender Erfolg einstellt.

Das EMa sollte mit weniger Melasse hergestellt werden (siehe dazu Seite 74), um ein Zuckerüberangebot zu verhindern. Noch besser ist es – vor allem bei kleineren Teichen – reines EM1 in den Teich zu geben. Die Dosierung ist die gleiche wie bei EMa: mindestens einen Liter EM1 auf zehn Kubikmeter.

Da die Mikroorganismen in EM nicht sehr beweglich sind, ist es wichtig, das EM in genügend Wasser aufzulösen und möglichst auf der gesamten Oberfläche des Teiches auszugießen oder auszusprühen, damit es überall vorhanden ist.

Ausgezeichnete Erfolge werden mit dem zusätzlichen Einbringen von EM-X-Keramik erzielt. Man nimmt einen 500-Gramm-Beutel EM-X-Keramik-Pipes für ca. zehn Kubikmeter (10 000 l). Man kann sie im Teich verteilen, aber praktischer ist es, sie an mehreren Stellen in den Teich zu hängen, denn dann lassen sie sich leichter wiederverwenden, wenn man den Teich einmal erneuern oder verlegen muss.

im Boden oder im Bokashi von den Mikroben als Startdüngung genutzt wird. Doch im Wasser erschreckt uns diese Reaktion, weil nämlich zuerst viele Algen und Plankton entstehen, die die überschüssigen Kohlenhydrate schneller zum Wachstum verwerten als die Mikroben. Damit dieser Schreck den Anwender nicht so heftig trifft, wird empfohlen, bei der EMa-Herstellung ein Drittel weniger Melasse zu nehmen, zum Beispiel 30 Milliliter EM1 und 20 Milliliter Melasse auf einen Liter Wasser. Ansonsten ist der Prozess derselbe, siehe dazu Seite 151.

Praxistipp

Eine optimale Reinigung erzielt man, wenn man möglichst feines Gesteinsmehl mit EM1 tränkt und diese »Matsche« in den Gartenteich krümelt. Optimal ist ultrafeines Zeolit, da Zeolit eine riesige Oberfläche hat. Das fein gemahlene Gestein wird bei jeder Wasserbewegung durch Wind oder Wärmeunterschiede vom Wasserstrom mitgenommen. Die Mikroben fahren mit ihrem »Boot« durch den Teich und verrichten auf diese Weise an unterschiedlichsten Stellen ihre Arbeit. So wird das Wasser gründlich gereinigt.

Sonderfall Swimming-Pool

Auf starke Resonanz stieß Professor Higas Bemerkung in seinem ersten Buch, es sei möglich, völlig auf Chlor in Schwimmbädern zu verzichten, wenn man EM einsetze. Dies sei auch bitter notwendig, da Chlor ja ein giftiges Gas sei, das gerade Kindern nicht gut tue.

Und in der Tat gibt es niemanden, der nicht unter dem Chlor in den Schwimmbädern leidet. Mit EM geklärtes Wasser hingegen ist für die Haut sehr angenehm, ja gesundheitsfördernd, und wenn versehentlich davon getrunken wird, schadet es in keiner Weise. Doch da Higa keine exakten Anweisungen gab, erlebten einige »Pioniere« dieser Anwendung herbe Enttäuschungen.

Biotop statt Swimming-Pool

Ein EM-Begeisterter erzählte einem Freund von Professor Higas Ausführungen über den Einsatz von EM in Schwimmbädern mit solcher Überzeugung, dass dieser beschloss, auf die aufwendige Reinigungs- und Belüftungstechnik beim Schwimmbad seiner kürzlich erworbenen Ferienwohnungen im Tessin zu verzichten und stattdessen diese neue revolutionäre Wasserreinigung einzusetzen. Er kaufte also die entsprechende Menge EM1, goss sie in den frisch gefüllten Pool und fuhr mit gutem Gewissen zurück nach Deutschland. Als sich die ersten Gäste meldeten und sich über den Zustand des Wassers beschwerten, gelang es ihm noch, diese mit dem Hinweis auf das natürliche, unbehandelte Wasser zu beschwichtigen. Die nächsten Gäste drohten aber schon massiv mit Kürzung der Miete wegen der »widerlichen Brühe«, die im Pool stehe. Also reiste er umgehend dorthin und traute seinen Augen nicht: Sein Pool glich nun eher einem Biotop als einem Swimming-Pool: Algen hatten sich in der Sommerwärme prächtig ausgebreitet und das Wasser grün gefärbt. Da ihm massive finanzielle Verluste drohten, entschloss er sich auf der Stelle, den Pool so auszustatten, wie es alle anderen in der Anlage machten. Es dauerte aber eine ganze Weile, bis die beiden Freunde wieder freundschaftlich miteinander redeten …

Ein sauberer Pool mit Geduld und Keramik-Pipes

Hier der Bericht eines Hausbesitzers, der ein altes Haus mit einem ca. 50 000 Liter fassenden Hallen-Schwimmbad übernommen hatte. Zu seinem Leidwesen musste er feststellen, dass das ganze Haus nach Chlor stank, was nicht so leicht zu beheben war.

Nach der Renovierung der Hauses machte er sich an das Schwimmbad, das er mit Wasser aus einer eigenen Quelle füllte. In den Sandfilter bettete er sechs Beutel EM-X-Keramik-Pipes (Röhrchen), und er gab zwei Liter EM1 ins Wasser.

Zunächst war er ganz zufrieden, aber nach etwa einem Monat begann sich das Wasser allmählich zu trüben. Nach Rücksprache mit seinem EM-Betreuer setzte er fünf Liter EMa an und gab dies zusätzlich alle zwei Wochen ins Wasser. Nach drei Wochen wurde das Wasser wieder klar, es blieb nur noch ein wenig grüner Belag auf dem Boden. Zwischendurch hatten seine pH-Wert-Prüfungen ergeben, dass das Wasser zu basisch wurde. Dies war schnell und kostengünstig zu beheben, indem er einfach Zitronensäure aus dem Drogeriemarkt besorgte.

Es gab allerdings noch Probleme an anderer Stelle. Die Holzdecke des Bads war stark mit Schimmel bewachsen. Diese Stellen wurden mehrmals mit EMa eingesprüht, und zunächst schien das Problem beseitigt. Nach zwei Wochen bildete sich aber wieder Schimmel, so dass die Behandlung fortgeführt werden musste. Es war nicht zu vermeiden, dass Schimmelsporen von der Decke ins Wasser fielen, so dass die Reinigung des Wassers länger als erwartet dauerte. Doch in der warmen Jahreszeit, in der ständig gelüftet werden kann, werden die letzten Probleme dieses Schwimmbadbesitzers behoben sein, so dass er und seine Familie sich dem ungetrübten Badevergnügen hingeben können.

Klares Wasser mit Keramik-Pipes

Man kann also von Licht und Schatten bei der Schwimmbadbehandlung mit EM sprechen. EM1 oder EMa allein genügt auf jeden Fall nicht. Aber seitdem es die EM-Keramik gibt, können damit die größten Probleme bewältigt werden, ohne dass auf das giftige Chlor zurückgegriffen werden muss.

Privater Swimming-Pool, der mit einem Salzwassersystem und EM-X-Keramik sauber gehalten wird.

Hervorragende Erfahrungen mit EM Keramik in Schwimmbädern hat ein EM-Berater in Österreich gemacht. Statt Chlor benutzt er ein Chloromatic-Salzwassersystem, und gibt pro 10 000 Liter Wasser einen Beutel EM-X-Keramik in den Pool. Damit hält er das Wasser konstant sauber und gesund. Sein Rezept:

Wasserreinigung ohne Chlor im Schwimmbad

Man braucht: auf 10 Kubikmeter (10 000 l) Wasser einen 500-Gramm-Beutel EM-Keramik-Pipes

Das Plastiknetz, in dem sich die Keramik-Röhrchen befinden, ist nicht allzu stabil, deshalb wird empfohlen, entweder ein stabileres Netz darum zu binden oder die Röhrchen in ein anderes Netz oder einen Beutel, zum Beispiel aus Leinen, umzufüllen. Man sollte sie nicht einfach auf dem Boden des Bassins verteilen, da sie sich mit der Strömung bewegen und schließlich alle an den gleichen Ort wandern. Man hängt sie stattdessen in den Skimmer. Braucht man mehrere Beutel, kann man sie an eine stabile Schnur gebunden auch in den Filtersand geben. Nach der Badesaison kann man die Beutel wieder leicht entfernen und anderweitig verwenden.

Behandlung fließender Gewässer

In seinem ersten Buch erwähnt Professor Higa, wie notwendig die Behandlung von Haushaltsabwässern und Kläranlagen mit EM ist, um die weltweite Verschmutzung von Seen, Flüssen und Meeren rückgängig zu machen. Allerdings beschreibt er dort lediglich die Behandlung von stehenden Gewässern genauer. Dies ist verständlich, denn selbst ein langsam fließendes Gewässer spült über kurz oder lang die Mikroorganismen mit sich weg, so dass der positive Effekt nur durch eine kontinuierliche Zugabe von EM erreicht werden könnte und auch dann noch Problemstellen existieren würden, wo die Mikroorganismen nicht hingelangen. Wenn man nicht die Ursachen der Verschmutzung beseitigen konnte – sei es aus verfahrenstechnischen Gründen, oder weil man nicht an die Verursacher herankommt –, war es schwierig, die EM-Technologie erfolgreich und kostengünstig einzusetzen.

Dies hat sich jedoch geändert, als Higa entdeckte, dass es möglich ist, EM in Ton bzw. Keramik einzubrennen. Dadurch kann die Wirkung von EM an einem Ort fixiert werden und verflüchtigt sich nicht mehr in einem fließenden Gewässer. Vergleichbar mit dem Magnetfeld um eine elektrische Leitung strahlt die antioxidative und regenerative Wirkung von EM nun ständig aus der Keramik, die so lokalisiert werden kann, dass das Wasser gezielt daran vorbei- oder hindurchfließt und so gereinigt und aktiviert wird.

Bevor es die EM-Keramik gab, verwendete man EM-Bokashi, um den Mikroorganismen praktisch Anlegeplätze zu bieten, wo sie sich länger aufhalten können. Dazu wurde ein engmaschiges Netz oder ein Sack mit EM-Bokashi gefüllt und in das Wasser gehängt oder deponiert. Für eine begrenzte Zeit sind dies ideale Anlegeplätze für die Effektiven Mikroorganismen, die dem Wasser zugesetzt werden. In dem Behältnis aus bester Nahrung vermehren sich die Mikroorganismen schnell – abhängig von der Wassertemperatur (unter 6 °C sind sie inaktiv) schneller oder langsamer. Der so produzierte Nachwuchs wird kontinuierlich an die Umgebung abgegeben, in der die Mikroorganismen dann ihre reinigende Arbeit verrichten. Zusätzlich gelangen ständig Antioxidantien und andere gesunde Stoffe ins Wasser und wirken dort weiter. Seit es aber gelungen ist, EM und die EM-Information in Keramik einzubrennen, wird diese Keramik zusammen mit EM1 für die Wasserreinigung und -aufbereitung verwendet.

Inzwischen gibt es interessante Weiterentwicklungen der EM-Technologie. Zum einen kommen immer wieder neue Entwicklungen von EM-Keramik aus Japan, die eine verbesserte Wirkung versprechen, zum anderen entwickelt sich gerade im Bereich der Wasserbehandlungstechnik ständig Neues, zum Teil unabhängig von EM, aber auch in Einbeziehung der Effektiven Mikroorganismen. So wurde ein neues Produkt in Deutschland entwickelt, das die Flüchtigkeit von Mikroorganismen im Wasser zu einem großen Teil verhindert. Es handelt sich um einen Schaumstoff, dessen Oberfläche mit Aktivkohle imprägniert ist. Bei Versuchen mit EM stellte sich heraus, dass sich die vielen verschiedenen Mikroorganismen dort gern und langfristig ansiedeln. Dieser Effekt ist besonders in Wasser interessant, aber auch bei der Reinigung von Luft, zum Beispiel in Abluftsystemen.

Behandlung eines fließenden Gewässers

Die EM1-Dosierung bei einem fließenden Gewässer beträgt 1/5000 des täglichen Durchlaufvolumens.

Das Durchlaufvolumen pro Tag wird folgendermaßen gerechnet:

Weg/Stunde x 24 Std. x Breite des Flusses oder Kanals x durchschnittliche Tiefe

Beispiel für einen 1000 Meter langen, 12 Meter breiten und 1,5 Meter tiefen, 1 Meter pro Stunde fließenden Kanal:

$1 m/Std. \times 24 Std. \times 12 m \times 1,5 m = 432 m^3$

Die benötigte Tagesmenge von EMa wäre also:

$432 m^3/5000 = 0,0864 m^3 = 86,4 l$

Am besten wird diese Menge täglich zugegeben; um jedoch den Aufwand zu reduzieren, können alle drei Tage 259 Liter oder alle fünf Tage 432 Liter auf einmal hineingegeben werden.

Zusätzlich positioniert man einen oder mehrere Beutel EM-X-Keramik-Pipes an einer Stelle, an der möglichst viel Wasser vorbeifließt. Die Beutel sollten jeweils fixiert werden, damit sie nicht weggeschwemmt werden.

Bei stärkerem Wasserdurchfluss (zum Beispiel in Forellenteichen) sollte EMa in Naturmaterialien getaucht werden, die viel Flüssigkeit aufnehmen. Dazu eignen sich Zeolit, Gesteinsmehle, poröse Steine oder Tonmaterialien. Diese werden an mehreren Stellen am Boden des Teiches deponiert und gegebenenfalls fixiert, wo weniger Strömung herrscht. EMa wird so langsamer abgegeben und außerdem an genau den Stellen, wo sich Algen und Fäulnis häufig befinden. Traditionell wird getrocknetes Bokashi genommen, das den Vorteil hat, selbst Nahrung für die Mikroorganismen zu sein, so dass diese sich weiter symbiotisch an dieser Stelle aufhalten und nicht auseinander driften, um die ihnen angenehmste Nahrung zu finden.

Mit den oben beschriebenen neu entwickelten Trägern sind die Mikroorganismen weniger mobil, sie besiedeln die große Oberfläche und werden nicht leicht ausgeschwemmt. Die Wirkung ist also intensiver und anhaltender als zum Beispiel mit Bokashi, während dieses andererseits billiger und selbst herzustellen ist.

Klärgruben/Kläranlagen

Zu jeder EM-Besichtigungstour auf Okinawa gehört die Bibliothek der Stadt Gushikawa. Dort wurde vor gut zehn Jahren das erste EM-Abwasserbehandlungssystem installiert und wird seitdem ununterbrochen erfolgreich betrieben. Dieses System sichert nicht nur (Brauch-)Wasser in einer von häufigen Trockenheiten heimgesuchten Gegend, sondern es hat auch der städtischen Bibliothek – und damit dem Steuerzahler – erhebliche Einsparungen gebracht. Mit der EM-Methode betragen die Kosten für Wasserverbrauch, Strom und Instandhaltung weniger als ein Zwanzigstel der Kosten beim Einsatz von konventioneller Technologie.

EM-Produzent Fritz van dem Ham aus Holland probiert die Qualität des EMa aus dem Tank im Rathaus von Gushikawa.

Zwar verbieten auch in Japan die Gesetze und Verordnungen, recyceltes Wasser als Trinkwasser zu verwenden, aber von jeder Besuchergruppe wird dieses Wasser probiert, das nicht nur wegen seiner Reinheit unbedenklich getrunken werden kann, sondern auch gut schmeckt.

Als das System neu installiert worden war, gab es Beschwerden, weil trotz Wassermangels in Trockenzeiten die Außenanlagen der Bibliothek bewässert wurden. Es mussten Tafeln angebracht werden, die den Sachverhalt erklärten. Inzwischen ist die Bibliothek – und auch die EM-Technologie in der Stadt so bekannt, dass solche Maßnahmen nicht mehr nötig sind. So hat die Stadtverwaltung mittlerweile einen 1000-Liter-Tank mit EMa an einer schattigen Stelle hinter

Rezept für Klärsysteme mit mehreren (mindestens drei) Klärkammern

Für die Behandlung von 10 Kubikmeter Abwasser, bzw. 10 000 Liter, wird folgendermaßen vorgegangen: 1 Liter EM1 und 2 Liter (Zuckerrohr-)Melasse werden mit 5 bis 10 Litern Wasser vermischt und in einem Plastik-Container (Volumen: 10 bis 20 Liter) fünf Tage stehen gelassen.

Diese Flüssigkeit wird anfangs alle vier Wochen in das System gegeben. Dazu kann sie einfach in eine Toilette geschüttet werden. Sobald erste Resultate erkennbar werden – nach drei bis vier Monaten – wird jeden zweiten oder dritten Monat die beschriebene Mischung in das System gegeben. Ist das Resultat immer noch nicht befriedigend, wird die Häufigkeit der Gaben erhöht.
Hilfreich ist es, Ytongsteine mit EMa zu tränken und die Steine in der ersten und dritten Grube zu versenken. Man hat dann feste Orte einer permanenten EM-Abgabe. Diese kontinuierliche Beeinflussung scheint bei problematischen Verhältnissen sehr wichtig zu sein.

dem Rathaus aufgestellt, aus dem sich die Bürger umsonst bedienen können. Und um die Sauberkeit des recycelten Wassers der Bibliothek zu demonstrieren, wurde in der Nähe des Eingangs eine Kaskade von Aquarien mit diesem Wasser installiert, in denen sich Fische tummeln.

Natürlich herrschen auf Okinawa andere klimatische Verhältnisse als in Mitteleuropa, so dass dieses Modell nicht 1 : 1

auf unsere Verhältnisse übertragen werden kann, aber dennoch kann die EM-Abwasserbehandlungsmethode auch in unseren Breiten mit Erfolg angewandt werden.

Die Mikroorganismen sind unter 6 Grad Celsius inaktiv, darum ist es günstig, in der warmen Jahreszeit zu beginnen, denn bei genügend Wärme kommt der Prozess schneller in Gang. Sobald das System perfekt funktioniert, genügen nur noch wenige Gaben pro Jahr, um es gleichmäßig und zuverlässig zu betreiben. Wenn eine Belüftung vorgesehen bzw. möglich ist, sollte durchschnittlich zwei bis drei Stunden pro Tag belüftet werden, um Schlammbildung zu verhindern.

Klärteiche in Kalifornien

Bei einem Besuch von EM-Projekten in den USA konnten wir einen (für amerikanische Verhältnisse kleinen) Schlachthof besichtigen, in dem ausschließlich Schafe geschlachtet wurden. Dabei entsteht eine große Menge von Flüssigkeit, nicht nur von den Tieren, sondern es muss auch ständig mit Wasser gespült werden. Diese Flüssigkeiten, die zusätzlich stark salzhaltig sind, weil bei der Verarbeitung auch viel Salz verbraucht wird, werden in offene Spülbecken geleitet, wo sie – gerade im Sommer – im wahrsten Sinn des Wortes gen Himmel stinken. Dieser penetrante Gestank entsteht, wenn sich die Aminosäuren im Blut zersetzen. Verständlicherweise gab es zunehmend Beschwerden von naheliegenden Siedlungen, so dass die Betreiber händeringend nach einer Lösung suchten. Sie entschieden sich schließlich für den Einsatz von EM. Zunächst wurden alle Spülfelder mit EMa geimpft, dann wurde ein EMa-Tank so auf dem Schlachthofgelände installiert, dass

Abfälle einer Schlachterei in Kalifornien werden kontinuierlich mit EM behandelt und fließen in offene Klärbecken. Das erste Becken ist dicht bewachsen.

in den Abwasserstrom stetig EMa fließt, alle nachfließende Flüssigkeit also schon mit EM geimpft ist.

Inzwischen ist das erste von ca. zehn Spülfeldern völlig von einer stabilen Schwimmdecke überwachsen und die nachfolgenden Becken sind gefüllt mit unterschiedlich dickflüssiger, trüber Flüssigkeit, die allerdings nicht mehr stinkt. Bei kühleren Temperaturen ist das Gelände praktisch geruchsfrei. Interessant zu beobachten ist die Aktivität der Mikroorganismen im letzten Becken. Alle paar Minuten werden unterschiedlich große Fladen von dem Sediment an die Oberfläche getrieben, wo man zuschauen kann, wie sie sich leicht sprudelnd zersetzen. Da dieser Schlachthof vor dem EM-Einsatz schon viele Jahre in Betrieb war, hatte sich eine substanzielle Sedimentschicht gebildet, die nun allmählich von den Mikroorganismen aufgelöst wird. Man rechnet damit, dass das Wasser im letzten Becken in absehbarer Zeit klar sein wird.

Mit diesem Wasser werden auch jetzt schon die angrenzenden Felder bewässert, so dass man davon ausgehen kann, dass auch die Qualität der Feldfrüchte sukzessive verbessert wird.

Nach dem gleichen Prinzip wirkt EM in den Güllesilos der Bauern. Bisher sind noch alle Güllesilos, die ordnungsgemäß mit EM behandelt werden, geruchsfrei geworden.

Kläranlage in Kyushu – in Verbindung mit Keramik

Eine der ersten regulären Kläranlagen, die die EM-Methode anwandten, gehört einer kleineren Gemeinde auf der japanischen Insel Kyushu. Diese Kläranlage geriet immer wieder an ihre Leistungsgrenze, vor allem bei den großen Mengen von Klärschlamm, die dort erzeugt wurden. Durch den Einsatz der Effektiven Mikroorganismen wollte man vor allem die Klärschlammmenge reduzieren. Im Gegensatz zu der Bibliothek in Gushikawa wurde hier zusätzlich EM-Keramik eingesetzt. Die in den Ton eingebrannten Informationen unterstützen die Mikroorganismen bei ihrer Arbeit, alle organischen Materialien zu vertilgen und die diversen Chemikalien im Wasser aufzubrechen und so unschädlich zu machen. Die bei ihrer Aktivität erzeugten Antioxidantien verhindern zudem die Oxidation von Metallen. Das Ergebnis überzeugte: Die Klärschlammmenge konnte reduziert werden, die Prozesse verliefen schneller als in Gushikawa und auf lange Sicht ist diese Methode billiger und weniger arbeitsintensiv, weil seltener EMa hinzugegeben werden muss.

Abwasserbehandlung mit EM in Australien

In der australischen Stadt Mackay wird das Abwasser äußerst kostengünstig mit EM behandelt. Dazu wird EMa hergestellt, das dann an vielen verschiedenen Stellen hoch verdünnt in die Kanalisation gegossen wird. Auf dem langen Weg bis zum Klärwerk können die Mikroorganismen ihre Reinigungskraft entfalten. Dadurch kommen kaum noch problematische Abwässer im Klärwerk an, was Kosten spart und obendrein die Anlage schont.

Das Problem Klärschlamm

Klärschlamm ist auch bei uns ein großes Problem, weil durch die gegenwärtige Klärmethode eine kontinuierliche Oxidation in Gang gehalten wird. Bei diesem Prozess vermehren sich Unmengen von aeroben Mikroorganismen und bilden das Gros dieses Schlamms. Durch den hinzugefügten Sauerstoff entstehen im Klärschlamm Oxid-Verbindungen, die toxisch wirken, zum Beispiel die oxidierten Schwermetalle.

Wird aber EM integriert, entsteht nur noch halb so viel Klärschlamm, und dieser kann dann anaerob mit EM fermentiert und zu einen unbedenklichen, organischen Dünger werden, der die Bodengesundheit und -fruchtbarkeit fördert.

Toiletten

Erstaunlich, wenngleich leicht erklärlich, ist die Wirkung von EM in alten Toiletten. In einer Schultoilette konnte aus Kostengründen viele Jahre nicht renoviert werden. Alle Versuche, mit chemischen Mitteln dem Gestank Herr zu werden, blieben erfolglos. Auf Initiative eines langjährigen EM-Nutzers wurde hier eine Woche lang ganz ohne Chemie, aber mit EMa geputzt. – Die Atmosphäre dieser Räume hat sich gewaltig verwandelt.

EM in Campingtoiletten

Ausgezeichnete Erfolge werden auch beim Einsatz von EM in Campingtoiletten erzielt. Die Mikroorganismen binden den Geruch in der Toilette und den angrenzenden Räumen (die im Campingwagen oft nicht gut abgedichtet sind) und erleichtern die Entsorgung erheblich. Nicht nur der Geruch ist minimiert, sondern die zu entsorgende Masse ist homogener und leichter zu behandeln. Statt der teuren Chemikalien gibt man einfach eine Mischung aus Wasser und EMa in die Toilette.

EM für die Campingtoilette

1 Esslöffel EM1 bzw. EMa wird mit 1,5 Liter Wasser gemischt und kommt in den Auffangbehälter. In den Spülwassertank kommen auf 20 Liter 1 Esslöffel EM1 bzw. EMa. Ein Beutel EM-X-Keramik-Pipes im Spülwassertank fördert die Qualität und Reinigungskraft des Wassers.

Erste EM-Autowäsche in Europa

Als erste Autowaschanlage in Europa haben zwei Betriebe in Österreich EM eingesetzt. Die ECOdrom-Autowaschstraßen in Braunau und Wels verwenden seit dem Sommer 1999 EMa bei der Vorwäsche. Die Ergebnisse sind höherer Glanz der Lackoberflächen, besserer Rostschutz und klare, schlierenfreie Fenster.

Die Reinigung und Wiederaufbereitung der Abwässer durch den Einsatz von EMa und EM-Keramik in den Klärkammern sind ein großer Erfolg. Das gesamte Schmutzwasser wird aufbereitet und wieder verwendet. Dieser Kreislauf spart eine große Menge Frischwasser. Weiter hat sich gezeigt, dass man Reinigungs-Shampoo und Pflegewachs einsparen kann, dass die Reinigungsbürsten weniger abnutzen und diese dadurch eine wesentlich längere Lebensdauer haben und immer sauber und frisch erscheinen.

Ein erheblicher Einsparungseffekt wird dadurch erzielt, dass wesentlich weniger Klärschlamm entsorgt werden muss. Allein dadurch wird mehr eingespart, als EM kostet. Die Kunden sind zufriedener und kommen immer wieder, was letztlich auch Werbekosten spart. Umweltschutz kann also durchaus schnell rentabel sein.

EM im Auto?

Die Erfahrungen, die wir überall mit EM machen, lassen sich auch sehr gut auf das Auto übertragen. Gerade hier stören unangenehme Gerüche wie abgestandener Zigarettenrauch, der durch Sprühen von EM-Wasser neutralisiert werden kann.

Bei der Reinigung des Innenraums wischt man alle glatten Flächen mit EM-Wasser ab und sprüht Polster, Teppiche und weiche Verkleidungen leicht ein. Obendrein sollten die Fenster mit dieser Lösung gewischt werden, damit sie nicht so schnell wieder dreckig werden und auch weniger schnell beschlagen.

Gerüche, die – besonders in neuen Fahrzeugen – von den unterschiedlichen Innenraum-Materialien wie Fußmatten, Plastik- und Stoffverkleidungen, Gummi etc. ausgehen, können unangenehm sein. Obendrein sorgt sich sicher der eine oder andere, ob nicht die Ausdünstungen mancher Materialien die Gesundheit gefährden. Dem kann ebenfalls mit regelmäßigem Sprühen oder Wischen entgegengewirkt werden.

EM löst Öl- und Schmutzreste überall im Motorraum, wenn man ihn mit einer EMa- oder EM1-Lösung einsprüht. Außerdem wirkt es auf alle Materialien ausgesprochen günstig durch die Schwingungen, die es ausbreitet. Diese sind in der Lage, die Struktur der verschiedenen Materialien zu festigen und zu ordnen, so dass sie länger halten. Die antioxidative Wirkung wiederum sorgt für einen langsameren Verschleiß.

Der Einsatz von EM-X-Keramik-Elementen im Benzintank wirkt häufig günstig auf den Treibstoffverbrauch, ganz gleich, ob es sich um Benzin, Superbenzin oder Diesel handelt. Man hat festgestellt, dass bei Dieselfahrzeugen der Wirkungsgrad noch besser ist als bei Benzinern.

Tiere

Haustiere/Kleintiere

Die Lebenskraft, die EM dem Boden mit all seinen Lebewesen und dem Wasser gibt, seine Fähigkeit, pathogene Keime zu unterdrücken, und sein Vermögen, ein antioxidatives Milieu zu schaffen, kommt natürlich auch jedem höheren Tier zugute. Tiere spüren die Wirkung von EM oft viel schneller und direkter als beispielsweise Menschen. Deshalb ist die EM-Technologie eine ideale Hilfe in der Haus- und Kleintierhaltung.

Ob es sich um die Verbesserung der Futter- oder Wasserqualität handelt, ob man kleinere Verletzungen zu behandeln hat, ob es sich um das Einstreu oder die Liegeplätze der Tiere handelt, oder ob man lediglich die unmittelbare Umgebung verbessern möchte – wer begonnen hat, EM in diesem Bereich zu integrieren, möchte es nicht mehr missen.

Meerschweinchen, Kaninchen, Hunde und Katzen, aber auch alle Vögel oder Reptilien leben in unseren Haushalten nicht mehr gemäß ihren ursprünglichen Bedingungen. Wir versuchen ihre ursprüngliche Umwelt nachzuahmen und sie artgerecht zu halten, doch dies gelingt uns in den seltensten Fällen. Wir haben die Tiere zu unseren Hausgenossen gemacht, es sind keine Wildtiere mehr. Meistens werden sie älter als in freier Wildbahn, damit treten aber auch Beschwerden auf, die sie sonst nicht hätten.

Man kennt den Wellensittich, der morgens auf den Frühstückstisch kommt und zu aller Vergnügen Brotkrümel frisst. Unter Umständen tut ihm das aber nicht gut: Er kann Verdauungsstörungen bekommen, an denen er vielleicht sogar stirbt. Ebenso sind die Kuhmilch oder das Fertigfutter für eine Katze Ersatz für Mäuse. Das von uns gegebene Futter ist immer anders als das, was sich das Tier in freier Wildbahn suchen müsste. Fast alle tierischen Hausgenossen haben irgendwann ernsthafte Stoffwechselstörungen, dann geht es ab zum Tierarzt, der in der Regel helfen kann. Aber bei den kleinen Tieren, Zwergkaninchen, Meerschweinchen usw., können akute

---

EM für Tiere – Dosierungen

▶ **Pferde:** 3 Prozent EMa zur Gesamtaufnahme an Trockenfutter.

▶ **Schafe/Ziegen:** 3 Prozent EMa zur Gesamtaufnahme an Trockenfutter.

▶ **Hunde:** EMa ins Trinkwasser oder unters Futter mischen. Je nach Größe des Tieres einen Teelöffel bis einen Esslöffel pro Tag.

▶ **Katzen:** EMa ins Trinkwasser oder unters Futter mischen. Bis zu einem Teelöffel pro Tag

▶ **Hamster und andere Kleintiere:** Mit der Pipette einige Tropfen ins Trinkwasser geben oder aufs Futter sprühen

▶ **Vögel:** Am besten übers Wasser. Täglich einen Tropfen EM ins frische Trinkwasser geben. Ein EM-X-Keramik-Röhrchen in den Trinknapf legen.

Verdauungsprobleme sehr plötzlich auftreten und sich schnell verschlimmern, so dass jede Hilfe zu spät kommt. Daher ist gerade bei diesen Tieren eine permanente Gabe von EM angezeigt. Mit EM wird die Fähigkeit der Tiere, im Magen-Darm-Trakt Antioxidantien zu bilden, maximiert.

Die meisten Tiere können äußerliche Probleme durch ihre inneren Selbstheilungskräfte lösen. Deshalb hat sich der Einsatz von EM über die Nahrung als effektiver Weg erwiesen, Gesundheit, Widerstandskraft und Vitalität der Tiere zu erhalten oder wiederherzustellen. Die Übersicht auf Seite 171 zeigt Ihnen, auf welche Weise erfahrungsgemäß EM am effektivsten verabreicht wird.

Fische/Meerestiere

Japan ist ein Inselreich, daher spielen Meeresfrüchte von jeher eine besondere Rolle in der dortigen Küche. Doch obwohl von scheinbar unendlichen und unendlich belastbaren Ozeanen umgeben, haben die Japaner gemerkt, dass die Gesundheit und Vielfalt des Lebens im Meer stetig zurückgeht. Da in Japan traditionell sehr viel Fisch roh gegessen wird (Sushi), ist die Qualität von Fischen, Muscheln und anderen Meerestieren von besonderer Bedeutung. Auch die Zucht von Zierfischen spielt eine große Rolle in der japanischen Tradition, zum Beispiel die Zucht der berühmten Zierkarpfen, der Kojs.

Deshalb wurde in Japan schon in den Anfängen der EM-Technologie geforscht, inwieweit EM in der Fischzucht Erfolge bringt. Wie zu erwarten, hat EM auch hier eine ausgezeichnete Wirkung. Zum einen kann, wie wir schon früher gesehen haben, die Wasserqualität verbessert werden, so dass Fische und andere Wassertiere in einem gesunden Milieu schwimmen. Die Mikroorganismen in EM setzen auf der untersten Ebene der Nahrungskette an. Sie fressen unterschiedliche organische Materialien und produzieren beim Zersetzen Stoffe, die die Wasserflora und -fauna verwerten. Hierbei spielen die Antioxidantien eine herausragende Rolle, aber auch die antibiotischen Substanzen (natürliche Antibiotika), die von EM erzeugt werden, sind für die Gesundheit des Wasserlebens von großer Bedeutung. Deshalb wird in Japan schon lange, bei uns in Europa erst sehr langsam, EM in Fischzuchtteichen benutzt, um den Einsatz von Antibiotika zu verringern bzw. ganz zu vermeiden.

Fische, die mit EM-Bokashi gefüttert werden und in mit EM aufbereitetem Wasser schwimmen, nehmen schneller an Gewicht zu, da die Nährstoffe optimal ausgenutzt werden. Ihr Fleisch ist angenehm fest und schmackhaft. Ein Bio-Fischbetrieb in Österreich, der vor der Einführung von EM große wirtschaftliche Probleme hatte, konnte sich in kurzer Zeit wirtschaftlich soweit konsolidieren, dass er schon bald begann, seine Produktion zu erweitern. Die herausragende Qualität seiner Fische sprach sich bei den Kunden erfreulicherweise schnell herum.

Es passiert nicht selten, dass Betriebe – auch Bauernhöfe – in der EM-Technologie den Strohhalm sehen, ihre Existenz doch noch zu sichern. Bei dem richtigen Management sind bei geringen Kosten gerade in der Tierhaltung meistens schnell erste Erfolge sichtbar. Diese geben den Landwirten und Tierzüchtern zuerst die Hoffnung zurück, und bald die Zuversicht, dass sie ihren Betrieb nicht nur erhalten, sondern auch erfolgreich bewirtschaften können.

Bokashi für professionelle Fischzuchtbetriebe

Bokashi sollte möglichst aus drei organischen Komponenten bestehen, dazu kommt dann das EM1, Melasse und Wasser.

- Kohlenstoff-Lieferant: 100 Liter, zum Beispiel Strohmehl, Spelzmehl
- Energie-Lieferant: 25 Liter, zum Beispiel Rapskuchen, Schrot von Getreideausputz oder Reinigungsabfällen (Unkrautsamen)
- Stickstoff-Lieferant: 25 Liter, zum Beispiel Leguminosenschrot oder -mehl
- EM1: 150 Milliliter
- Melasse: 150 Milliliter
- Wasser: 15 Liter

EM in Aquarien

In Aquarien sollte man immer EM1 und kein EMa verwenden, weil beim Vermehren leicht zu viele Kohlenhydrate ins Wasser gelangen und das Algenwachstum dann explodiert. Man braucht einen Liter EM1 auf 5000 bis 10 000 Liter Aquariumwasser. Das sind für ein 80-Liter-Aquarium zwei Tropfen alle 14 Tage. Am besten gibt man die entsprechende Menge in den Filter, damit sich die Mikroorganismen dort etablieren und von dort das gesamte Becken besiedeln. Hilfreich wäre es außerdem, einmalig ca. eine Messerspitze EM-Keramik-pulver oder ein EM-X-Keramik-Röhrchen pro zehn Liter hinzuzugeben.

Um die Wirkung von EM auf Aquarienfische auszuprobieren, kann man EMa aufs Fischfutter sprühen, kurz einziehen lassen und dann verfüttern. Man wird bald beobachten, dass sich die »Fitness« der Fische verbessert.

Praxistipp für Angler

Ein passionierter Angler berichtet, dass er sich immer über zu kleine Würmer im Kompost geärgert hat. Nachdem er EM in seinen Kompost gegeben hat, seien diese jedoch prächtig, ja, fast schon zu groß.

Shrimps

In der letzten Zeit waren immer wieder Meldungen zu lesen, dass Shrimps aus China mit Antibiotika verseucht waren. Doch dies ist kein Grund, auf diese Tierchen zu verzichten, denn inzwischen gibt es auch Bio-Shrimps. Der Bio-Verband »Naturland« hat einen Vertrag mit einer Kooperative in Südamerika, die mit EM Bio-Shrimps erzeugt. Die grundlegenden Haltungsbedingungen und Fütterungsverfahren wurden in Thailand entwickelt.

Shrimps sind ein wichtiges Exportprodukt von Thailand. Dort arbeiten inzwischen mehr als 20 Prozent der Shrimp-Farmen mit EM – mit steigender Tendenz. Entwickelt wurde das Verfahren von einer EMRO-Mitarbeiterin gemeinsam mit

Mehr als 20 Prozent der Shrimp-Farmen in Thailand setzen EM ein.
Eine europäische Besuchergruppe informiert sich.

thailändischen Farmern südlich von Bangkok. Pilotbetriebe fungieren als Vorbilder für Nachbarn, die den offensichtlichen Nutzen von EM erkennen und bald selbst einsetzen. Weitere Werbung wird nicht gemacht. Die offensichtlichen positiven ökonomischen Auswirkungen von EM überzeugen die Bauern am schnellsten. Obendrein ist dieses Prinzip sehr umweltfreundlich, da weder Chemie noch Antibiotika notwendig sind.

Die Shrimp-Produktion war in Verruf gekommen, weil in der konventionellen Arbeitsweise so viel Chemie eingesetzt wird, dass die Fischbecken nach zwei bis drei Jahren nicht mehr zu benutzen sind. Auch die zu- und abführenden Wasserläufe werden durch Chemikalien so sehr geschädigt, dass keine Fische mehr darin vorkommen und eine wichtige Nahrungsquelle für die ortsansässigen Menschen versiegt. In Gegensatz dazu sind rund um die thailändischen EM-Shrimp-Farmen jede Menge Fische heimisch. Die Produktionsteiche selbst liefern zwischen drei und vier Ernten pro Jahr. Die Produktionskosten sinken um mehr als die Hälfte und die Erlöse steigen, weil die Qualität der Shrimps sehr geschätzt wird.

EM in der Tierheilkunde

Der erste Tierheilpraktiker in Deutschland, der begann, mit EM zu arbeiten, lebt in Franken. Spaßeshalber meinte er schon sehr früh, dass er zukünftig nicht für kranke, sondern für gesunde Tiere bezahlt werden möchte. Die Bemerkung weist auf die paradoxe Situation hin, dass alle im medizinischen Bereich Beteiligten, ob in der Tier- oder Humanmedizin, an den Kranken, nicht aber an den Gesunden verdienen. Der besagte Tierheilpraktiker, der im ländlichen Raum arbeitet, hat begonnen, Vereinbarungen mit Bauern zu treffen, die ihre Tiere nach seinen Anweisungen mit EM behandeln und füttern, so dass deren allgemeiner Gesundheitszustand immer besser wird. Er erhält eine Pauschale, die auf Grund vorheriger Parameter festgelegt wird. Je gesünder die Tiere sind, desto seltener muss der Tierarzt auf den Hof kommen, während sein Lohn gleich bleibt – im Grunde also steigt. Welch wunderbare Vereinbarung!

Dieser Tierheilpraktiker erzählte folgende Geschichte: Er wurde zu einer Bäuerin gerufen, die Probleme mit einer ihrer Milchkühe hatte. Diese litt unter einem faustgroßen Schenkelekzem, das schon so weit fortgeschritten war, dass das Fleisch begann, faulig zu werden. Diese Kuh war durch ihre Schmerzen so unter Stress, dass sie sich bei dem Versuch, sie zur Behandlung festzubinden, losriss, ausbrach und nur mühsam eingefangen und angebunden werden konnte.

Der Tierheilpraktiker schnitt das Ekzem völlig aus, so dass eine große offene Wunde entstand, die er lediglich mit EMa aussprühte. Er gab der Bäuerin die Anweisung, die Wunde täglich mit EMa einzusprühen und ihn in vier Tagen wieder anzurufen. Fünf Tage später hatte sie immer noch nicht angerufen, und da er sich auf einem Nachbarhof aufhielt, fragte er nach ihr. Er erhielt die Antwort, dass er »dort unbedingt hinfahren müsse«. Besorgt machte er sich auf den Weg. Auf dem Hof bot sich ihm folgendes Bild: Die Bäuerin stand draußen vor den Ställen mit der Kuh, die er behandelt hatte. Die Kuh war nicht angebunden, stand völlig ruhig da und hob das hintere Bein an, um der Bäuerin das Einsprühen der Wunde mit EMa zu erleichtern!

Ein Bauer, der von seinem Heilpraktiker EMa bekommen hatte, scheute sich, »das Zeug« selbst einzunehmen, und gab es stattdessen seinem Hund. Zu seinem Erstaunen begann der Hund nach kurzer Zeit zu rülpsen und wollte nach draußen. Er beobachtete, dass der Hund Durchfall bekam, aber schon ab dem nächsten Tag eine perfekte Verdauung hatte. Dies überzeugte ihn, und er begann ebenfalls EM einzunehmen – womit er seine eigenen Verdauungsprobleme löste.

Hunde

Alle Tiere mit einem Fell zeigen schon bald nach der Einnahme von EM ein schönes, glänzendes und gesundes Fell sowie – wenn nicht schon vorher vorhanden – eine gesteigerte Vitalität und Ausgeglichenheit. Dabei ist es gleich, ob es sich um Meerschweinchen oder Kühe, Katzen oder Hunde handelt.

Folgende Geschichten zeigen, wie EM außerdem die unterschiedlichsten Beschwerden bei Hunden lindern und heilen kann.

Ein kurzer Bericht könnte für viele stehen: Ein junger Hund litt trotz ordentlicher Ernährung ständig an Durchfall und nahm (natürlich) überhaupt nicht zu. Am Tag, nachdem er zum ersten Mal EM ins Futter oder Wasser bekommen hatte, stabilisierte sich die Darmtätigkeit, er begann zuzunehmen und sich ganz normal zu entwickeln.

Meine Schwester ist eine überzeugte und erfahrene Hundeliebhaberin und -halterin. Vor ein paar Jahren hatte sie zwei Hunde, einen sehr alten Dobermann und einen ganz jungen, vier Monate alten Rhodesian Ridgeback, die beide ihren täglichen Teelöffel EM1 unters Futter gemischt bekamen.

Bei dem jüngeren Hund fiel ihr eines Tages ein eigenartiger Husten verbunden mit Würgen auf. Da dies nach einigen Tagen nicht verschwand, fragte sie ihren Tierarzt, der den gefährlichen und ansteckenden Zwingerhusten diagnostizierte. Alte und junge Hunde überleben diese Krankheit nur selten. Daher war er höchst erstaunt, dass beide Tiere nur kurz und fast nur oberflächlich darunter litten. Er konnte sich diesen Verlauf nicht erklären …

Eine unangenehme Krankheit bei Hunden sind Ohrenentzündungen. Sie sind nicht nur unangenehm für den Hund, der sich ständig kratzt, sondern auch für den Menschen, weil diese Entzündung einen ziemlich penetranten Geruch entwickelt. Wir wissen inzwischen, dass EM immer dann erfolgreich eingesetzt werden kann, wenn sich schlechte Gerüche entwickeln. So erstaunt es nicht, wenn verschiedene Hundehalter berichten, dass eine EM1-Lösung im Verhältnis 1 : 500 hier wahre Wunder wirkt: Wenn sie in die Ohren gesprüht wird, verschwindet der Gestank, und schon bald gehen der Juckreiz und die Entzündung zurück.

Wie aus der Not eine Tugend und dann eine bemerkenswerte Entdeckung werden kann, zeigt folgender Fall: Ein junger Hund (Rhodesian Ridgeback) mit den typischen, großen Schlappohren hatte sich bei der Verfolgung einer Katze an einem Stacheldrahtzaun eins der Ohren verletzt. Über die Länge des Ohres verlief ein tiefer blutender Riss, ein Fetzen der Haut war am Zaun hängen geblieben. Die bei Hunden sehr gut durchbluteten Ohren hörten nicht auf zu bluten, und trotz verschiedener Bandagen und Kühlung gelang es der Besitzerin nicht, die Blutung zu stillen. Sie ist vertraut mit EM und wollte dies holen, um es auf die Wunde zu sprühen, konnte es aber nicht finden. Stattdessen fiel ihr ein Beutel mit EM-X-Keramikpulver in die Hände. Kurz entschlossen mischte sie das Pulver mit Wasser zu einer Paste und strich diese auf die blutende Wunde. Eine gute Minute lang gelang es ihr, den Kopf des Hundes ruhig zu halten, damit dieser sich nicht schütteln konnte. Der Effekt war unglaublich: Zwar schüttelte der Hund sich gleich danach, so dass ein Großteil der Paste wegflog, aber die Blutung war schon gestillt! Danach strich sie diese Paste ein- bis zweimal pro Tag auf die Wunde, wo sie so fest wurde wie ein Gips. Dem Hund ging es offenbar gut. Da die Wunde weder schmerzte noch juckte, kratzte er sie sich auch nicht auf.

Der Tierarzt meinte, normalerweise müsste eine solche Wunde genäht werden. Er konnte sich den schnellen und guten Heilungsverlauf nicht erklären.

Pferde

Pferde sind sehr sensible und empfindliche Tiere. Entsprechend schnell und direkt reagieren sie auf die Effektiven Mikroorganismen. Sie sind sehr dankbar für eine angenehme Umgebung, deshalb sprühen viele Pferdehalter die Boxen gründlich und wiederholt mit einer EM-Lösung aus, und auch das Einstreu – in der Regel Stroh oder Sägespäne – sollte mit EMa eingesprüht werden, damit der Staub gebunden wird und die empfindlichen Atemwege der Tiere nicht reizt. (Von den Reizungen der menschlichen Atemwege ganz zu schweigen!)

Unangenehme Gerüche werden von EM gebunden, das Ammoniak steigt den Tieren nicht als Gas in Augen und Nase. Sehr stark und unangenehm riecht der Urin von Hengsten. Deshalb wird hier mehr oder häufiger mit EM gesprüht, um den Geruch ganz zu eliminieren.

Wie bei allen anderen Säugetieren sollten die hilfreichen Mikroorganismen in den Magen und Verdauungstrakt gelangen. Dies wird entweder übers Wasser oder das Futter erreicht. Als Faustregel gilt: drei Prozent Bokashi-Zugabe ins Futter, also nur wenig.

Das Futter-Bokashi kann natürlich auch selbst hergestellt werden (Rezept siehe Seite 90). Allerdings sollte man mit Bedacht vorgehen: Ein Pferdehalter hatte in seiner überschwänglichen Begeisterung für EM den Hafer für sein Pferd mit EM fermentiert – was durchaus sinnvoll sein kann. Allerdings hatte er vergessen, dass das fertig fermentierte Material nur in kleinen Mengen ins Futter gemischt wird, und stellte dem Tier einen ganzen Eimer voll zum Fressen hin. Dass das Pferd danach schlimme Probleme mit Magen und Darm bekam, so dass der Tierarzt geholt werden musste, ist nicht verwunderlich.

Man sollte sich an die Faustregel halten: Drei Prozent EM-Bokashi ins Futter geben und einen Beutel (ca. 500 g) EM-X-Keramik-Pipes in das Trinkwasser hängen oder legen – je nachdem woher das Trinkwasser kommt. Viele Erfahrungen zeigen, dass die mäßige, aber regelmäßige Zugabe von EM nicht nur Darmprobleme wie Durchfall lindert, sondern die Tiere auch widerstandsfähiger macht. In Verbindung mit äußerer Anwendung, wie Waschen oder Besprühen des Tieres, sowie dem Aussprühen des Stalles oder des Liegeplatzes wurde vielfach von schneller Verbesserung von Haut- bzw. Fellproblemen berichtet. Pferde, die wiederkehrende Sommer- oder Winterekzeme hatten, sind seit dem Einsatz von EM beschwerdefrei.

Äußerliche Wunden oder Verletzungen lassen sich optimal mit EM behandeln. EM besiedelt offene Stellen mit regenerativen Mikroorganismen, so dass pathogene dort keinen Platz mehr haben. Außerdem hat man die Erfahrung gemacht, dass der Heilungsprozess schnell und komplikationsfrei verläuft.

Beispielsweise entdeckte die Halterin einer Stute im Halsbereich des Tieres eine Pilzerkrankung. Die wunde Stelle war so groß wie ein Bierdeckel und juckte ganz offensichtlich, denn das Pferd hatte diese Stelle schon blutig gescheuert. Die Besitzerin sprühte eine EM1-Lösung auf die Wunde und begann dem Tier gleichzeitig EM ins Trinkwasser zu geben. Sie sprühte die wunde Stelle täglich ein und bemerkte schon bald, dass die Stute mit dem Scheuern aufhörte. Nach etwa einer Woche begann das Fell wieder nachzuwachsen.

Ein anderes Pferd, das im Winter in einem kalten Stall stand, wurde durch eine Decke gegen die Kälte geschützt. Einer der verstärkten Ränder der Decke scheuerte aber ein wenig. Nach einiger Zeit entdeckte der Besitzer eine Stelle, wo nicht nur das Fell abgescheuert war, sondern auch die Haut begonnen hatte, sich zu entzünden. Tägliches Sprühen mit EM-Wasser heilte die Stelle nicht nur – in kürzester Zeit war auch hier das Fell wieder nachgewachsen.

Nicht jeder Pferdehalter kann seinen Pferden solch günstige Bedingungen bieten wie der nachfolgend beschriebene vorbildliche Betrieb. Dennoch kann sicherlich jeder von diesen Erfahrungen lernen und praktische Anregungen für sich finden.

EM in einem Zucht- und Ausbildungsstall mit 21 Pferden

Wer nicht nur von artgerechter Pferdehaltung spricht, sondern auch so handelt, ist ständig auf der Suche nach weiteren Optimierungsmöglichkeiten. Dies trifft auch auf die Betreiber des hier beschriebenen Zucht- und Ausbildungsstalls zu. Bei ihren ständigen Bemühungen, die Bedingungen zu verbessern, stießen sie vor etwa zwei Jahren auf EM und Professor Higas Philosophie. Nach etlichen EM-Versuchen im Garten, mit Stallmist, am Hund und auch an sich selbst, begannen sie mit dem systematischen Einsatz von EM bei den Pferden.

Alle Pferde stehen ganzjährig bei jedem Wetter tagsüber (11 bis 13 Stunden) draußen auf verschiedenen Sandkoppeln. Es handelt sich dabei um rund 6300 Quadratmeter aus 30 Zentimeter Trag- und Drainageschicht (Schotter) mit einer durch Geotextil getrennten Sand-Tretschicht. Die Flächen werden täglich jeweils nach den Heugaben (dreimal) durch Auflesen der Pferdeäpfel gereinigt. Nachts stehen die Pferde in großzügigen Einzelboxen mit mindestens drei offenen Seiten oberhalb der Boxenwandhöhe von 1,30 Meter. Jede Box hat ein Fenster von mehr als einem Quadratmeter. Auf wasserundurchlässigen Gummiboden wird täglich nach der Mist-Entfernung frisches staubarmes Sägemehl gestreut. Die gesamte Fütterung und Tränkung findet in Boxen-Vorbauten in der extra breiten Stallgasse statt, und auf den Koppeln wird tagsüber dreimal in großen Futterkisten Heu gefüttert. Grundsätzlich wird alles Heu vor dem Füttern durch Anfeuchten staubfrei gemacht. Der Stall ist ein Kaltstall, das heißt im Winter liegt die Innentemperatur durchschnittlich 3 bis 5 Grad Celsius über der Außentemperatur. Mindestens eine Fensterseite ist immer geöffnet. Pferdedecken kennen die Pferde nur zum Abschwitzen nach starker Arbeit im Winterfell.

Kompetente Besucher der Anlage bestätigen immer wieder die guten Haltungsbedingungen für die Pferde und das überzeugende Erscheinungsbild des Pferdebestandes. Trotzdem bekommt jedes Pferd zusätzlich zu bestem Futter täglich morgens und abends jeweils 20 Milliliter EMa ins Maul gespritzt. Boden und Wandflächen in den Boxen werden einmal wöchentlich mit EMa gespritzt, die Auslaufflächen alle vier Monate (mit ca. 70 Liter EMa).

Nach 14 Monaten EM-Einsatz gibt es folgende sichtbaren Ergebnisse: Das Fell der Pferde ist noch glänzender geworden, und bei allen Pferden sind Haferflecken im Fell zu sehen. Die Fellstruktur, besonders beim Winterfell, wurde noch besser, das heißt die Dämmung und das Wasser-Ableitungsvermögen sind vorbildlich. Es gab keinen Fall von Stoffwechselproblemen, wie sie in den Fellwechselzeiten immer wieder beschrieben werden. Bei allen Tieren wurden laufend Gewichtszunahmen festgestellt, selbst bei alten schwerfuttrigen Pferden. Deshalb wurden die Futterrationen um durchschnittlich 20 Prozent reduziert. Dennoch erscheinen die Pferde athletisch, gut bemuskelt und schön proportioniert. Der Uringeruch ist unauffällig, und der Kot besteht aus wohlgeformten Pferdeäpfeln mit gutem Geruch und von sehr guter Konsistenz. Magen-Darm-Beschwerden und leichte Koliken sind völlig verschwunden. Im Sommer wurden die Pferde weit weniger von Fliegen belästigt. Den für die Region unüblich extremen Winter mit Temperaturen von minus 15 bis 23 Grad Celsius, Schneesturm, Schneehöhe von 25 Zentimeter auf knochenhartem Boden und wochenlang hart gefrorenen Auslaufflächen überstanden die Pferde ohne Probleme. Die Erklärung: Das Immunsystem der Pferde stimmt, das Fell und die darunter liegende Fettschicht leisten eine hervorragende Dämmung und die Hufsubstanz ist hervorragend – immerhin laufen alle Pferde barfuß, kein einziges trägt Eisen.

Auch bei der **Behandlung von Wunden** war EM eine Offenbarung. Ein junges Dressurpferd hatte sich eine große Wunde (ca. 10 cm lang und 3 cm breit) zugezogen. Nach Aussage des Arztes musste die Wunde genäht oder geklammert werden, dazu hätte man das Pferd aber für lange Zeit absolut ruhig stellen müssen. Hinzugekommen wären die Antibiotika-Gaben und viele Behandlungen durch für das Pferd fremde Personen. All das hätte es körperlich und seelisch sehr beeinträchtigt.

Die Wunde war ganz frisch und die Tetanusimmunisierung vollständig. Auf Grund ihrer guten Erfahrungen mit EM entschieden sich die Besitzer für die folgende Behandlung: Die Wunde wurde sofort mit EMa ausgewaschen, dadurch war die starke Blutung schon nach zehn Minuten gestoppt. Eine Woche lang wurde die Wunde regelmäßig morgens, mittags und abends mit EMa gewaschen, in der folgenden Woche nur noch zweimal täglich. Zusätzlich zu der üblichen Gabe von zweimal täglich 20 Milliliter EMa ins Maul bekam es in den ersten zwei Wochen eine weitere 20-Milliliter-Portion. Ab der dritten Woche wurde dem Pferd bei der morgendlichen allgemeinen EMa-Verteilung zusätzlich nur noch eine kleine Menge EMa mit der Hand über den Nasenrücken gestrichen.

Das Ergebnis war so positiv wie verblüffend: Es entstand keine Entzündung, die Nase wurde weder dick, noch eiterte die Wunde. Die Heilung ging sehr schnell voran, von den Rändern her und aus der Tiefe wuchs das Fleisch ohne Krustenbildung gut nach. Die feine Granulationsschicht ging sehr bald in Narbengewebe über, es gab keine Wucherungen von wildem Fleisch. Nach gut drei Wochen war die Narbe mechanisch belastbar, und nach insgesamt sechs Wochen war die neue Behaarung so weit vorangeschritten, dass nur noch eine feine strichartige Narbe übrig blieb. Das Pferd war während der ganzen Zeit weder körperlich noch seelisch beeinträchtigt oder gestresst. Es musste auf nichts, vor allem nicht auf Bewegung, verzichten. Obendrein brauchte die tägliche Ausbildungsarbeit nicht unterbrochen zu werden.

Ein weiterer Fall war etwas komplizierter zu behandeln: Bei einem Junghengst wurde unter dem Stirnschopf eine **klaffende Schnitt- und Quetschwunde** zwischen dem rechten Ohr und dem rechten Auge entdeckt. Der Durchmesser der Wunde betrug etwa sieben Zentimeter, sie war mit geronnenem Blut, vermischt mit Sand und abgerissenen Haaren, verklebt. Bei konventioneller Behandlungsmethode hätte die Wunde genäht werden müssen, Narkose und Antibiotika wären unabdingbar gewesen. Doch man beschloss, sie mit EM zu behandeln. Also versuchte man die Wunde erst einmal mit EMa zu waschen. Bei einer Verletzung an dieser Stelle ist das immer schwierig, und in diesem Fall funktionierte es gar nicht, da der kräftige Junghengst sich zu sehr wehrte.

Nach einigem Überlegen kam man darauf, es mit einer Paste zu probieren, dazu mischte man EM1, EM-X-Keramikpulver und Olivenöl. Mit Hilfe von Leckerlis und Kraul-Einheiten gelang es tatsächlich, dem Pferd nach und nach in kleinen Gaben die Wunde dick mit der Paste zu bestreichen. Diese klebte recht gut und härtete allmählich aus. Am nächsten Tag wurde die abgebröselte Masse durch neue Paste ersetzt. Am dritten Tag war die Wunde absolut geruchsfrei. Die verkrustete Paste wurde wieder entfernt und neue aufgetragen. Zusehends granulierte die Wunde an der gesamten Oberfläche. Ab dem sechsten Tag wurde an der Wunde selbst nichts mehr getan, der Hengst bekam nur noch wie alle anderen Pferden zweimal täglich EMa. Nach insgesamt zwei Wochen begannen die Haare auf der neuen Narbenhaut zu wachsen, nach sechs Wochen war nichts mehr zu sehen.

Das Ergebnis war verblüffend. Und während der ganzen Zeit hatte das Pferd weder Fieber, noch zeigte es sich in irgendeiner Weise beeinträchtigt.

Auch nach der **Kastration von Pferden** ist EM sehr hilfreich. Es gibt verschiedene Methoden der Kastration, zum Beispiel stehend nicht steril oder liegend nicht steril oder im OP liegend steril. Bei allen Methoden kann man EM in der Nachsorge einsetzen.

Der nach der Operation leere Hodensack besteht aus Höhlen aus Hautfalten, die von unten betrachtet zwei durch eine Mittelwand getrennte und nach unten offene Taschen darstellen. In diesen Taschen sammelt sich Wundsekret, welches durch Verkleben der Hautfalten am Abfließen gehindert wird.

In dem beschriebenen Pferdestall wird liegend nicht steril kastriert, und die Nachsorge verläuft folgendermaßen: Die tägliche Gabe von EMa ins Maul (2 x 20 ml) wird um eine zusätzliche Gabe erhöht. Während der ersten Woche werden zweimal täglich mit in EMa getauchten Fingern die verklebten Hodensack-Höhlen geöffnet, um das darin angesammelte Wundsekret zum Abfluss zu bringen. Danach werden beide Taschen mit jeweils 20 Milliliter EMa mittels einer Spritze ohne Nadel gespült. Außen herum werden die Wunden mit einem Schwamm oder der flachen Hand mit EMa bestrichen, um Geruch zu vermeiden und Fliegen und unerwünschte Bakterien fernzuhalten. In der zweiten Woche und bei Bedarf in der dritten reicht eine Behandlung pro Tag aus. Nach zirka zwei Wochen sind die Wunden weitgehend von oben nach unten zugewachsen. Ab dann reicht eine oberflächliche Narbenbehandlung mit EMa neben der üblichen inneren Anwendung von EM.

EM in der Bienenzucht

Varroa jacobsoni ist der gefürchtetste Bienenparasit. Diese Milbe befällt die Bienen und saugt ihre Lymphe (Bienenblut). Da sich die Milbe schnell vermehrt, ist ein befallenes Bienenvolk innerhalb sehr kurzer Zeit ausgerottet. Bei Zuchtversuchen mit asiatischen Bienen in den späteren 80er-Jahren wurde der Parasit nach Westeuropa eingeschleppt. Seit dieser Zeit wurden verschiedene chemische und biologische Methoden entwickelt, die Milben zu bekämpfen. Keine zeigte jedoch einen anhaltenden Erfolg, vor allem, weil die Milben Resistenzen entwickelten.

Ein Imker in Österreich (Kontakt siehe Anhang) hatte von Versuchen mit Oxalsäure in Russland gehört, und begann, eigene Versuche anzustellen. In vielen Feldversuchen wurden verschiedene Kombinationen von EM und Oxalsäure ausprobiert. Schließlich kam er auf eine Mischung, die die Milben abtötet, die Bienen aber verschont. Wie Untersuchungen von Honig, Bienenwachs und Propolis zeigen, hat diese Anwendung keine Auswirkung auf diese Produkte, und es bleiben auch keine Rückstände zurück. Die Bienenbrut samt Königin wird nicht gefährdet.

Die Säure in Form einer Tablette schmilzt bei 160 bis 180 Grad Celsius fast zur Gänze, und das Aerosol verteilt sich innerhalb von vier bis fünf Minuten im Bienenstock. Nach fünf bis sechs Tagen zersetzt sich die Oxalsäure in CO, CO_2 und Wasser. In solch kurzer Zeit kann sich keine Resistenz der Milben entwickeln.

Oxalsäure mit EM-X-Keramikpulver verdampft zu extrem feinem Aerosol. Die Milbe wird gelähmt, ohne dass die Biene einen Schaden nimmt.

In einem groß angelegten Feldversuch an über 1000 Bienenvölkern hat der Imker nachgewiesen, dass seine EMK-Oxalsäuretabletten hervorragend wirken, und die Bienen eher zu höherer Tracht verleiten, anstatt sie durch die Behandlung zu schädigen.

EM in der Landwirtschaft

Auch wenn heute industriell hergestellte bzw. verarbeitete Nahrung auf dem Vormarsch ist, gehören Landwirtschaft und Gartenbau mit ihren Erzeugnissen immer noch zu den Grundlagen unserer Gesellschaft. Und deren Grundvoraussetzung ist ein gesunder Boden.

In wissenschaftlichen Untersuchungen wurde nachgewiesen, dass mit EM behandelte Böden in vieler Hinsicht eine hohe Qualität haben. Auf solchen Böden erzeugte Lebensmittel haben eine höhere Widerstandskraft gegen Pflanzenkrankheiten, was Bauern und Gärtner daran merken, dass weniger Schädlinge und Pflanzenkrankheiten auftreten. Das lässt darauf schließen, dass die Pflanze selbst gesünder ist. Nur die Pflanze, die selbst genügend Widerstandskraft hat, kann diese auch weitergeben an den, der sie verzehrt.

Wie setzen Bauern EM ein?

Bauern sprühen EM auf den Acker, wenn dort genügend organisches Material als Futter für die Mikroben vorhanden ist. Sie können aber auch schon vorher die Effektiven Mikroorganismen im Stall auf den Mist oder in die Gülle geben und sie auf diese Weise auf den Acker bringen. Da EM die Umsetzungen von organischer Masse optimiert, kann man EM auch zusammen mit dem Futter geben, damit die Mikroorganismen schon während der Verdauung der Nahrung im Tier mit der Umsetzung beginnen. Damit werden Fäulnisprozesse im Verdauungstrakt, in Gülle und Mist und bei der Umsetzung der organischen Substanz im Boden vermieden.

Ebenso ist es sinnvoll, Fäulnis im gesamten Stall und auf den Laufflächen zu verhindern. Zu diesem Zweck versprühen Bauern mit Wasser verdünntes EM sorgfältig im gesamten Stall. Dadurch wird das Stallklima besser, denn die Mikroben verzehren die organischen Duftstoffe in der Luft, sie fermentieren den feuchten Schmutz, statt ihn faulen zu lassen, und obendrein verdrängen sie vorhandene pathogene Mikroorganismen. Die so behandelten Tierställe, egal ob groß oder klein, riechen wieder angenehm nach den Tieren, die darin stressfreier und gesünder leben.

Der Nutzen von EM in Landwirtschaft und Gartenbau

Mit EM verdauen die Böden organische Masse schnell und effektiv. Deswegen wird es für Landwirte und Gärtner wieder attraktiv, mit organischer Masse aus Abfällen zu düngen. Die Mikroben bauen den organischen Abfall in kürzester Zeit um in hochwertigen Humus, aus dem dann Stickstoff immer dann zur Verfügung gestellt wird, wenn die Pflanze es anfordert. Zusätzlich binden die Mikroorganismen Stickstoff aus der Luft.

Die Böden sind in der Lage, Wasser besser zu speichern, lassen kräftige Pflanzen wachsen, ermöglichen höhere Trockensubstanzgehalte der Pflanzen und damit mehr wertbestimmende Inhaltsstoffe, und machen die Pflanzen besser lager- und verarbeitungsfähig. Landwirte, Verarbeiter von Lebensmitteln, Verkäufer von Lebensmitteln und die Verbraucher haben durch EM wesentliche Vorteile.

Besuch in einem Familienbetrieb
mit 35 Milchkühen

Familie G. bewirtschaftet 70 Hektar, davon 10 Hektar Getreide, der Rest ist Grünland. 35 Milchkühe geben fast ausschließlich Milch aus Gras und etwas eigenem Getreide, insgesamt gut 6000 Liter pro Kuh und Jahr. Seit einigen Jahren wird extensiv gewirtschaftet, ohne mineralische Dünger. Deswegen war es recht unproblematisch, auf Bio umzustellen, als die Molkerei genügend Absatz für Bio-Milch hatte.

Seit drei Jahren wird auf dem Hof EM benutzt. Im Betrieb wird es als Silierhilfsmittel, als Fermentierhilfe bei Heu und Stroh, als Zusatz zur Tränke und als Reinigungsmittel eingesetzt. Zusätzlich wird der Tieflaufstall alle vier Wochen mit einer EM-Verdünnung ausgesprüht. Haben Kälber Räude oder sonstige Hautprobleme, werden diese mit EM eingesprüht. »Und wenn ich mich mal verletze, besprühe ich die Wunde auch mit EM. Das heilt unproblematisch«, so der Bauer.

EM im Mist und in der Silage
Wenn EM im Stall eingesetzt wird, findet man dort kaum Fliegen. Es gibt also ganz wenig Fäulnis. Auch stinkt es nicht, es riecht nur gut nach Kuh. »Sonst war der Mist im Kälberstall immer schwarz vor Fliegen, und spätestens ab Mai konnten wir nur mit Fliegengittern im Haus leben. Jetzt können wir sogar in Ruhe draußen zu Mittag essen«, kommentiert die junge Frau G., Mutter von zwei Kindern. Die Jüngste quäkt: »Papa vergisst immer EM auf die Windel zu machen.« (EM auf der Windel pflegt die zarte Kinderhaut und bannt die Gerüche.)

Seit EM auf dem Hof eingesetzt wird, wird etwa zehn Prozent mehr Stroh gebraucht, denn der Mist setzt schneller um. Früher hat es drei bis vier Tage gedauert, um den Stall beim Entmisten leer zu fahren. Heute genügt ein Tag, weil der Mist gut abreißt. Außerdem ist er schon so gut zersetzt, dass er sofort aufs Grünland ausgestreut werden kann. Die Mistbehandlung kostet im Monat weniger als drei Euro.

Beim Rundgang stoßen wir auf der Tenne auf Silage, die dort den dritten Tag liegt. Es ist Silage aus dem dritten Schnitt, recht feucht bei Nieselregen einsiliert. Sie riecht wie gute Silage und wird gefressen wie gute Silage, es gibt keine Nacherwärmung und keinen Schimmel. Das gleiche Bild finden wir am Silohaufen: keine schlechten Gerüche und kein Schimmel, obwohl die Schnittfläche am dritten Tag offen liegt. An Kosten rechnet der Bauer mit 70 Cent je Tonne Silage.

Silage – Gärfutter

Heu braucht, um richtig trocken zu werden, in unseren Breiten drei Tage anhaltend schönes Wetter. Das ist gerade zum ersten Schnitt im Mai recht selten. Dagegen kann man das geschnittene Gras aber schon nach einem bis zwei Tagen wie Sauerkraut einsäuern, es wird dann in Silos oder Großballen unter Folie luftdicht eingepackt. Diese Silage fressen die Kühe ganz gerne, und die Methode ist für den Bauern ein wesentlich geringeres Risiko. Die Qualität beim ersten Schnitt ist entscheidend für den Milchertrag im ganzen nächsten Winter, weil der erste Schnitt den meisten Ertrag bringt.

EM im Heu

Heu durchläuft, wenn es schon eingefahren ist, einen Schwitz-prozess, dabei findet auch eine Fermentation statt. Wird Heu zu feucht eingefahren, wird es bei diesem Prozess sehr warm, und es bilden sich Schimmelnester. Im schlimmsten Fall kann das Heu so heiß werden, dass es entflammt. In ländlichen Regionen können sich deswegen die Bauern bei der Feuerwehr Heuthermometer leihen, um diesen Prozess zu überwachen. Wird es zu heiß, nimmt die Feuerwehr den Heustapel auseinander, um die Brandgefahr zu senken. Solches Heu kann nicht mehr verfüttert werden.

Deswegen setzt Bauer G. auch bei Heu EM ein. Er spare, wenn nötig, gut einen halben Tag Trocknungszeit ein, da er das Heu feuchter pressen könne, erzählt er. Die Temperatur steige nicht über 45 Grad Celsius. Das Heu riecht angenehm würzig, es staubt kaum, und es gibt keinen Schimmelgeruch. So ist es optimal für Pferde. Pferde haben häufig Atemwegs-erkrankungen oder Atemwegsschwächen, deswegen reagieren sie sehr allergisch auf Schimmelsporen im Heu. Viele Pferde-besitzer tauchen deswegen das Heu kurz vor der Verfütterung in Wasser, damit die Atemwege nicht gereizt werden. Diese umständliche Prozedur kann bei EM-Heu in der Pferdefütte-rung entfallen, auch wenn das Pferd empfindlich ist.

Gesunde Kühe

Die Zellzahlen in der Milch sind eine Maßzahl für die Gesundheit der Kuh. Sie liegen auf dem Hof der Familie G. seit Beginn des EM-Einsatzes konstant zwischen 100 000 und 150 000. Der Tierarzt war hier auch vor EM ein seltener Gast, und nun kommt er kaum noch. Eine Milchleistungssteigerung von 200 bis 300 Litern führt der Bauer auch auf die bessere Verdauung der Tiere zurück. Mit EM sei der Kot konstant sehr zufriedenstellend, von der Weide kämen die Kühe aber noch mit zu viel Fliegen, meint er. Er verspricht sich Besserung, wenn er auf 2000 Liter Weidetränke einen Liter EM gibt, dann hätten die Tiere auch auf der Weide die Verdauungshilfe. Auf Dauer sei es logisch, dass immer weniger EM eingesetzt werden müsse, weil in fünf oder ein paar mehr Jahren die Mikrobiologie im Betrieb wieder optimiert sei. Aber auch jetzt rechne sich der EM-Einsatz sehr positiv.

Was ist Gülle?

Gülle ist eine Verbeugung vor dem Personal- und Sachkostendruck, dem die Landwirte ausgesetzt sind. Von daher werden wir Verbraucher auf viele Jahre mit Gülle leben müssen, denn »Hergestellt ohne Gülle« ist noch kein Argument, für das die Verbraucher bezahlen.

Gülle bedeutet, dass Kot und Harn zusammen in einem Behältnis gesammelt werden. Da aber die Natur die Wesen so eingerichtet hat, dass Kot und Harn nicht zusammen an eine Stelle kommen sollen, hat sie auch keinen positiven Abbauweg für diesen Fall. Kommen die beiden zusammen, entsteht Urease, die die Mikroben zuerst einmal lähmt oder sogar tötet. Dann folgen die Fäulnisbakterien und es stinkt zum Himmel.

Güllebehandlung

Wenn ein Betrieb in der Fütterung und der Desinfektion EM einsetzt, reicht es auf Dauer aus, einen Liter EMa pro zehn Kubikmeter Gülle zuzugeben. Ist die positive Besiedlung noch nicht geschehen, sollte man nach dem Leeren der Behältnisse die Restmenge pro Kubikmeter mit einem Liter EMa zuzüglich etwas ultrafeinem Gesteinsmehl und flüssigem Germanium behandeln. Brodelt dann der Umsetzungsprozess, und die Gülle wird sämig ohne Schwimm- oder Sinkschichten, reicht die oben genannte regelmäßige Zugabe.

Stickstoff-Wirkung der Gülle verbessern

Beim Ausfahren sollte man der Gülle je Kubikmeter nochmals einen Liter EMa zugeben, damit sich die Mikrobenvielfalt in EM beim Auftreffen auf dem Acker oder dem Grünland an Ort und Stelle für die neue Aufgabe neu formieren kann. Gibt man 30 Kubikmeter Schweinegülle als Düngung vor Getreide, kommen gleichzeitig 30 Liter EMa auf den Acker. Das ist eine sehr gute Grundlage für erfolgreichen Ackerbau. Erfahrungen zeigen, dass schon im ersten Jahr wesentlich höhere Erträge anfallen und sich auch die Bodenstruktur bereits merklich verbessert hat.

Leckere Kuhfladen

Der erste Bauer, der in Deutschland EM in seinem Betrieb einsetzte – als Erstes in der Gülle und dann im Futter für seine Milchkühe –, beobachtete zu seiner großen Überraschung auf seinen Weiden, dass schon nach wenigen Tagen frisches Gras durch die Kuhfladen wuchs. Normalerweise sind dies tote

Stellen, denn die scharfen Inhaltsstoffe des Kots verätzen das Gras vollständig, so dass dort lange nichts mehr wächst. Wenn die Tiere eine gesunde Verdauung haben, ist das anders. Der frische Kuhfladen stört die Tiere auch nicht mehr so wie sonst: Sie fressen bis dicht an den Fladen heran, der sonst großflächig ausgespart wurde.

Warum der EM-Bauer weniger Fliegen im Stall hat

Fliegen haben in der Natur die Aufgabe, Faulendes zu fressen und so zu verhindern, dass bei schlechten Bedingungen die ganze Welt »erstinkt«. Gerade wenn Mist (Kot) und Urin zusammenkommen, entsteht eine Masse, die schnell fault. Früher brachten die Bauern viel Einstreu in den Mist, um den Urin aufzusaugen, und schichteten diesen in genau gepackten »Stapelmist« auf, der festgetreten wurde. Dieser Mist setzte halb unter Sauerstoff und halb ohne Sauerstoff um. Solcher Mist stank nicht, sondern roch angenehm nach Tier.

Heute jedoch verlangt die Betriebswirtschaft, dass solche Mistpflege entfällt. Da entstehen Faulstellen im Mist oder in der Gülle, in denen sich Fliegenmaden massenhaft vermehren. So weist uns die Fliege darauf hin, dass wir ein Problem lösen müssen. Deswegen belästigt sie uns.

Gibt man dem Mist oder der Gülle EM zu, wird die Fäulnis minimiert und Gestank und Fliegen nehmen rapide ab. In Europa gibt es viele Beispiele – vom Großbetrieb mit über 400 Kühen bis zum kleinen Hof mit zehn Tieren –, bei denen EM hundertprozentig funktioniert.

Eiweißverdauung und andere Probleme

Unwohlsein der Kühe und Rinder beruht häufig darauf, dass die Verdauung nicht optimal funktioniert. In der Fachhochschule für Landwirtschaft in Zürich wurde in einer Studie mit Schafen (wie Kühe ebenfalls Wiederkäuer) festgestellt, dass mit EM behandeltes Futter von den Tieren einfacher verdaut wurde. Die meisten unserer Hoftiere sind mit Hochleistungssportlern zu vergleichen, weil sie viel Futter in Leistung umsetzen (müssen). Dafür muss natürlich die Verdauung stimmen. Deswegen gehen viele Praktiker und Fütterungsberater schnüffelnd in einen Stall, weil man über den Geruch schnell herausfinden kann, ob der Bauer die Fütterung im Griff hat oder nicht.

Im Krankenstall eines Großbetriebs

Eine mangelhafte Eiweißverdauung ist oft Ursache für Fruchtbarkeitsstörungen oder aber auch für Probleme an den Klauen. EM eilt der Ruf voraus, gerade dort helfen zu können, wo die Tierärzte und Landwirtschaftsberater große Schwierigkeiten sehen. Das wollten die Verantwortlichen in einem großen Milchviehbetrieb mit 1000 Kühen nahe der polnischen Grenze selbst überprüfen. Die Herdenleistung war in den letzten zehn Jahren von etwa 4000 Liter Milch auf 8000 Liter Milch pro Jahr angestiegen. Gleichzeitig lagen aber auch die Tierarztkosten an der Grenze des Erträglichen. Ständig waren ein bis zwei Prozent der Tiere im »Hoflazarett«, im Krankenstall, wo der zuständige Tierarzt und die Tierpfleger die kranken Tiere besser betreuen konnten. Hier wollte man nun das »Wunder-

mittel« prüfen. Vorher hatte man schon einen anderen Großbetrieb mit 350 Kühen und zwei Jahren EM-Erfahrung besucht. Dort wurde EM zu aller Zufriedenheit als Silierhilfsmittel und zum Aussprühen des Stalles benutzt.

Von den Tieren im Krankenstall wurde eine Kuh ausge-
wählt, die nach einer Verletzung eine große, nicht heilende
Wunde hatte, und zudem über 39 Grad Celsius Fieber. Am
Abend nach der Behandlung, dem bloßen Einsprühen mit einer Lösung aus EM und Wasser, bemerkten die Pfleger, dass
die Wunde schon nicht mehr nässte. Die Behandlung wurde
täglich fortgeführt, und nach sechs Tagen konnte das Tier gesund in die Herde zurückkehren. Wegen dieser Erfahrung
wurde nun der Krankenstall regelmäßig morgens mit einer
EMa-Verdünnung ausgesprüht. Das reichte aus, um bei den
Tieren Heilerfolge zu erreichen, die bisher keiner für möglich
gehalten hätte. Da das Siliermittel für das laufende Jahr schon
eingekauft war, kommt EM allen Rindern erst im folgenden
Jahr über das Futter zugute.

EM im Gartenbau

Gartenbau heißt heute Gemüseanbau und die Kultur von Blumen. Wenden wir uns zuerst den Blumen zu. Blumen kommen heute aus aller Welt in unsere Geschäfte. Überall, wo
Luftfracht ankommt, kommen auch Rosen, Orchideen und eine Vielzahl anderer Blumen aus Afrika, Südamerika und
Asien. Dort werden genau nach den gleichen Methoden wie in
Europa, nur mit mehr »Naturwärme«, Blumen unter hohem

Einsatz von Chemie angebaut. Da es hier nicht um Lebensmittel geht, ist die einzige Grenze beim Chemieeinsatz, dass nicht zu viele Kosten entstehen und dass keine sichtbaren Spritzmittelrückstände auf den Pflanzen sein dürfen. Fakt ist, dass sehr viele Floristinnen ihren Beruf aufgeben, weil sie gegen diese Blumen allergisch werden. Auf Initiative der zuständigen Fachgewerkschaft wurde ab den frühen 80er-Jahren, nachdem Gesundheitsschädigungen der Floristinnen und der Gärtner nachgewiesen waren, schon ein Siegel entwickelt, das etwas weniger Pflanzenschutzmitteleinsatz garantieren soll. Doch noch immer haben wir auf diesem Markt ein großes Problem, das nicht oder höchstens in Fachkreisen angesprochen wird. Das Bewusstsein der Blumengärtner, der Blumenverkäuferinnen und Kunden ist noch nicht sehr weit entwickelt. Nur weil man diese Pflanzen nicht isst, meint man, auf die Gifte aus dieser Art der Produktion nicht achten zu müssen. Dennoch haben wir sie zu Hause um uns, fassen sie an und geben sie anschließend in unseren Kompost.

Inzwischen sind aber Anzeichen zu erkennen, dass der Trend sich umkehrt: Immer mehr Blumengärtner arbeiten ökologisch, auch in Gartencentern gibt es die ersten Öko-Ecken. Die Öko-Pflanzen sind nicht nur chemisch nicht belastet, sondern sie bleiben auch länger frisch, weil sie mehr Antioxidantien enthalten. In diesen Zweigen des Gartenbaues kann der konsequente Einsatz von EM eine Menge bewirken, wie die folgenden Beispiele illustrieren.

Eines der ersten Beispiele für den Einsatz von EM in Europa ist ein Tulpenbetrieb in den Niederlanden, der eine Pilzkrankheit im Bestand hatte, so dass fast nur noch ein Drittel der Blumenzwiebeln verkaufsfähige Blumen hervorbrachte. Schon bald nachdem man angefangen hatte mit EM zu arbeiten, stellte sich die vorherige Produktivität wieder ein.

In Bonn arbeiten einige Blumengeschäfte mit EM. Dort kommt es ins Putzwasser, zehn Keramik-Pipes werden auf einer Schnur aufgereiht und in die Blumenvasen gehängt, und natürlich kommt EM auch ins Gießwasser für die Topfpflanzen. Die Inhaber haben allerdings keinen Einfluss auf den Anbau, da sie über den Großhandel einkaufen.

Der Einsatz von EM in den Hausgärten funktioniert ebenfalls gut. Die Farben der Blüten sind intensiver, und als Schnittblumen in der Vase halten sie erfreulich länger. Oft beobachten Hobbygärtner, dass Blumen, die sich schon lange nicht mehr gezeigt haben, nun plötzlich wieder auftauchen und blühen.

Ähnliches berichten auch Landwirte, die ihre Weiden mit EMa sprühen und/oder mit EM fermentierte Gülle darauf ausbringen: Die Vielfalt der Gräser und Kräuter wird größer, was gesündere Kühe und eine höhere Milchleistung zur Folge hat.

Im Gemüseanbau hat EM die Aufgabe, auf gesunden Böden gesunde Gemüse heranwachsen zu lassen. Zusätzlich dürfte aber auf längere Sicht bedeutsam werden, dass Salate und Blattgemüse einfach länger frisch sind. Sobald sich diese Erkenntnis durchgesetzt hat, wird der Einzelhandel auf die Anbauer einwirken, weil dort die anhaltende Frische ein wichtiges Verkaufsargument ist.

Die meisten Gemüsesorten werden in der besten Wachstumsphase geerntet. Kämen sie zur Reife, also zum Ausbilden von Samen, wären sie für uns weder schmack- noch nahrhaft.

Alle Wertigkeit und Frische ist in den winzigen Samenkörnern konzentriert. In der Phase des intensivsten Wachsens muss für die Pflanzen genügend Stickstoff vorhanden sein. Wird die Pflanze dann abgeschnitten, kann der Stickstoff beim nächsten Regenguss in den Untergrund gespült werden. In einem gesunden Boden nehmen die Mikroben den Stickstoff wieder auf und fixieren ihn. Hier liegt ein wichtiger Aufgabenbereich für EM, nämlich die Schonung des Grundwassers.

Unser Boden

Im Ackerbau sind wir heute aus betriebswirtschaftlichen Gründen auf große Flächen angewiesen. Eine Kolonne Schnitter und eine Ernte mit dem Dreschflegel wird durch einen 100 000 Euro teuren Mähdrescher ersetzt. Um den Mähdrescher auszulasten, braucht man im Jahr mindestens 1000 Fußballfelder als Dreschfläche. 1970 brauchten wir für diese 500 Hektar Getreideanbau 10 000 Arbeitsstunden, heute brauchen wir gerade noch 1000. Damals waren Mengen von 0,7 Kilogramm pro Quadratmeter gute Ernten, heute wird auf vielen konventionellen Feldern bereits mehr als ein Kilogramm geerntet. Der Boden wird zum Hochleistungssportler, denn die Sorten sind sehr ertragreich, die Maschinen schwer; er wird gedopt mit Kunstdünger und chemischen Zusatzstoffen, und zu allem Überfluss wird er durch Abgase aus Industrie und Verkehr zusätzlich belastet.

Dieser Boden bekommt nicht mehr viel organische Substanz zum Umbau in Pflanzennährstoffe, sondern komprimierte, chemisch hergestellte Pflanzennahrung. Dass dann »Verdauungsprobleme« vorkommen und ein gelegentliches Angebot von organischem Material nicht erfolgreich verdaut wird, erscheint plausibel.

Genug Nahrung im Boden?

Einer der ersten Landwirte, die in Deutschland mit EM begannen, sprühte die maximale Menge EM, weil er von der EM-Technologie völlig überzeugt war. Sein Weizen wuchs zum Staunen der Nachbarn wunderbar heran, besser als all die Jahre zuvor. Wie groß war seine Enttäuschung, als er schließ-

---

Einsatz von EM im Ackerbau

▶ In den ersten beiden Jahren braucht man insgesamt 150 Liter EMa pro Hektar und Jahr. Dazu werden 5 Liter EM1 mit 5 Liter Zuckerrohrmelasse + 140 Liter Wasser vermehrt. Das EMa wird kurz vor Regen oder bei Regen ausgebracht, und zwar dreimal 50 Liter EMa pro Hektar, gelöst in jeweils 600 Liter Wasser.

▶ Gerade in den Anfangsjahren sollte man auch während der Wachstumsperiode zwei- oder dreimal zusätzlich ca. zehn Liter EMa in genügend Wasser sprühen.

▶ Im dritten Jahr sinkt der EM-Einsatz auf drei Liter, nach fünf bis zehn Jahren auf ein bis zwei Liter EM1 pro Hektar. Die Kosten sinken von gut 100 Euro je Hektar und Jahr auf unter 30 Euro. Damit ist EM das einzige Produktionshilfsmittel in der Landwirtschaft, von dem man im Laufe der Zeit weniger braucht statt immer mehr.

---

lich nur kleine Körner und deshalb einen geringen Ertrag ein-
fuhr. Was war das Problem? – Er hatte nicht beachtet, dass er
nur wenig organische Substanz im Boden hatte. Bei der Korn-
ausbildung war schließlich schon alles verbraucht. Es muss
eben gewährleistet sein, dass genügend Material zu verdauen
ist.

Der Bauer lernte aus seinem Fehler und wurde in den Fol-
gejahren ausreichend entschädigt. Er hat als Bio-Bauer die
gleiche Ertragsmenge wie seine konventionellen Nachbarn –
nur eine ganz andere Qualität und entsprechend höhere Erlöse. Inzwischen ist er zusätzlich als EM-Berater tätig und berät
konventionelle wie Bio-Kollegen in der EM-Technologie.

Wenn im Winter der Schnee die Felder bedeckt, kann man
schnell herausfinden, welche mit EM behandelt worden sind –
der Schnee schmilzt dort eher und schneller als auf den anderen Feldern. Das heißt, das Bodenleben ist früher aktiv und
erzeugt früher Energie, die die Temperatur ein wenig steigen
lässt.

Hühner und sonstiges Geflügel

EM ist ein wichtiges Hilfsmittel in der Geflügelhaltung. Die
Argumente der Befürworter der Käfighaltung beziehen sich
fast alle auf die Hygiene. Jeder, der einmal einen Hühnerstall
oder einen Hühnerauslauf reinigen musste, wird das nachvoll-
ziehen können. Auch ist es unstrittig, dass bei Freilandhaltung
der Kot der Hühner, der konzentriert in der Nähe des Stalles
anfällt, ein Problem darstellt. Da dort die Tiere auch noch be-

sonders viel scharren und picken, ist ein erfolgreiches Parasitenmanagement fast nicht möglich.

Ähnlich schwierige Verhältnisse hat man bei Wassergeflügel. Enten und Gänse haben gerade bei etwas intensiverer Haltung die Tendenz, alles zu verkoten. Auch hier haben die Tiere mit unendlich vielen Parasiten zu kämpfen. Mit Hilfe der EM-Technologie können die Wasserflächen für Wassergeflügel wieder gereinigt werden, so dass diese in einem gesunden Milieu heranwachsen.

Nicht zuletzt wegen BSE, Schweinepest und anderen unappetitlichen Krankheiten sind Geflügelfleisch, -wurst und Eier hoch im Kurs. Inzwischen weiß man auch, dass das Ei keine Cholesterinbombe ist, sondern in seiner ausgewogenen Fettstruktur in Maßen genossen ein sehr interessantes Lebensmittel. Von daher ist es ein Segen, dass jetzt mit Hilfe der EM-Technologie viele Probleme dieser Branche erfolgreich gelöst werden können.

Grundsätzlich sollte beim Geflügel sieben Liter EMa pro Tonne Futter zugegeben werden. Rein technisch ist dies am einfachsten beim Einblasen des Futters in den Silo zu handhaben. Weiterhin sind Gaben von zwei Milliliter EMa pro Tier alle vier Tage über den Medikamentendosierer sinnvoll. Am allerbesten hilft aber Bokashi, das entweder zu zwei Prozent dem Futter beigemischt oder aber mit in die Einstreu gegeben wird. Die Hühner werden diese Gabe besonders schätzen, weil sie damit sehr erfolgreich ihrem Scharr- und Suchtrieb nachgehen können.

Weiterhin hilft EMa natürlich bei der Reinigung der Ställe und Kotgruben. Werden diese mit 1 Liter EMa auf 10 000 Liter Wasser eingeweicht, ist die Reinigung ein Kinderspiel. Ebenso sollte die Desinfektion der Ställe vor jeder Neubelegung durch eine Vollbesiedlung mit positiven Mikroben ersetzt werden. Dazu reicht ein Aussprühen mit EMa im Verhältnis 1 : 100 aus. Dann ist die Abluft aus den Ställen auch kein Problem mehr.

Selbst bei großen Herden in Intensivhaltung hat es sich als hervorragend erwiesen, über Sprühleitungen pro Stunde ein bis zwei Sprühstöße stark verdünntes EMa – bei Kühlungsbedarf mehr, bei hoher Luftfeuchtigkeit weniger – in die Stallluft zu geben. Solche Ställe werden dann zum Gesprächsstoff für die Nachbarn und sind kein Zankapfel mehr.

Darüber hinaus könnte auch das Problem der Vermilbung der Hühner im Sommer bearbeitet werden. Leistungssteigerungen von mehr als zehn Prozent werden in Einzelfällen schon erzielt.

Die Kosten von EM werden durch Einsparung bei Desinfektion und Medikamenten bei weitem aufgefangen. Hat man erst einmal eine positive Mikrobenbesetzung etabliert, liegen die Kosten pro Huhn und Jahr unter 50 Cent.

Eine Reihe von Betrieben in Deutschland und Österreich sind in längeren Erprobungsphasen; ihre Zwischenergebnisse sind bisher äußerst positiv.

Für Hobbyhalter sei noch hinzugefügt, dass alle Geflügelarten Küchenbokashi besonders gerne mögen. Auch sollte der Auslauf des Geflügels alle vier Wochen mit EMa im Verhältnis 1 : 500 oder höher konzentriert abgesprüht werden. Im Stall ist es von Vorteil, wenn mehrere Male in der Woche EMa-Verdünnung gesprüht wird.

EM im Haus und fürs Haus

Algen an der Hauswand

Wer zum ersten Mal von EM erfährt, ist überwältigt von der Vielfalt der Möglichkeiten, wie und wo EM1 und die anderen Produkte der EM-Technologie angewendet werden können. Leider ist EM aber nur bei fast allen Gelegenheiten hilfreich. Diese Erfahrung musste ein Hausbesitzer machen, der als einer der Ersten in Deutschland von EM begeistert war und sich eine vielversprechende Wirkungsstelle ausgesucht hatte: An der Westseite seines Hauses war eine große Fläche mit grünem Algenbewuchs unansehnlich geworden. Er versprach den Mietern eine radikale Verbesserung, setzte die entsprechende Menge EMa an und sprühte die gesamte Hauswand mehrfach großzügig ein. Danach fuhr er in einen langen Sommerurlaub. Erwartungsvoll kehrte er zurück, um seinen Erfolg zu feiern. Zu seinem großen Entsetzen und dem Spott der Mieter hatte sich der Bewuchs hervorragend entwickelt! Dichter, größer und fester war er geworden, dabei hatte der enttäuschte Hausbesitzer erwartet, dass er nun die Überreste an der Wand lediglich abschaben müsste.

Aber warum sollte EM Algen und Moos vernichten? EM ist in der Lage, ein gesundes Milieu zu schaffen, wo das wächst, was dort natürlich ist. Und an der Wetterseite eines jeden Baums befinden sich Algen und Moos. EM ist also kein Wundermittel, schon gar kein Vernichtungsmittel, sondern lebendige Natur.

EM im Haushalt

In unseren Breitengraden und bei unserem Lebensstil halten
wir uns zum größten Teil in Gebäuden auf, die meiste Zeit natürlich in den eigenen vier Wänden. Deshalb ist es wichtig,
gerade dort auf ein gesundes Umfeld und Wohnmilieu zu achten. EM kann hier in vielfältiger Weise segensreich wirken.

Stark gegen Gerüche

Wie schon vorher mehrfach erläutert, sind die Effektiven Mikroorganismen besonders stark, wenn es gegen Gerüche geht,
die uns unangenehm sind. Deshalb steht in den meisten Haushalten, die EM integriert haben, immer eine Sprühflasche mit
verdünntem EM1 oder EMa bereit, um alle Räume des Hauses
regelmäßig zu sprühen und so Gerüchen vorzubeugen oder sie
zu unterbinden, sobald sie aufgetreten sind. Verbrauchte Luft
wird im Handumdrehen aufgefrischt und Kochdünste verschwinden. Kleider- und Schuhschränke werden eingesprüht
(manchmal auch ausgewischt) wie auch das Katzenklo oder
die Hundedecke.

Bei diesen Anwendungen im Haus gibt es aber manchmal
ein kleines Problem: Da sowohl EM als auch EMa in der Regel mit Melasse hergestellt werden, haben sie eine bräunliche
Farbe, die auf weißem Untergrund Flecken hinterlassen kann.
Die lassen sich zwar leicht wieder wegwischen oder aus Textilien ausspülen, für viele sind sie aber doch lästig. Deshalb
wurde in Japan, wo Millionen von Haushalten EM benutzen,
ein helles EM für den Gebrauch im Haus entwickelt, das so genannte EM-W (W steht für white = weiß). Leider wird es bis-

lang noch nicht in Europa angeboten, und bis dahin bleibt uns nicht anderes übrig als darauf zu achten, EM1 oder EMa möglichst stark zu verdünnen und etwas vorsichtiger anzuwenden.

EM-Sprühflasche im Haus

In eine Ein-Liter-Sprühflasche gibt man drei Verschlusskappen EM1 oder EMa und füllt mit Leitungswasser auf. Diese Lösung sollte innerhalb von zwei bis drei Tagen verbraucht werden. Das Wasser kann dadurch optimiert werden, dass man einen Tag vorher den Liter Leitungswasser abfüllt und einige EM-X-Keramik-Pipes hineinlegt.

Während man in allen Räumen und manchen Schränken, zum Beispiel Schuhschränken, eine EM1-Wasserlösung sprühen kann, um unangenehme Gerüche zu tilgen, ist dies in Kleiderschränken oder etwa im Kühlschrank nicht möglich, weil die Dosierung schwierig ist. Da man auch nicht periodisch die Schränke vollständig ausräumen will, um sie mit einer EM-Lösung auszuwischen, bietet sich eine weitere sehr praktische Lösung an: Es gibt verschiedene Formen von EM-X-Keramik, kleinere und größere Röhrchen mit einer großen Oberfläche, die einfach in den Kühlschrank, Kleiderschrank oder die Speisekammer gelegt werden, um starke Geruchsentwicklungen im Schach zu halten. Dieselben Röhrchen werden im Haushalt für eine Reihe von anderen Zwecken nutzbringend eingesetzt. Damit sich die kleinen Röhrchen nicht verlieren, hat es sich bewährt, sie auf einen Bind- oder Nylonfaden aufzufädeln. Eine oder mehrere solcher Ketten legt man in den Kühlschrank oder auf die Regale der Speisekammer. In die Blumenvasen legt man je nach Größe der Vasen einzelne Röhrchen oder ebenfalls Ketten mit fünf bis zehn Röhrchen. In die Waschmaschine gibt man je nach Größe 10 bis 20 Keramik-Röhrchen, in einen stabilen Sack eingenäht. Ein solcher Sack kommt auch in die Spülmaschine, um die Reinigungsvorgänge zu unterstützen. Alternativ kann auch eine auf einen Nylonfaden aufgefädelte Kette genommen werden, und manche Nutzer stecken weitere 10 bis 20 Pipes auf die Drähte, die die Teller halten.

Beim Einsatz von EM wird man immer wieder durch neue Beobachtungen überrascht. So berichtet ein EM-Anwender: »Überrascht hat mich die Wirkung von EM jüngst bei meinem Fahrrad, das, weil es im Hausflur steht, immer mal mit bespritzt wird. Dieses Fahrrad lässt sich so leicht und wendig bedienen, dass es mich jedesmal überrascht. Die Pflege des Rades reduziert sich auf ein Minimum bei besten Ergebnissen und Materialpflege.«

Eine Anwenderin erzählt: »Beim Versprühen einer dreiprozentigen EM-Verdünnung habe ich natürlich auch die Wände getroffen. Die bestehen aus Streichputz, der schon länger eher gelb als weiß war, denn bei uns wird extrem viel geraucht. Und siehe da, nach zwei Tagen hatte ich plötzlich schneeweiße kreisförmige Flecken auf den Wänden. Jetzt habe ich alles an freier und sichtbarer Wandfläche eingesprüht, und bin sehr gespannt auf das Ergebnis.«

Nachdem er diesen Bericht gehört hatte, probierte ein Wirt die Reinigungsmethode bei seiner verräucherten Kneipe aus. Er sparte sich dadurch einen neuen Anstrich. Den beständigen, unangenehmen Geruch von kaltem Rauch kann er nun erheblich reduzieren, indem er in seinen Räumen täglich mit EM sprüht.

»Putzen nur mit einer EM-Verdünnung klappt auch hervorragend; vor allem riecht es nicht mehr nach diesen penetranten Industrieparfüms oder dem ebenso schrecklichen Essigreiniger«, meldet eine Nutzerin. »Hinzu kommt, dass das Schmutzwasser vom Putzen nun nicht mehr giftiger Abfall ist, sondern eine wertvolle Ressource, die als Flüssigdünger auf die Blumenbeete gegossen werden kann.«

Staub und Schmutz

Bei Staub und Schmutz im Haus handelt es sich in erster Linie um unterschiedliche Arten von organischem Material, Hautpartikel, Erdpartikel, die von draußen hereingetragen oder hereingeweht werden, Blütenstaub etc. All das ist organisches Material, das Nahrungsgrundlage für Bakterien und andere mikroskopisch kleine Lebewesen ist. Selbst bei gründlicher Reinigung gibt es Stellen, an denen sich diese Partikel ablagern und nicht erreicht werden. Nun liegt es an uns, wem wir dieses Material zu fressen geben. In einem bewusst handelnden EM-Haushalt ist es Futter für die Effektiven Mikroorganismen, die als Abfallprodukt Antioxidantien erzeugen und so für ein gesundes Raumklima sorgen.

Silberfischchen tun sich gerne an diesen Partikeln gütlich, sind aber im Prinzip harmlos. Wenn sie einem lästig sind, sprüht man einfach EM dort, wo sie sich aufhalten. Dann fressen die Mikroorganismen den Silberfischchen die Nahrung weg, so dass diese verhungern oder umziehen.

Reinigung von Textilien

Auch Rotweinflecken verlieren mit EM ihren Schrecken. Man wischt natürlich den Rotwein auf, beträufelt aber dann die befleckten Stellen mit EM. Ist die fleckige Stelle waschbar, kommt alles in die Waschmaschine, die auch mit EM gefüttert ist. Befindet sich der Fleck auf einem Sofa oder Teppich, kommt auf die mit EM getränkte Stelle ein feuchter Lappen, damit die Feuchtigkeit lange erhalten bleibt und die Mikroben eifrig arbeiten können. Nach dem gleichen Prinzip behandelt man Flecken auf Kleidung. Bleiben dann braune Ränder (Rückstände von der Melasse) zurück, lassen sie sich im Regelfall feucht auswaschen. Trotzdem muss man bei sehr hellen Textilien mit leichten dunklen Rückständen rechnen.

Eine EM-saubere Küche

Die Küche ist in fast jeder Wohnung der zentrale Ort. Hier werden die Nahrungsmittel verarbeitet und gelagert, hier wird oft gemeinsam gegessen, und hier befinden sich in der Regel auch die unterschiedlichen, sortierten Abfälle. Sie ist also eine ausgezeichnete Brutstätte für alle möglichen Bakterien und andere Kleinsttiere: warm, feucht und voller organischer Materialien – Futter.

Wir sind in dem Bewusstsein aufgewachsen, dass Bakterien – »Keime« – ungesund sind, ja für viele schlimme Krankheiten zuständig sind. Man kann sie aber mit unterschiedlichsten chemischen Mitteln in Schach halten, dazu muss man nur die richtigen Mittel kaufen. Vielleicht war diese Meinung ja zu einem bestimmten Punkt Stand der Wissenschaft und nicht nur geschicktes Marketing der Wasch- und Putzmittelindustrie.

Die weltweite Wirkung dieser bis heute andauernden Kampagne ist jedenfalls grandios. Ein Umdenken fällt schwer, weil die Vorurteile so tief sitzen.

Dass dieser Vernichtungskampf gegen Bakterien aber hoffnungslos ist, zeigen unsere hochtechnisierten Krankenhäuser. Trotz jahrzehntelanger ununterbrochener Reinigungsaktivitäten mit Sagrotan und anderen Desinfektionsmitteln haben sich hochresistente Bakterien entwickelt, die so genannten MRSA, die gegen so gut wie alle Antibiotika resistent sind und eine große Gefahr für geschwächte Patienten bilden. Versuche in japanischen Kliniken haben gezeigt, dass EM auch hier seine überragende Rolle spielen kann.

In Thailand gibt es gegenwärtig ein Projekt unter der Schirmherrschaft der Königin Sirikit, in dem Krankenhaushygiene mit EM gemanagt wird. Da in Thailand EM schon 15 Jahre eingesetzt wird, konnte die Ärzteschaft im Jahre 2001 von diesem Experiment überzeugt werden. Die ersten Ergebnisse sind so vielversprechend, dass auch schon große Hotels angefangen haben, mit EM für die Hygiene zu sorgen.

Auf unsere Küche übertragen bedeutet dies, wir sollten gar nicht erst versuchen, ungesunde Bakterien zu vernichten, sondern möglichst überall regenerative Mikroorganismen ausbringen, die die unerwünschten verdrängen, bzw. die Umgebung so verändern, dass diese sich nicht weiter vermehren können. Sicher ist es schon hilfreich, die Arbeitsplatte gelegentlich mit EM1 oder EMa zu wischen, aber wir sollten uns immer vor Augen halten, dass es keine Fläche gibt, die nicht von Mikroorganismen besiedelt ist. Man muss also auch die Schränke gelegentlich auswischen, den ganzen Raum aus-

> ## Hartnäckigen Schmutz entfernen
>
> Eine EM1- oder EMa-Lösung (mit warmem Wasser) abends aufsprühen, über Nacht einwirken lassen und am nächsten Tag wischen. Bei besonders hartnäckigem Schmutz den Vorgang wiederholen.

sprühen, den Kühlschrank auswischen usw. Gute Erfahrungen werden gemacht, wenn EM in den laufenden Dunstabzug und auch in laufende Klimaanlagen gesprüht wird.

Erfreut, aber auch überrascht wird immer wieder berichtet, dass Glasscheiben, die mit EM gewaschen werden, danach langsamer verschmutzen als sonst.

Wirklich hilfreich ist die Tatsache, dass sich EM in recht kurzer Zeit durch sonst schwer zu lösenden Schmutz frisst. So gibt es eine Menge von begeisterten Berichten darüber, wie der schwer lösliche Schmutz in Backröhren und auf Fliesen hinter oder um den Küchenherd leicht mit EM gelöst werden kann. Die größte Überraschung erleben alle Anwender, wenn sie zum ersten Male die klebrigen Flächen auf den Küchenschränken mit EM reinigen. Die Mikroorganismen fressen sich in erstaunlich kurzer Zeit durch die organischen Materialien, so dass man sie dann erheblich leichter abwischen kann, ohne scheuern zu müssen oder zu teuren chemischen, gesundheitlich nicht immer unbedenklichen Mitteln zu greifen. Obendrein spart man dadurch Wasser.

Überraschung aus der Waschmaschine

Eine EM-Anwenderin aus der Eifel erzählt diese Geschichte: Sie benutzt EM auch in ihrer Waschmaschine. Um die Buntwäsche zu schonen, zieht sie sie auf links. Auf links bügelt sie auch. Eines Montagmorgens im Büro lachten alle Kollegen – ihre schwarze Hose hatte einen total weißen Hintern. Kalkbröckchen hatten sich in der Waschmaschine gelöst und sich dann offenbar beim Bügeln richtig breit gemacht. In der morgendlichen Routine des Bügelns hatte sie dies nicht bemerkt.

EM löst mit der Zeit Kalk und andere Ablagerungen. Dies muss man bedenken und beachten, wenn man EM in Spül- und Waschmaschinen sowie alten Leitungssystemen benutzt.

Gekauftes Obst und Gemüse mit EM behandeln

Fast täglich gibt es neue Erzeuger von Getreide, Obst und Gemüse, inzwischen auch von Fleischprodukten, die EM beim Anbau bzw. bei der Fütterung einsetzen. Glücklich können sich diejenigen schätzen, die solche Erzeuger in der Nähe haben. Meist ist es aber anders, und man ist auf konventionelle oder Bioware angewiesen, selbst wenn man einen Teil seines Obsts und Gemüses selbst anbaut. In diesem Fall kann EM aber auch gute Dienste leisten:

Im Spätsommer hatte ein älteres Ehepaar von einem Marktschreier eine große Kiste Obst billig erworben. Wie zu erwarten, sah die Ware aus der Nähe längst nicht mehr so prächtig aus. Sie fischten sich zwischen den weichen Tomaten und fleckigen Pfirsichen einzelne Trauben heraus, die noch nicht schimmelig waren. Kurze Zeit später bekamen sie Magen- und Darmprobleme, zwar nicht so schlimm, dass sie krank wurden, das Wohlbefinden war aber dahin. Noch am selben Tag sortierten sie die verfaulten Früchte aus und badeten den Rest in einer starken EMa-Lösung. (½ Tasse EMa auf 4 bis 5 Liter Wasser). Dies ließen sie eine gute Stunde bei Zimmertemperatur stehen und dann abtropfen. Vom nächsten Tag an konnten sie die Früchte problemlos essen. – Die Effektiven Mikroorganismen hatten die Fäulnisbakterien offensichtlich vertilgt und als Nebenprodukt Antioxidantien erzeugt, die die Früchte haltbarer machten.

Ebenso macht man es mit Salat oder anderem Gemüse, das man nicht am gleichen Tag, an dem man es gekauft hat, verarbeitet: Gründlich in EMa-Wasser waschen und gegebenenfalls eine Weile darin liegen lassen. Dann kühl lagern, am besten in einer Plastiktüte oder einem Behältnis mit Deckel. Besonders Salat, Blattspinat und anderes Blattgemüse sollte auf diese Weise gewaschen werden, damit die Blätter auch noch Tage später frisch und knackig sind.

Wir werden uns mit dieser Methode behelfen müssen, solange noch nicht genügend Gemüsebauern auf die Gemüsezucht mit Hilfe von EM umgestiegen sind. Denn auch Bioobst und -gemüse hat zu wenig Antioxidantien. Wie oft ärgert man sich über den schlappen Zustand der Bio-Lebensmittel, nimmt es aber hin, da es ja »wenigstens nicht vergiftet« ist. Aber eigentlich möchten wir Lebensmittel, die prächtig aussehen, gut schmecken und lange frisch bleiben. Mit EM ist dies möglich.

Vereinzelt gibt es inzwischen die ersten EM-Produkte in Europa zu kaufen, zum Beispiel EM-Getreide, EM-Kartoffeln, EM-Wein und EM-Fleisch. Adressen von Erzeugern sind über den EM e.V. (siehe Anhang) zu erhalten. Dort werden auch Adressen von »Ferien auf dem EM-Bauernhof«, von Tagungsstätten und Hotels vermittelt, wo intensiv mit EM gearbeitet wird.

Wie gut haben es dagegen Bürger in manchen Regionen Japans: Auf Okinawa gibt es mittlerweile eine Reihe von Läden, die ausschließlich Waren anbieten, die mit EM produziert sind. Von Gemüse über Tee und Reis zu unterschiedlichem Bokashi, Keramik, Töpferwaren, Büchern, Textilien, Jungpflanzen, Käse, Fleisch etc. Sie erinnern an unsere Bioläden – die ja auch ganz unterschiedliche Produkte anbieten. Jedes Jahr werden es mehr. Wann wird wohl der erste EM-Laden in Europa eröffnet?

Baubiologisch belastete Wohnungen und Räume

Das »Sick-House-Syndrom« ist ein Phänomen, das man in den letzten Jahren bei Bewohnern von Neubauten, besonders bei Nutzern von Büros feststellt: Die Betroffenen klagen über allgemeines Unwohlsein. Es gibt zwar keine eindeutige Erklärung dafür, aber empirische Untersuchungen darüber. Das Phänomen taucht auch immer wieder in älteren Wohnungen auf. Es ist schwierig, die Ursachen für die Symptome herauszufinden, oft wird gar nicht erkannt, dass sie im Haus oder in der Wohnung liegen. Schwierig ist es auch deshalb, weil eine Vielzahl von Quellen zu dieser Krankheit beitragen können. Nicht nur bekannte Substanzen wie Formaldehyd, PCB und Phenole, die in Spanplatten, Lösungs- und Putzmitteln, Farben, Klebstoffen, Teppichen usw. gefunden werden, bereiten vielen Bewohnern – und hier besonders Kindern – Probleme. Zunehmend spielt auch Elektrosmog eine wesentliche Rolle.

Der konsequente Einsatz von EM und Produkten der EM-Technologie kann auf viele der verursachenden Quellen einwirken und ihre negativen Auswirkungen lindern oder verhindern. Hier hilft schon das Sprühen von EM, zum Beispiel auf Teppiche und Teppichböden, auf Kleidung und Polster, das Wischen von glatten Flächen und Böden, um Pilze und andere Organismen zu verdrängen. Noch nachhaltiger wirkt das Integrieren von EM-X-Keramikpulver, das in Farben und Lacke eingerührt wird, unter Umständen in Oberflächen eingerieben werden kann und auf Materialien aufgetragen wird. Hier ist Innovationsgeist und Mut zum Ausprobieren gefragt. Die bisherige, zugegeben kurze Erfahrung, die in Europa mit EM gemacht worden ist, zeigt aber, dass täglich mehr Menschen die Wirkungsweisen von EM verstehen und neue Einsatzgebiete finden.

Das erste EM-Hotel in Europa

Die Besitzerin eines wunderschönen alten Hotels mit einem Restaurant im südöstlichen Niedersachsen erhielt vor ca. zwei Jahren von einem Gast eine Flasche EM-X, weil er meinte, sie sähe so müde und erschöpft aus. Ihr ging es tatsächlich bald besser, aber dies wurde ihr erst bewusst, als sich ihr Zustand später, nachdem die Flasche längst leer war, wieder verschlechterte. Sie rief den Gast an, der sie mit Material über EM versorgte. Professor Higas erstes Buch und die verschiedenen Broschüren zur Anwendung überzeugten sie so sehr, dass sie begann, wo immer es ihr logisch erschien, EM in ihrem Haus zu integrieren. Da es sich bei ihr nicht nur um eine begeisterungsfähige, sondern auch erfindungsreiche Frau handelt, lassen sich an dieser Stelle nur eine kleine Auswahl von Beispielen anführen, wo und wie sie EM integriert hat. Bei Erscheinen dieses Buches werden es sicher wieder einige mehr sein.

Beim Putzen verzichtet sie weitestgehend auf scharfe chemische Reinigungsmittel. Teppiche und Polsterbezüge werden ebenfalls mit EM gereinigt und gepflegt. Dadurch herrscht bei ihr stets ein frisches Raumklima statt der vielen so unerträglich gewordenen parfümierten Atmosphäre, der man in den meisten Hotels und Restaurants kaum entgehen kann.

Die EM-X-Keramik hat es ihr besonders angetan, weil sie gerade in einem Hotel und Restaurant so vielseitig einsetzbar ist. Wo immer es möglich war, hat sie in die Wasserleitungen, Boiler, sogar Duschköpfe die Keramik-Röhrchen eingesetzt, um die Wasserqualität zu verbessern und außerdem die Dauerhaftigkeit der Materialien zu verlängern.

Selbstverständlich benutzt sie in ihren Wasch- und Spülmaschinen EM und braucht durchschnittlich nur noch die Hälfte des bisherigen Wasch- bzw. Spülmittels. Die modernen professionellen Maschinen prüfen über einen Sensor die Schmutzaufnahmefähigkeit des Wassers und dosieren dann automatisch das Waschmittel.

Gerne würde sie ihre sämtlichen organischen Abfälle zu Bokashi verarbeiten, aber noch sind die Kenntnisse über EM nicht weit genug verbreitet, um diesen guten Kompost zu verwerten. Wenn aber Bauern in ihrer Gegend erst einmal die Kraft dieses erstklassigen Komposts erkannt haben, wird sie sicherlich keine Probleme haben, den bisherigen Küchen-

»müll« weiterzugeben oder wie japanische Beispiele zeigen, gegen Ware zu tauschen oder sogar zu verkaufen.

Man wird leicht ausgelacht, wenn man verkündet, dass, wie Higa postuliert, Messer nur in EM gelegt werden müssen, um wieder scharf zu werden. In einem Hotelrestaurant ist man aber auf scharfe Messer angewiesen, deshalb kann man sich auf die Seriosität folgender Beobachtung verlassen. Die Besitzerin berichtet nämlich, dass sie ihren ganzen Bestand an professionellen Küchenmessern aus Stahl über Nacht in EMa gelegt hat und sie danach tatsächlich wieder scharf waren, und zwar nicht ein wenig, sondern völlig. Ihr Mann konnte es nicht fassen ...

Sie hat denselben Versuch mit Messern schlechterer Qualität (geliehene Messer) später wiederholt, konnte dort aber keinen Unterschied feststellen. Man kann also auch mit Hilfe von EM kein gutes Material aus schlechtem machen.

Wir wissen, dass EM durch seine Fähigkeit zur Antioxidation nicht nur Oxidation verhindert, sondern sogar rückgängig machen kann. Rostige oder oxidierte Substanzen werden in ihre ursprüngliche molekulare Struktur zurückverwandelt. Nach dem EM-Bad kann Eisen oder Stahl, wie in diesem Fall, demnach eine bessere Qualität haben als vorher. Eine wichtige Rolle spielt für diese Verbesserung die zweite wichtige Kraft, die von EM ausgeht, nämlich die ordnende Schwingung oder magnetische Resonanz, die alles beeinflusst, das ihr ausgesetzt ist (siehe dazu Seite 33ff.). Die Kraft in EM kann jede Materie optimieren, ob es das Wachstum von Pflanzen ist, die ihr biologisches Optimum erreichen, die Lebenskraft oder Lebenslänge eines Menschen oder die Schärfe von Stahl.

Für ein Hotel spielt das Ambiente eine wichtige Rolle. Deshalb hat die Besitzerin gleich zu Anfang alle Blumen innen und außen mit EMa bedacht, zum Teil auch neue Blumenerde mit EM-X-Keramikpulver gemischt sowie im Außenbereich mit Bokashi aus den Küchenabfällen gearbeitet, um die Frische und Blütenpracht zu gewährleisten, die einem solchen Haus gut zu Gesicht steht.

Während die Pumpe im Teich in den Außenanlagen bisher alle ein bis zwei Wochen gereinigt werden musste, hat sie heute durch den Einsatz eines Beutels EM-Keramik anstelle des Filters keine Probleme mehr: Von August bis zum Abschalten im Winter brauchte sie nicht mehr gereinigt zu werden!

In dem Haus befindet sich auch ein Goldfischbassin, wo schon nach kurzer Zeit die Schweißnähte schwarz anliefen, möglicherweise von einem Pilz besetzt wurden. Ohne besonders an dieses Problem zu denken, verteilte die Besitzerin eine Hand voll Keramik-Röhrchen darin, um lediglich das Wasser und die Gesundheit der Fische zu verbessern. Schon nach ein paar Tagen wurde sie von einem Zimmermädchen angesprochen, wie sie denn diese schwarzen Stellen sauber bekommen hätte. Dass die Goldfische nun fröhlicher das Aquarium durchschwimmen als vorher, ist allerdings wissenschaftlich nicht belegt …

Richtig gespart wird in diesem Haus aber an einer anderen Stelle. Der Fettabscheider am Abfluss der Küche muss nun nicht mehr alle 14 Tage für 200 Euro geleert werden – auch nach mehreren Wochen, ja Monaten riecht er nicht schlimmer als ein Mülleimer. Ebenso wurden die Kosten für die notwendigen Generalreinigungen wesentlich gesenkt. Waren früher 10 bis 15 Stunden für die Küche nötig, ist jetzt die zusätzliche Arbeitsbelastung auf unter fünf Stunden gesunken.

Das eigene »EM-Haus«

Die folgende Geschichte ist zwar erfunden, sie könnte sich aber genauso abgespielt haben, weil alle Fakten, die EM betreffen, auf tatsächlichen Erfahrungen beruhen:

Ein junges Paar hatte beschlossen zusammenzuleben. Die beiden wünschten sich eine Wohnung mit Atmosphäre, möglichst ein eigenes Haus im Grünen mit Garten, aber natürlich so günstig, dass sie es sich leisten konnten. Nach längerer frustrierender Suche erhielten sie ein verlockendes Angebot aus der Verwandtschaft.

Eine entfernte, schon über 80 Jahre alte Tante war nach einem Sturz gehbehindert und konnte nicht mehr in ihr Haus zurückkehren. Ihr einziger Sohn hatte in einer anderen Gegend ein eigenes Haus gebaut, hing aber dennoch an dem alten Haus, in dem er aufgewachsen war. Deshalb freute er sich, das Haus dem jungen Paar anbieten zu können – so blieb es zumindest in der Familie. Der Preis war günstig, weil das Haus abgelegen lag und seit über 40 Jahren keine grundlegenden Reparaturen vorgenommen worden waren. Unserem Paar gefiel es aber, denn es hatte Charme wegen der Lage und weil kaum modische Neuerungen an- oder eingebaut worden waren, ja sogar noch einige schöne alte Möbel dort geblieben waren. Das einzige Neue war eine relativ junge Gasheizung, die problemlos funktionierte. Also kauften die beiden das Haus.

An einem warmen Frühlingstag rückten sie mit ihrem Kleinbus voll Material und Werkzeug an, um das Haus auf Vordermann zu bringen. Beide hatten, als sie noch in ihren Stadtwohnungen lebten, von EM erfahren und erste Experimente damit gemacht. Diese waren so erfolgreich, dass sie sich darauf freuten, hier nun EM massiv einzusetzen und seine Wirkkraft überall, wo es nur möglich war, auszunutzen. Vorausschauend hatten sie sich einen Zehn-Liter-Kanister EMa angesetzt, der nun fertig zum Gebrauch war, außerdem hatten sie einige Literflaschen EM1 und Melasse dabei sowie einen großen 20-Kilo-Sack mit EM-X-Keramikpulver.

In ihrem neuen Haus füllten sie also zunächst zwei Ein-Liter-Sprühflaschen mit EMa und Wasser – großzügig im Verhältnis 1 : 5, denn sie hatten bemerkt, dass durch den Winter, in dem das Haus kaum geheizt und noch weniger gelüftet worden war, ein undefinierbarer, schwerer, unangenehmer Geruch im ganzen Haus hing, den sie mit Hilfe von EM vertreiben wollten.

Nachdem gelüftet und ausgeräumt war, sprühten sie das ganze Zimmer aus und wischten Fensterbänke, den Wandschrank und den Holzfußboden lediglich mit heißem Wasser, dem ein Schuss EMa beigegeben worden war. Dann stellten sie den Heizkörper an und machten sich einen ersten Kaffee in der Küche. Als sie dort saßen, wanderte ihr Blick über den Herd, die Spüle, die 50er-Jahre-Anrichte, Kacheln und Wände, und sie begannen, eine Liste der anstehenden Reparaturen und Renovierungen aufzustellen.

Eine Stunde später machten sie einen erneuten Rundgang und legten ihre Arbeitsschritte fest. Dabei schauten sie in das ausgesprühte Zimmer. Der Raum war wie verwandelt. Die Luft roch frisch und sauber, es herrschte eine einladende Atmosphäre. Spontan entschlossen sie sich, die neu gekaufte Fünf-Liter-Rückenspritze mit einer EMa-Lösung zu füllen und das gesamte Haus auszusprühen. Gesagt, getan, sie wechselten sich ab und sprühten großzügig, weil sie keine Angst vor Flecken haben mussten, da sie doch den allergrößten Teil der alten Tapeten ablösen und alles streichen würden.

Im Keller roch es noch muffiger. Es war klar, dass die alte Tante mit dem Lüften nicht mehr nachgekommen war. Die gesamte unverputzte Backsteinmauer hinunter in den Keller war schwarz von Schimmel. Ohne zu wissen, ob es wirklich wirkt, sprühten sie die gesamte Fläche mit ihrer EMa-Lösung ein. Nach einer Woche bemerkten sie einen verbesserten Geruch, und ihnen schien das Schwarz schon heller geworden zu sein. Sie sprühten alles noch einmal ein. Nach einer weiteren Woche begutachteten sie ihr Werk und waren begeistert. Der Schimmel war an einigen Stellen schon fast verschwunden, und die ursprüngliche Struktur der Ziegelwand tauchte wieder auf. Sie warteten noch einige Tage und sprühten ein letztes Mal. Zusammen mit einer regelmäßigen Belüftung tauchte die normale alte Backstein-Kellerwand wieder auf, mit nur wenigen schmutzigen dunkleren Flecken – den ungesunden Schimmel hatten sie vertrieben.

Als sie zum ersten Mal die Waschküche benutzten, die zwischen Küche und Garten lag, weigerte sich das Putzwasser, abzufließen. Die Brühe stand in dem »antiken« Zink-Waschbecken, der Abfluss schien völlig verstopft zu sein. Umsonst versuchten sie ihn mit einem Stück Draht freizustoßen. Sie gaben auf, allerdings gossen sie noch ein Wasserglas voll EMa hinzu in der Hoffnung, dass die Mikroorganismen sich durch das Abflussrohr fraßen. – Zu ihrer großen Freude brauchten sie am darauf folgenden Tag nur die schwarzen Ränder in dem Becken wegzuwischen, der Abfluss war wieder frei!

Als Nächstes gingen sie daran, die Tapeten abzulösen. So ging es los: Zuerst wurden alle Tapeten mit EM-Wasser (¼ Liter EMa auf 10 Liter Wasser) eingeweicht, dann wurden die uralten Tapeten – drei bis fünf Lagen – heruntergezogen. Bald zeigte sich, dass die Tapete an vielen Stellen den »faulen« Putz mitgenommen hatte, es waren also große Flächen neu zu verputzen.

Im Keller hatten sie zwei perfekte Spachtel und eine Maurerkelle gefunden. Wer immer sie zuletzt benutzt hatte, war allerdings ein miserabler Handwerker gewesen, denn alle Werkzeuge waren nicht mehr gereinigt worden, so dass nun eine steinharte Betonschicht darauf klebte. Wir haben ja noch einen anderen Spachtel, meinten sie, aber wir legen die alten Werkzeuge zur Probe einfach in EM ein. Als sie sie dann am nächsten Tag herausholten, konnten sie nicht nur den Beton ablösen, die rostigen Stellen hatten sich auch umgewandelt in dunkle Flecken. Sie nahmen sich vor, ihr Werkzeug immer nach Gebrauch mit EMa einzureiben oder abzuwischen.

Bei den nun zu bearbeitenden Wänden hatten sie den Eindruck, dass der an sich sehr bröselige Untergrund durch das EM-Wasser etwas besser zusammenhielt als ohne und die Arbeit weit weniger staubig war als erwartet.

Tapeten lösen mit EM

Stellen Sie für eine Renovierung immer genügend EMa her, das Sie dann mit Wasser verdünnt verwenden. Dabei kommt auf einen Eimer mit Wasser ein halber Liter EMa. Das EMa-Wasser streichen Sie mit dem Quast (großer Pinsel) satt auf die Tapete. Ist es eine wasserabweisende Tapete, besorgen Sie sich aus dem Baumarkt eine Rolle mit scharfen Spitzen, mit der Sie die Tapete an der Wand durchlöchern. Durch diese Löcher zieht das EM-Wasser in die Leimschicht und löst diese. Nach ca. 30 Minuten ein zweites Mal einstreichen und wieder ca. 30 Minuten einziehen lassen.

Jetzt setzen sie einen Spachtel an, möglichst am Rand, an der Decke oder an der Fußleiste und ziehen Sie die Bahnen in möglichst großen Stücken von der Wand ab. Manchmal reißt die Bahn, und man muss immer wieder ansetzen. Mit viel Glück lösen sich auch mehrere Bahnen auf einmal. Das kommt insbesondere dann vor, wenn man ausreichend lange einweicht.

Wenn Sie EMa als Zusatzstoff zum Lösen von Tapeten nehmen, sind keine Schutzhandschuhe oder sonstiger Arbeitsschutz nötig. Auch die Kleidung, die bei dieser Arbeit nass wird, kommt anschließend einfach in die Waschmaschine, wo sich der Dreck ausgezeichnet löst.

Die roten und braunen Fliesen in Küche, Toilette und Bad entsprachen nun wirklich nicht ihrem Geschmack, und weil sie einen Freund hatten, der sich angeboten hatte, ihnen neue

Fliesen zu verlegen, schlugen sie kurzerhand sämtliche Kacheln herunter. Dabei versprühten sie zwischendurch immer ihr EMa-Wasser, um den Staub zu binden und ihre Atemwege zu schonen.

Es gab einen weiteren Grund, warum sie sich für eine radikale Erneuerung der Fliesen entschieden hatten. Als engagierte EM-Nutzer hatten sie auch Professor Higas erstes Buch gelesen, in dem er über die Möglichkeiten von EM-Keramik spricht. In einem Nebensatz erwähnt er dort, dass EM-X-Keramikpulver in die Glasur von Badezimmerkacheln eingebrannt werden könnte, um so Wasser und Raumklima positiv zu beeinflussen. Dieser Gedanke hatte die beiden begeistert, weil sie es liebten, viel Zeit in der Badewanne zu verbringen.

Es war ihnen zwar klar, dass sie solche EM-Kacheln noch nicht bekommen konnten, sie wollten aber zumindest in die Fugenmasse reichlich EM-X-Keramikpulver mischen, um einen ähnlichen Effekt zu erzielen.

Beim Abreißen der Tapeten geschah einer der beim Renovieren unausweichlichen kleineren Unfälle: Der junge Mann übersah einen übrig gebliebenen rostigen Nagel, der ihm eine schmerzhafte Rissverletzung an der Hand eintrug. Obwohl es anfangs ziemlich brannte, träufelte er kurz entschlossen reines EM1 auf die Wunde und klebte dann zwei dicke Pflaster darüber. Schon am nächsten Tag konnte er die Hand wieder recht gut benutzen.

Als sie damit begonnen hatten, die muffigen Teppichböden herauszureißen, kamen in einigen Räumen PCP-haltige Kunststoffböden zum Vorschein. Auch der Kleber schien bedenklich, der konnte nur durch den Einsatz einer Betonsanierfräse

Ausbessern des Innenputzes

Es gibt verschiedene Möglichkeiten, den Innenputz auszubessern. Wenn nur ein paar Unebenheiten nachgebessert werden müssen, nimmt man Fertigmörtel oder Spachtelmasse aus dem Baumarkt. All diese Produkte müssen mit Wasser angemischt werden, dabei gibt man immer einen Schuss EMa zu. Grundsätzlich reicht eine Zugabe von 0,1 Prozent EMa im Wasser. Es schadet aber nicht, wenn es etwas mehr ist.

Wenn man größere Mengen braucht, sollte man in das Ausbesserungsmaterial zusätzlich etwas EM-X-Keramikpulver geben. Damit erreicht man zweierlei: Die antioxidative Fähigkeit wirkt gegen negative Auswirkungen von Feuchtigkeit, und die günstigen Schwingungen der Keramik verbessern das Raumklima langfristig und nachhaltig. Als Menge reicht ein Teelöffel pro 25 Kilogramm Ausgangsmaterial. Wichtig ist natürlich, dass die Keramik gleichmäßig eingemischt wird. Also zuerst die benötigte Menge mit ca. einem Kilogramm Trockenmasse sorgfältig vermischen (weil diese Menge noch überschaubar ist), dann dies in eine größere Menge mischen.

Die auszubessernden Flächen müssen vor dem Auftragen des neuen Materials feucht gemacht werden, und auch hier ist es sinnvoll, EM-Wasser einzusetzen. Ebenso sollte man EM-Wasser nehmen, wenn man die ausgebesserten Flächen nach der Antrocknungsphase mit einem Filz nass abreibt, um die optimale Glätte und saubere Übergänge herzustellen.

Sind die Wände dann wieder repariert, müssen eventuell Grundierung oder wie früher Makulatur (das ist besser, weil aus natürlichen Grundstoffen) aufgetragen werden. Makulatur ist eigentlich Papiermehl plus natürlichem Kleber. Auch hierbei kommt EM-Wasser und EM-X-Keramikpulver zum Einsatz.

beseitigt werden. Erst dann legten sie die Böden, für die sie sich entschieden hatten: Teppichboden auf den Betonboden, Kork im Bad, Teppiche auf den besseren der alten Holzböden – nachdem diese abgeschliffen worden waren –, Teppichboden in den kleineren Zimmern und einen rustikalen Küchenboden aus Kacheln, der aber noch eine Weile warten musste. Überall kam EM zum Einsatz: In jeden der unterschiedlichen Klebstoffe gaben sie entweder EMa oder EM-Keramikpulver.

Vor den Böden ging es allerdings noch ans Tapezieren. Teilweise hatten sie sich entschlossen, die Farbe direkt auf den neuen Putz aufzutragen, an anderen Stellen klebten sie Raufasertapeten, die dann gestrichen wurden.

Die von der Zeit gezeichnete Holzverkleidung in der »guten Stube«, wie man früher zu sagen pflegte, wurde zweimal mit EMa abgewaschen und anschließend eingewachst. Sie wurde gleichmäßig und schön, sowohl zum Ansehen als auch zum Anfassen. Dasselbe machten sie später mit den Holzverkleidungen im Treppenhaus. Die Handläufe waren aber schon so oft bestrichen worden, dass sie sich entschlossen, diese weiß zu streichen.

Tapeten kleben

Zum Tapezieren wird der Kleister natürlich mit EM-Wasser und EM-X-Keramikpulver angesetzt. Da jetzt an allen Wandflächen gearbeitet wird, ist der EM-Einsatz besonders wichtig, denn es geht um das spätere Wohlbefinden. Pro 25 Quadratmeter Wohnfläche sollte man ca. zwei gehäufte Teelöffel EM-X-Keramikpulver verteilen. Für einen solchen Raum braucht man ca. fünf Liter Kleister, ein handelsübliches Päckchen ergibt ca. zehn Liter Kleister. Das Rezept lautet also folgendermaßen:

Auf ein Päckchen Tapetenkleister vier gehäufte Teelöffel EM-X-Keramikpulver geben, diese Mischung in zehn Liter Flüssigkeit aus Wasser und ein bis zwei Tassen EMa nach Gebrauchsanweisung auflösen und gut einrühren. Während der Quellphase immer wieder den Kleister intensiv durchrühren, damit die Keramik optimal verteilt wird. Damit ist dann sichergestellt, dass die positiven Schwingungen gleichmäßig von allen Wänden ausstrahlen.

Das alte hölzerne Gartenhaus erforderte ebenfalls einige Reparaturen, die jedoch nicht besonders dringend waren. Nur eine schöne Ecke zum Sitzen wollten sich die beiden schaffen, und zwar an der Wetterseite des Häuschens. Diese war durch ein überkragendes Dach etwas geschützt, aber grün von Moos und Algen. Da sie sich angewöhnt hatten, fast überall mit EM zu sprühen, sprühten sie diese Wand auch kräftig mit ihrer Standard-EMa-Lösung ein und siehe da, im Gegensatz zu anderen bemoosten Stellen wurde diese Holzwand allmählich

Streichen

Wandfarbe – Bei Farben für Decken und Wände, ob auf Raufaser, Tapete oder direkt auf Putz, nimmt man möglichst Naturfarben aus den Öko-Baumarkt oder zumindest umweltfreundliche Produkte.

Da die meisten Farben heute sehr dickflüssig sind, ist es mühselig, EMa oder EM-X-Keramikpulver einzumischen. Dazu braucht man entweder eine Bohrmaschine mit einem Rührvorsatz oder viel Zeit und Ausdauer, um mit einem Stock eine gleichmäßige Durchmischung herzustellen. Ebenso sollte man möglichst wenig Flüssigkeit zugeben, da sich sonst die Vorteile der streichfertigen Anmischungen auflösen. Auf 20 Liter Farbe sollte deswegen maximal eine halbe Tasse EMa zugegeben werden. Von dem EM-X-Keramikpulver rührt man drei bis fünf Prozent des Gesamtvolumens ein.

Holz- und Metallfarben – In wasserlösliche Holzlasuren kann EMa gut eingemischt werden, aber auch hier gilt, dass kein zu starker Verdünnungseffekt eintreten soll.

Gute Erfahrungen wurden auch gemacht, indem Hölzer im Innenbereich mit reinem EMa angestrichen und anschließend gewachst wurden.

Farben auf Wasser- wie auf Ölbasis können mit EM-X-Keramikpulver verbessert werden. Man gibt drei bis fünf Prozent des Gesamtvolumens zu. Dadurch wird das Ausgasen der Lösungsmittel verhindert, die Bindefähigkeit verbessert und die Farbkraft bewahrt.

frei und trocken, und ein schönes altes, graues Holz kam zum Vorschein.

Zu ihrer Einzugsparty ein paar Monate später kamen nicht nur die Freunde aus der Stadt, sondern auch Verwandte aus anderen Regionen, ein paar neue Bekannte aus der Gegend und Nachbarn. Alle waren begeistert und sparten nicht mit Lob. »Ja, die alten Häuser«, hörten sie häufiger, »die wurden noch ganz anders gebaut als heute. Ein solch frisches, angenehmes Raumklima – und schon so kurz nach dem Renovieren!« Und die alte Nachbarin, die das Haus seit Jahrzehnten kannte, meinte: »Bisher fühlte man sich hier immer ein wenig gedrückt und energielos – was habt ihr mit dem Haus gemacht?!«

Als sie am nächsten Tag wieder allein waren und alle Eindrücke Revue passieren ließen, versicherten sie sich: »In ein, zwei Jahren bauen wir ein Kinderzimmer an und benutzen für diesen Anbau EM in allen Materialien, vom Fundament bis zum Dach, von Wand zu Wand.«

Der Einsatz von EM am Bau

Professor Higa erzählt Folgendes: »Etwa ein Jahr, nachdem wir mit EM bei der Viehhaltung begonnen hatten, sagte mir ein Bauer, er könne sehr gut begreifen, dass durch EM seine Kühe und Schweine nun viel gesünder seien und er das Futter um 15 Prozent reduzieren konnte. Er könne sich aber gar nicht erklären, dass der Betonboden im Stall, der durch die tierischen Exkremente weich geworden war, nun plötzlich wieder

hart geworden sei. Damals habe ich diese Bemerkung hinge-
nommen, ohne weiter darüber nachzudenken. Heute weiß ich
aber, dass dieser Vorgang an der Fähigkeit von EM zu starker
Antioxidation liegt.«

In dem gleichen Artikel berichtet er über das erste große
Gebäude, bei dessen Errichtung EM eingesetzt wurde. Es handelt sich um eine große, 3000 Menschen fassende Halle auf
dem Gelände des Hauptquartiers der Sekai Kyusei Kyo in Sara Buri in Thailand. Bei der gesamten Betonkonstruktion wurden zwei Prozent EM1 in den Beton gemischt. Das Resultat
war ein erheblich schnelleres Abbinden und Durchtrocknen
des Betons. Die Verschalung der Deckenkonstruktion konnte
laut Higa schon nach vier Tagen abgenommen werden. Die
Zufahrt trocknete so schnell, dass schon einen Tag später
Autos darauf fahren konnten. Selbst wenn man die hohen
Temperaturen in Thailand mit in Betracht zieht, ist dies doch
ein erstaunlicher Erfolg, der sicher auch in Europa ähnlich
möglich wäre. Zum Abschluss wurden alle Wände und Decken mit einer Mischung aus EM1 und Wasser im Verhältnis
1 : 500 besprüht.

Während des Baus der Halle, an dem eine große Menge
Freiwilliger beteiligt waren, schliefen viele von ihnen in dem
noch unfertigen Gebäude. Sie berichteten, dass sie dort ausgezeichnet schliefen und sich morgens gekräftigt und tatendurs-
tig fühlten. Ähnliche Erfahrungen in Räumen, die mit EM behandelt wurden, werden auch schon in Europa gemacht.

Nach dieser Erfahrung werden inzwischen trotz verständ-
licher anfänglicher Widerstände von Fachleuten allmählich
auch Büro- und Wohnhäuser in Japan gebaut, die EM in den

unterschiedlichen Formen verwenden. Neben den Effekten, dass Beton schneller und härter abbindet und die Armierung durch die starke antioxidative Kraft von EM nicht rostet, strahlen solche Gebäude eine sehr angenehme Atmosphäre aus, die auf den menschlichen Organismus wohltuend und gesund wirkt.

Hier in Europa wird es sicherlich noch dauern, bis EM-Produkte tatsächlich im Hoch- und Tiefbau eingesetzt werden. Sobald aber erste amtliche oder private

Beim Bau des zentralen Versammlungsgebäudes der Sekai Kyusei Kyo in Sara Buri, Thailand, wurden verschiedene EM-Materialien verwendet.

Forschungsinstitute die Wirksamkeit überprüft und bestätigt haben, dürfte sich die EM-Technologie auch bei uns auf diese Bereiche ausdehnen und ihre Vorteile dort zeigen.

Überblick über den Einsatz von EM-Produkten am Bau

(siehe auch Seite 53)

Anwendungsgebiet	EM-Typ	Menge	Anwendung	Resultat
Boden- und Wegearbeiten	EM1	1 : 1000 10 l auf 1 ha	Nach Ausschachten sprühen, Unkraut nach Auflaufen einarbeiten	Verbessert die Bodendichte, vermindert Erosion und Staub, lässt Unkraut wachsen
Behandlung des Bodens nach Aushub	EM-Z	1 : 2000 10 l auf 1 ha	Nach Bearbeitung des Unkrauts	Verhindert Unkraut, Bodenkrankheiten, Staub und Erosion, wirkt antioxidativ
Behandlung des Wassers für zementhaltige Produkte	EM-X-Keramikpulver	100 g pro 80–100 l Wasser, 2 Tage stehen lassen	Nur dieses Wasser benutzen	Verkleinert Wassercluster, verhindert Hydratisierung
Beton und Mörtel	EM-Z	0,5 % des Betonvolumens, Wassermenge entsprechend reduzieren	Mindestens 3 Minuten lang vermischen	Verbessert Härte und Dichte, sehr gut zu verarbeiten, vermindert Risse und Korrosion der Armierung
Beton und Mörtel	EM-X-Keramikpulver	1 % des Betonvolumens, Zementmenge entsprechend reduzieren	Mindestens 3 Minuten lang vermischen	Verbessert Härte und Dichte, sehr gut zu verarbeiten, vermindert Risse und Korrosion der Armierung

Anwendungsgebiet	EM-Typ	Menge	Anwendung	Resultat
Tapeten und Furniere	EM-Z	1,5 % des Klebstoffvolumens	In Kleber einrühren	Verbessert das Klebeverhalten, verhindert Gerüche und Schimmel
Teppichboden	EM1	1 : 1000 mit Wasser verdünnt	Teppichoberfläche einsprühen	Neutralisiert und bricht Formaldehyd und VOC auf, macht den Teppich weich und verhindert Insektenbefall
Linoleum und ähnliche Materialien	EM-Z	1 % des Klebervolumens	Vor Gebrauch in Kleber mischen	Neutralisiert Ausgasungen und VOC, verbessert Klebeverhalten, Kleber hält länger
Farben aus Wasser- und Ölbasis	EM-X-Keramikpulver	3–5 % der Farbmenge	Gut in Farbe einrühren	Neutralisiert Ausgasungen und VOC, verbessert Klebeverhalten, erhält Farbkraft.
Innenausbau mit Holz, Holzregale etc.	EM1	1 : 1000 mit Wasser verdünnt	Auf Oberflächen sprühen	Verhindert Schimmel, hält Insekten ab, verbessert Haltbarkeit

EM für die menschliche Gesundheit

Schon in der Entwicklungsphase von EM wurde besonders darauf geachtet, dass die Mischung von Mikroorganismen immer gesundheitlich unbedenklich war. Beim fertigen EM1 stellte man dann fest, dass es nicht nur gut für Pflanzen ist, sondern auch für Tiere. Nun sind Stoffwechselprozesse und andere Körperprozesse bei höher entwickelten Tieren und bei Menschen sehr ähnlich. Es zeigte sich bald, dass die Effektiven Mikroorganismen in vielfältiger Hinsicht eine ausgesprochen günstige Wirkung auf den menschlichen Organismus haben.

Die wohltuende Wirkung von EM

Die erste Flasche EM sah ich im Haus meiner Eltern. Mein Vater berichtete von den unglaublichen Eigenschaften dieser merkwürdigen braunen Flüssigkeit. Um zu beweisen, dass es obendrein völlig unbedenklich für den menschlichen Organismus ist, nahm er – 70-jährig – zum Entsetzen der anwesenden Familienmitglieder einen Schluck pur aus der Flasche mit EM1 und bot sie auch uns an. Ich selbst weigerte mich – anfangs.

Wegen der braunen Farbe, des ungewohnten Geruchs und Geschmacks gibt es eine natürliche Hemmschwelle gegenüber dem Genuss von EM, die wenige Menschen auch auf Dauer nicht leicht überwinden können. Die meisten anderen, die sich mit EM eine Weile beschäftigen, vor allem diejenigen, die es anwenden und täglich damit umgehen, gewinnen allerdings schnell ein ganz anderes Verhältnis dazu. EM wird ihnen erst vertraut, dann sympathisch, und bald empfinden sie den Umgang mit EM als so angenehm, dass es ihnen geradezu fehlt, wenn sie eine Weile ohne es auskommen müssen.

Professor Higa erwähnt in seinen Büchern, Schriften und Vorträgen immer wieder, dass sich Menschen, die bei ihrer Arbeit täglich EM ausgesetzt sind, beispielsweise Angestellte in Gewächshäusern, in denen EM eingesetzt wird, Bauern, Lagerarbeiter etc., gesundheitlich auffallend besser fühlen als vorher. Sie sind leistungsfähiger und gelassener und gehen harmonischer durch den Tag. Woran liegt das?

Man ist geneigt, dies dem besseren Gewissen dieser Menschen zuzuschreiben, die vorher mit Kunstdünger und Pestiziden gearbeitet haben und nun »wissen«, dass sie mit gesunden Materialien umgehen. Zum Teil liegt es sicher auch daran, dass schon das Wissen um eine gesündere Umgebung positive Energien weckt – was an sich schon ein Wert ist. Allerdings bewirkt die günstige magnetische Resonanz, die von EM und den anderen EM-Produkten wie EM-X und EM-X-Keramik ausgeht, tatsächlich einen harmonisierenden Effekt auf alles, was sich in ihrem Wirkungskreis befindet. Wie sich das äußern kann, mögen zwei Beispiele illustrieren.

Eine Hamburger Lehrerin trug ihre Begeisterung für EM in ihre Schulklasse. An einem Wochenende sprühte sie den gesamten Klassenraum gründlich mit EMa aus. Zunächst merkte sie selbst keinen großen Unterschied. Doch bald wurde sie von verschiedenen Kollegen, die sonst nur ungern diese Klasse unterrichteten, gefragt, was denn mit den Kindern los sei, sie seien auf einmal so konzentriert. Jetzt merkte sie selbst auch, dass die Kinder spürbar ausgeglichener und ruhiger waren. Seitdem sprüht sie den Raum jeden Morgen vor dem Unterricht, und Lehrer wie Schüler fühlen sich wohl miteinander.

Eine ähnliche Erfahrung machte ein EM-Berater im Rheinland. Er hatte einen Festsaal für eine Veranstaltung gebucht, und als er den Raum für die Veranstaltung vorbereiten wollte, stellte er fest, dass dort ein unangenehmer Geruch in der Luft lag, außerdem spürte er eine ziemlich negative Atmosphäre. Zusammen mit einer Mitarbeiterin wischte er kurz entschlossen den Fußboden mit verdünntem EMa. Der Hausmeister, der kurz darauf hereinkam, bemerkte die positive Veränderung sofort, und eine Aerobiclehrerin, die in diesem Raum ihre Kurse abhielt, war schlichtweg begeistert. – Kaum dass sie den Raum betreten hatte, fragte sie: »Was ist denn hier passiert?« Zwar konnte sie keinen optischen Unterschied feststellen, aber die Verbesserung des Raumklimas war ganz offensichtlich.

Als Prof. Higa seine Professur auf seiner Heimatinsel Okinawa erhielt, brachte er seine Idee mit, die Kultivierung von Mandarinen sowie die Orchideenzucht auf Okinawa zu etablieren. Einer der ersten Studenten, mit dem er eng zusammenarbeitete, gründete dort nach dem Studium nicht nur die erste kommerzielle Orchideenzucht, er entwickelte auch mit ihm zusammen die Herstellung von EM-X. Daher befinden sich die EM-X-Produktionsstätte und die Orchideenzucht am gleichen Ort.

Wer Okinawa in Sachen EM besucht, wird in der Regel zu einer Besichtigung eingeladen. So hatte auch ich schon zweimal das Vergnügen, durch die Gewächshäuser voll herrlichster Blüten geführt zu werden. Die Luft und Atmosphäre sind so angenehm und einladend, dass jeder Besucher dort gerne länger verweilt.

Zurück in Deutschland ergab es sich, dass ich kurz darauf eine hiesige Orchideenzucht besichtigte. Der Kontrast zwischen beiden Anlagen hätte nicht größer sein können: Hatte ich in Okinawa bedauert, nicht länger in den Gewächshäusern bleiben zu können, konnte ich hier nicht schnell genug herauskommen. Die Luft und die Atmosphäre waren so bedrückend, dass ich nach wenigen Minuten an die frische Luft gehen musste. In diesen Häusern zu arbeiten, muss sehr anstrengend sein, während auf Okinawa der Aufenthalt zwischen den Pflanzen beglückt. Wenn man weiß, wie kostbar Orchideenzüchtungen sind, kann man verstehen, dass alles getan wird, damit kein Parasit in eine solche Züchtung gelangt. Anderseits zeigt der außerordentliche Erfolg der Orchideenzucht auf Okinawa, dass mit Hilfe von EM – EM1, EM-X und EM-X-Keramik – eine solch kostbare und sensible Zucht möglich ist.

EM-X – potenter Radikalenfänger

Wie erklärt sich die großartige Wirkung von EM-X? Mittlerweile ist allgemein bekannt, dass die so genannten freien Radikale für viele Krankheits- und Alterungsprozesse verantwortlich sind. In Tageszeitungen und Gesundheitsmagazinen liest man Meldungen wie zum Beispiel die, dass mit jedem Zug an einer Zigarette etwa 10^{14} freie Radikale vom Körper aufgenommen werden. Was sind freie Radikale, und wie kann sich unser Körper solcher Mengen von »Schädlingen« erwehren?

Freie Radikale sind instabile Moleküle mit ungepaarten Elektronen, die sich aus einer chemischen Verbindung befreit haben und (in aggressiver Weise) einen neuen Partner, also ein anderes Elektron suchen.

Zumeist handelt es sich bei den freien Radikalen um Sauerstoffatome, die mit dem neuen Partner für unseren Körper und auch im sonstigen Naturgeschehen schädliche Oxidationsstoffe bilden. Solche bindungswilligen Partner sind zum Beispiel Schwefel oder Stickstoff, und Schwefel- und Stickstoffoxide sind als zerstörerische Stoffe sowohl in unserer Umwelt als auch im menschlichen Körper bekannt. Bei den Stoffwechselprozessen im menschlichen Körper und den Umwandlungsprozessen zur Energiegewinnung entsteht immer ein gewisser Anteil an freien Radikalen, die verantwortlich sind für Krankheiten, Entzündungen, Alterungsprozesse und Verschleißerscheinungen. Es ist also wichtig, dass sie in chemisch unschädliche Verbindungen überführt werden. Im menschlichen Stoffwechsel gibt es solche Sicherungsmechanismen, hauptsächlich Enzym-Systeme. Auch mit unserer Nahrung nehmen wir solche Stoffe auf, das sind Vitamine (A, C und E), Spurenelemente und Enzyme. Diese »Sicherungsstoffe« werden Antioxidantien genannt, sie verhindern also die Oxidation, das heißt die Verbindung der freien bzw. frei werdenden Sauerstoffatome mit anderen bindungswilligen Molekülen oder Atomen zu schädigenden Stoffen.

Die Antioxidantien sind außerdem in der Lage, andere in

unseren Körper gelangende Stoffe mit schädigenden Wirkungen unwirksam zu machen, zum Beispiel Zerfallsprodukte bei radioaktiver Bestrahlung, chemische Stoffe aus Medikamenten mit Nebenwirkungen, Schadstoffe, die wir mit der Nahrung, aus der Luft und dem Wasser aufnehmen, außerdem eben auch solche Stoffe, die sich bei (krankhaften) Vorgängen in unserem Körper bilden und zu Krankheitsherden werden können.

Bei Untersuchungen mit menschlichem Blut entdeckten amerikanische Wissenschaftler, dass durch die Präsenz von EM-X die Aktivität von natürlichen Killerzellen (NK-Zellen), die Krebszellen bekämpfen, um 20 bis 30 Prozent erhöht wird. Dieses Ergebnis ist ein wichtiger Hinweis für die Erfolge, die mit EM-X bei Krebserkrankungen erzielt werden.

Im Jahr 2001 erschien die deutsche Übersetzung eines japanischen Buches über EM-X (siehe Literaturliste im Anhang). Der Arzt und Klinikleiter Dr. S. Tanaka berichtet darin über seine Erfahrungen, die er mit EM-X in der klinischen Praxis über fünf Jahre hinweg gemacht hat. Gleich zu Anfang konstatiert er, dass EM-X das stärkste Antioxidans ist, das er kennt. Die Bereiche, über die er ausführlich berichtet, sind Fälle von Krebs, Leberkrankheiten, Diabetes, rheumatische Erkrankungen sowie Gehirn- und Nervenkrankheiten.

Dr. Tanaka kommt zu dem Schluss, dass EM-X grundsätzlich parallel zu anderen Medikamenten eingenommen werden kann, da es viele Nebenwirkungen chemischer Mittel abschwächt. Er folgert daraus, dass diese Mittel mit der Unterstützung von EM-X ihre Wirkung häufig erst ganz ausspielen können.

Es ist wichtig festzuhalten, dass EM-X bei allen positiven Erfahrungen, die weltweit gemacht werden, dennoch kein Medikament ist. Wer sich entschließt, EM-X bei einer Krankheit einzunehmen, sollte unbedingt einen Arzt oder Heilpraktiker zu Rate ziehen.

Der Unterschied zwischen EM1 und EM-X

EM1 oder EMa, also die Flüssigkeit mit lebenden Mikroorganismen, passiert zum größten Teil den Magen. Im Darm siedeln sich die Mikroorganismen an und tun sich mit den dort vorhandenen positiven Mikroorganismen zusammen, um pathogene zu verdrängen oder zu vernichten. Zu diesen gehören auch viele Pilzkulturen, die den Körper belasten und hartnäckige Krankheiten auslösen können.

EM-X hingegen beinhaltet keine lebenden Mikroorganismen, sondern die Stoffwechselprodukte der Effektiven Mikroorganismen. Diese sind viel feiner als die Mikroorganismen selbst. Daher wird EM-X vom Magen absorbiert, so dass seine Inhaltsstoffe in kürzester Zeit in die Blutbahn gelangen.

Ein holländischer Heilpraktiker, der EM-X in seine Praxis integriert hat, benutzt die so genannte Dunkelfeldmikroskopie, um den Zustand von menschlichem Blut zu untersuchen. Auf diese Weise erhält er einen exakten Nachweis über die Zusammensetzung des Blutes, insbesondere die weißen und roten Blutkörperchen, das Plasma und die Mikroben und Pilze, die sich darin befinden. Er kann Blutzellen und freie Radikale sichtbar machen und auf Video aufzeichnen. Die Schnelligkeit der Wirkung von EM-X ist oft frappierend: Eine im sechsten Monat Schwangere trank eine kleine Menge EM-X, und schon begann sich das Kind in ihr lebhaft zu bewegen.

»Ich habe 2,5 Milliliter in einem halben Liter Apfelschorle probiert und Sodbrennen bekommen. War das etwa schon zu viel EM?«, fragt ein Erstanwender. Man vergisst leicht, dass EM1 oder EMa zunächst eine ziemlich saure Flüssigkeit ist. Der pH-Wert um 3,5 liegt weit

EM-X in einer handelsüblichen Flasche.

unter dem pH-Wert von Wasser (7–7,5). Wenn man bedenkt, dass Apfelschorle selbst auch schon sauer ist, kann dies einen empfindlichen Magen natürlich reizen. In einem solchen Fall muss man vorsichtig mit EM umgehen und mit ganz geringen Mengen beginnen, evtl. sogar tropfenweise, und nach und nach, etwa im Abstand einer Woche, die Dosierung steigern.

Bei einem sieben Monate alten Säugling, der an Neurodermitis und vielen Nahrungsunverträglichkeiten litt, konnte eine Heilpraktikerin schon mit einem Tropfen EM1 einmal täglich eine deutliche und variationsreichere Verbesserung der Nahrungsverträglichkeit und damit der Hautsituation erreichen. Inzwischen bekommt der Kleine einen Tropfen EM1 vor jeder Mahlzeit (mit Hilfe einer Pipettenflasche). Bleiben die Probleme dennoch bestehen, liegt vermutlich eine andere Störung vor, die durch einen Therapeuten festgestellt werden muss.

Berichte über Erfahrungen mit EM und EM-X

Mückenstiche, Verbrennungen, offene Wunden

Wann immer die Haut durch irgendeinen äußeren Einfluss verletzt wurde, sei es ein Schnitt, ein Riss, ein Stich oder eine Verbrennung, besteht die Gefahr, dass sich dort schnell pathogene Mikroorganismen ansiedeln. Dem lässt sich leicht vorbeugen, wenn man sofort EM1 bzw. EMa in die Wunde sprüht, träufelt oder sonst appliziert. Die Resonanz, die von EM ausgeht, scheint sich günstig auf die Nerven auszuwirken, denn mit EM behandelte Wunden schmerzen weniger stark und nicht so lange, und der Heilungsprozess verläuft schneller.

Ich selbst trat im Sommer versehentlich auf eine Biene, die mich natürlich in den Zeh stach. Sofort machte ich mir ein Fußbad mit EM1. Schon nach einer guten halben Stunde war nur noch eine leichte Rötung erkennbar, es entstand keine Schwellung und ich hatte auch keine Schmerzen.

Hauterkrankungen

Viele EM-Nutzer haben immer EM1 oder EMa in einer kleinen Plastikflasche mit einer Pipette oder einem schmalen Hals in Griffweite. Damit lassen sich viele Anwendungen gut dosieren, und es ist eine Menge, die man in wenigen Tagen aufbrauchen kann. Obendrein sind die Mikroorganismen dunkel und luftdicht verschlossen.

Die wenig gefährlichen, aber höchst unangenehmen **Herpesbläschen** an den Lippen lassen sich mit EM gut behandeln. Sobald man spürt, dass sich eine Blase bildet, betupft man die betroffene Stelle, so oft man daran denkt, mit EM1 oder EMa. Meist verschwinden die beginnenden Bläschen schon nach ein bis zwei Tagen und entwickeln sich nicht zu den mit Flüssigkcit gcfüllten Blasen, die sehr unangenehm und störend sind und deren Abheilen Tage dauert.

Besonders gut tut EM auf der Haut. Wer handwerklich tätig ist und oft **raue, rissige** und **ausgelaugte Hände** hat, wird durch cinfachcs Einrcibcn mit EM1 odcr EMa in kürzester Zeit Besserung erfahren. Wer gelegentlich oder auch regelmäßig im Garten arbeitet, weiß diese Hilfe ebenfalls zu schätzen.

Wegen dieser guten Wirkung schlug Professor Higa schon sehr früh vor, das Chlor in Schwimmbädern durch EM zu ersetzen. Er wies besonders auf die schädliche Wirkung von Chlor auf die Schleimhäute und die Haut hin und betonte die wohltuende und heilende Wirkung von EM. Wegen gesetzlicher Bestimmungen ist dies in unseren Ländern zwar nicht möglich, doch es gibt Beispiele im privaten Bereich, wo die Wasserreinigung völlig ohne Chlor, aber mit EM1 und EM-X-Keramik erfolgreich durchgeführt wurde (siehe Kapitel »Sonderfall Swimming-Pool«, S. 153).

So ist es verständlich, dass viele Menschen entweder auf Anraten ihrer Therapeuten oder aus eigener Entscheidung EM für alle möglichen Hautkrankheiten benutzen. Bevor ich einige Beispiele aufführe, möchte ich eine allgemeine Anwendung empfehlen, die fast jeder leicht und unbedenklich selbst ausprobieren kann: ein Bad mit EM.

Vor allem Menschen, die an **Neurodermitis, Schuppenflechte** oder an **Ekzemen** leiden, empfinden Vollbäder mit EM als äußerst angenehm. Es lindert den Juckreiz, löst Schuppen ab, die Haut wird weich und elastisch und fühlt sich da-

Vollbad mit EM

Für ein Vollbad gibt man ½ bis 1 Liter EM1 ins Wasser. Man kann als billigere Alternative auch EMa verwenden: Davon gibt man mindestens einen Liter in die Wanne und kann die Menge auf bis zu vier Liter pro Vollbad steigern. Da EM-X-Keramik die regenerative und antioxidative Information von EM und EM-X gespeichert hat, kann auch ein Beutel EM-X-Keramik ins Wasser gelegt werden – zusätzlich oder alternativ. Die Information geht in wenigen Minuten ins Wasser über. Der Vorteil: Man braucht kein EMa herzustellen und die Wirkung bleibt ewig erhalten, da sie nicht aus der Keramik herausgewaschen wird.

nach wie eingecremt an. Zusätzlich wird die Einnahme von EM1 empfohlen. Man beginnt mit wenigen Tropfen und steigert die Einnahme bis zu maximal zwei Esslöffeln pro Tag.

Ein 77-jähriger Patient hatte jahrzehntelang Probleme mit einer Operationswunde. Auf Anraten seines Arztes hatte er sich Ende der 70er-Jahre eine tiefe **Warze** unter dem großen Zeh entfernen lassen. In der Folgezeit kam es zu Verwachsungen, Schwellungen, zeitweilig starker Hornhautbildung und immer wieder erneutem Warzenbefall. Seit der Operation war eigentlich kein Tag vergangen, an dem er sich nicht mit dieser Stelle beschäftigen musste. Erfolglos versuchte er mit den unterschiedlichsten Mitteln und Therapien diese Wunde wieder zu heilen. 2002 entschloss er sich, eine mit Melkfett bzw. Vaseline und EM-X-Keramikpulver selbst angerührte Salbe auf die Wunde aufzutragen. Er klebte ein Pflaster darüber und ließ dies 24 Stunden darauf, um es am nächsten Tag zu erneuern. Schon bald begann sich die Stelle zu regenerieren. Die Schmerzen reduzierten sich allmählich, neue Warzen und Hornhautwucherungen blieben aus, Muskelfleisch und Gewebe normalisierte sich. Nach ca. drei Wochen setzte er mit der Therapie für drei Wochen aus, da er in Urlaub fuhr. Dort konnte er problemlos täglich mehrere Stunden wandern. Nach dem Urlaub nahm er die Behandlung wieder auf.

Eine interessante Wirkung hat EM auch auf den Haarwuchs. In einem Gespräch wurde ich von meinem Gegenüber, der sich seit längerem mit EM beschäftigt, einmal gefragt, ob ich EM1 auch trinke. Als ich die Frage bejahte, meinte er: »Dann musst du ja auch häufiger zum Friseur gehen und dir die Nägel öfter schneiden.« Dies war mir bisher nicht aufgefallen, aber inzwischen haben andere mir diese Beobachtung auch berichtet.

Der Verfasser des Buches »EM-X«, Dr. Tanaka, stellte fest, dass von zehn Patienten, die EM-X einnahmen, einer berichtete, dass das Haar wieder dichter wächst und sogar graue Haare verschwinden. Tanakas Studien weisen darauf hin, dass die Revitalisierungskräfte von EM-X auf Haut und Haare wirken. Er vermutet eine Aktivierung des Stoffwechsels als Ursache, möglicherweise werden auch durch die Regulierung des Nervensystems Haut- und Haarwurzelzellen zu neuem Leben erweckt.

EM ist zudem ein gutes Mittel gegen Schweißgeruch, dies gilt für Achsel- wie auch für Fußschweiß. Wie beschrieben, ist EM ein hervorragendes Deodorant im Haus, und manche Menschen benutzen eine 1:1000-Lösung als Körper-Deodorant. Die Mikroorganismen in EM stürzen sich eben auf alles, was stinkt. So kann man auch Schuhschränke und Schuhe regelmäßig mit EM aussprühen.

So genannte Schweißfüße können allerdings organische Ursachen haben, zum Beispiel eine Schwächung der Nierenfunktion. In hartnäckigen Fällen sollte darum ein Arzt oder Heilpraktiker konsultiert werden.

Ein EM-Berater erzählt von einer Bekannten: »Sie hatte so starken **Fußpilz,** dass sich alle Fußnägel ablösten. Ihr Arzt hatte schon aufgehört, Antimykotika zu verschreiben, weil sie der Patientin nicht mehr halfen. Sie sollte nun eine sehr strenge Anti-Pilzdiät einhalten mit der Aussicht, dass sich frühestens in zwei bis drei Jahren eine Verbesserung ihres Leidens ergebe. Zu dieser Zeit erfuhr sie von EM und entschloss sich, dies auch sofort anzuwenden. Sie machte täglich ein Fußbad: In das handwarme Wasser gab sie ein bis zwei Verschlusskappen EM1. Schon nach 14 Tagen spürte sie eine deutliche Erleichterung. Die Nägel stabilisierten sich allmählich, und ihr Arzt spricht von einer unvorhersehbaren Spontanheilung. Seitdem verwendet sie für die gesamte Körperpflege keine Seifen mehr und lässt auch die Deos weg.«

Allergien

Manche Menschen machen eine unglaublich lange Leidenszeit mit unspezifischen Krankheiten durch, die sie über Jahre, wenn nicht Jahrzehnte, von Arzt zu Arzt führen, bis sie schließlich um viele Erfahrungen reicher beim Homöopathen oder Heilpraktiker landen. So ähnlich erging es auch Frau G., die das Glück hatte, eine sehr fähige und offene Heilpraktikerin in ihrer Wohngegend zu finden. Frau G. hatte immer wieder allergische Schübe, die in jüngster Zeit schlimmer geworden waren, vor allem die Gesichtshaut war stark betroffen. Die Heilpraktikerin diagnostizierte verschiedene Allergien gegen Pollen, Gräser und vor allem Metall. Es zeigte sich, dass durch verschiedene Metalle im Mund Störfelder entstanden waren. So wurde zunächst die Zahnprothese erneuert, anschließend musste eine Ausleitung von Quecksilber durchgeführt werden.

Mit homöopathischen Mitteln und Akupunktur schien dies zunächst zu gelingen, aber nach wenigen Wochen wurde Frau G.s Zustand zunehmend schlechter. Vor allem reagierte sie auf immer mehr Nahrungsmittel allergisch, so dass sie bald nichts mehr essen konnte. In ihrem Krankheits-Tagebuch notierte sie: »Nichts geht mehr!«

Die Heilpraktikerin erfuhr zu diesem Zeitpunkt von EM und testete die unterschiedlichen Varianten – EM1, EM-X und EM-X-Keramik – für ihre Patientin aus. Positive Ergebnisse brachte erstaunlicherweise nur Wasser – normales Leitungswasser –, in dem eine Weile EM-X-Keramik-Röhrchen gelegen hatten.

Die Patientin setzte sämtliche Medikamente ab und begann ausschließlich dieses Wasser zu trinken. Die folgenden zwei Wochen waren für sie furchtbar, weil das Gift vor allem über die Haut ausgeschieden wurde. Die Haut begann sich stark zu schuppen, und der Juckreiz war fast unerträglich. Nur das Benetzen der Haut mit dem EM-Wasser oder ein Bad brachte ein wenig Linderung. Die Tränenflüssigkeit war dermaßen mit

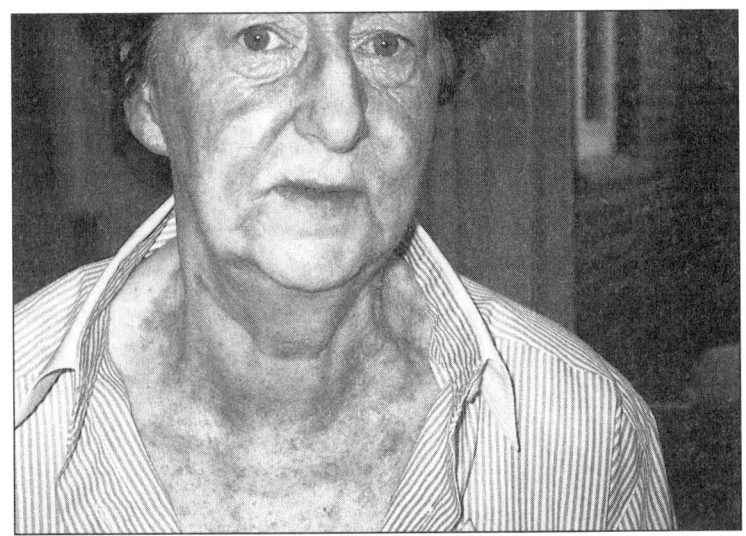

Unerträgliche Reaktionen durch die Ausleitung von Quecksilber. Besserung nach zwei bis drei Monaten EM-Therapie. **Oben:** 5. Juli; **unten:** 30. August.

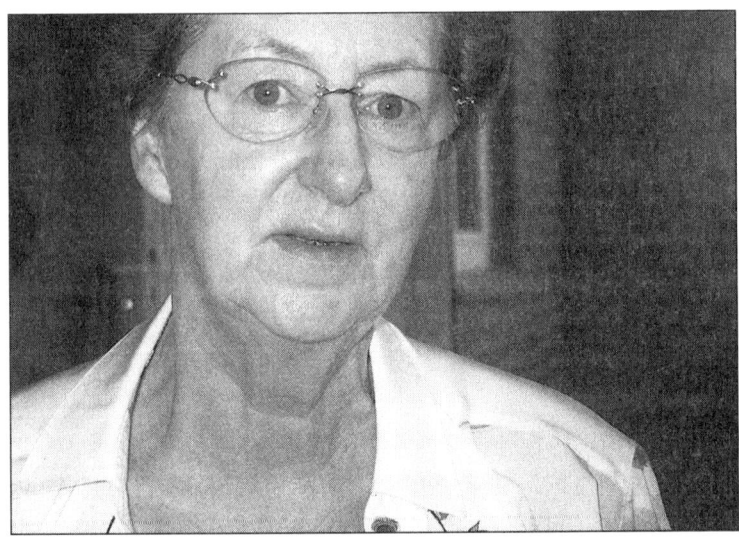

Quecksilber angereichert, dass diese Frau G.s ohnehin empfindliche Haut verätzte. Schlafen konnte sie in dieser Zeit meist nur im Sitzen, weil die Gesichtshaut dermaßen empfindlich war, dass sie absolut keine Berührung ertrug. All dies konnte sie nur ertragen, weil sie spürte, dass »sich endlich etwas bewegte«. Nach zwei Wochen wurde ihre Geduld belohnt. Die Haut begann sich von der Stirn abwärts zu bessern und war nach vier Wochen fast wieder wie vorher, selbst eine alte Warze unter ihrem Auge verschwand.

Danach begann sie mit geringen, täglichen Mengen EM-X ihr Immunsystem zu stärken. Zwar hat Frau G. weiterhin Allergien und muss bestimmte Belastungsfaktoren meiden, aber sie kann ein normales, zufriedenes Leben führen – was sie auch fröhlich tut.

Allergisches Asthma. Außerordentlich erfolgreich war die Wirkung von EM-X bei einem zwölfjährigen Mädchen. Als Baby hatte sie Neurodermitis, war aber durch homöopathische Behandlung und Diät jahrelang beschwerdefrei. Mit sechs Jahren hatte sie kurzzeitig Atembeschwerden beim Umgang mit Pferden, die ebenfalls weggingen. Doch als sie in einem ganz neu errichteten Gebäude ins Gymnasium eingeschult wurde, bekam sie plötzlich dramatische asthmatische Anfälle. Der Facharzt diagnostizierte Asthma und verschrieb Kortisonspray. Die hinzugezogene Heilpraktikerin empfahl stattdessen EM-X, ca. 20 Kubikzentimeter dreimal täglich. Nach drei Tagen war das Mädchen absolut beschwerdefrei. Sie nimmt weiterhin einen Esslöffel EM-X pro Tag.

Wer EM-X ohne ärztliche Anleitung einnimmt, sollte jedoch mit der Dosierung vorsichtig sein. Man beginnt am besten mit kleinen Mengen und tastet sich an die optimale Dosis heran. Eine 68-jährige Frau, die seit 30 Jahren strikte Vegetarierin war und damit Rheuma und Arthritis in Schranken hielt, nahm aus eigenem Entschluss EM-X. Nach etwa drei Tagen kam ihr Körper buchstäblich in Aufruhr: Ihr offenes Bein, das seit acht Jahren verheilt war, ging wieder auf, ihre Gelenke schmerzten stark, sie bekam heftige Kopfschmerzen, und sie hatte häufige, stinkende Stühle. Sie machte eine Woche Pause mit der Einnahme von EM-X und begann dann wieder mit kleineren Mengen, was allmählich zu Wohlbefinden führte.

In seinem jüngsten Buch beschäftigt sich Professor Higa ausführlich mit dem Problem der Dioxinbelastung in der Umwelt und Nahrung, und auf welche Weise EM dieses Gift auflösen kann. Dort gibt er auch eine Reihe von Beispielen, die zeigen, dass sich eine Allergie bei Säuglingen dann nicht manifestiert, wenn die allergische Mutter EM-X trinkt. Das Dioxin verschwindet offensichtlich aus der Muttermilch.

Darmprobleme

Im Darm laufen ähnliche Prozesse ab wie im Erdreich, denn in beiden Fällen wird organisches Material verdaut, also umgewandelt in für die jeweiligen Systeme verfügbare Stoffe, und zwar mit Hilfe von unzähligen Mikroorganismen. Sind degenerative Mikroorganismen dominant, finden Fehlverdauungen statt, und die notwendigen Nährstoffe, Enzyme, Vitamine usw. werden entweder gar nicht oder nur unzulänglich gebildet und aufgenommen: Pflanze wie Mensch kümmern. EM kann in beiden Fällen helfen.

Im menschlichen Darm leben rund hundert verschiedene Arten von Mikroorganismen. Je nach Gesundheit überwiegen die nützlichen oder die schädlichen (symbiotische bzw. dysbiotische), die meisten sind aber neutral und unterstützen die dominante Richtung.

Der erste Artikel, der in einer deutschsprachigen Zeitschrift über den Einsatz von EM im Gesundheitsbereich erschien, beschäftigt sich bezeichnenderweise mit der Bedeutung von Bakterien im Darm, der so genannten Darmsymbiose.

Der Allgemeinmediziner und Heilpraktiker Dr. Herbert Flaskamp konstatiert in dem Artikel »Effektive Mikroorganismen – eine neue Dimension in der Symbioselenkung« (in: »Naturheilpraxis«, Mai/2000), es sei eine Tatsache, »dass die Darmprobleme der Menschen in zunehmendem Maße ausgehen von einer intestinalen, oxidativen Verdauung, und in weiterer Folge nicht nur das Bindegewebe, sondern auch der Intermediärstoffwechsel in erheblichem Maße belastet wird«. Die Zahl der Menschen, die an Pilzbefall, Dysbakterien und fermentativen Störungen leiden, nehme massiv zu, es gebe kaum noch Menschen, die eine gesunde Darmflora aufweisen. Die modernen Ernährungsgewohnheiten, Lebensmittelzusätze und andere Faktoren bewirken ein Ungleichgewicht der Mikrobenstämme im Darm. Gifte entstehen und das Immunsystem sei ständig gefordert oder überfordert, weil es entgiften müsse. Es komme zu einer Dauerschwächung, und Krankheitserreger wie auch freie Radikale können nicht mehr in ausreichendem Maße beseitigt werden. »Die Folge sind chronische Zivilisationskrankheiten, was bestätigt, was bereits die ›Alten‹ sagten – ›Der Tod liegt im Darm‹! (F. X. Mayr).«

Dr. Flaskamp berichtet von verschiedenen Fällen, die er mit EMa behandelt hat. Zwei seiner Patienten hatten chronische Bronchitis, die oft mit Störungen im Darm zusammenhängt. Selbst Kortison brachte kaum Linderung. Nach Beginn der Einnahme von EM besserte sich der Zustand innerhalb weniger Tage so sehr, dass die asthmatischen Zustände ausblieben und die Kortisonbehandlung abgesetzt werden konnte. Nach einiger Zeit waren beide fast beschwerdefrei.

Eine andere Patientin litt unter chronischen Bauchbeschwerden, die nur sehr schwer zu behandeln waren. Durch die Gabe der effektiven Mikroorganismen kam es zu einer »Entblähung« und zu einer deutlichen Umformung des Stuhles. Die Patientin war deutlich vitaler, was wahrscheinlich dadurch mitbedingt war, dass die bisher reichlich eingenommenen Vitamin- und Mineralstoffpräparate nun »ankamen«, das heißt, nicht einfach wieder ausgeschieden wurden.

Effektive Mikroorganismen, so Flaskamp, könnten einen Umbruch im therapeutischen Denken und Handeln bewirken, zumindest sind sie aber eine Hilfe, um bei vielen Problemen in der ärztlichen Praxis weiterzukommen.

Eine überzeugte EM-Nutzerin, die hervorragende Ergebnisse in ihrem Gartenteich erzielt hatte, machte einen Eigenversuch, weil sie, fast solange sie denken kann, Probleme mit dem Stuhlgang hat. Sie begann mit kleinen Mengen EM1 täglich, was nicht zu dem gewünschten Ergebnis führte. Sie steigerte die Dosis langsam, und heute nimmt sie täglich ein drittel Wasserglas voll EM1, das sie mit Fruchtsaft auffüllt (um den Geschmack zu verbessern). Auf diese einfache Weise hat sie ihr altes und leidiges Problem beheben können.

Pilzerkrankungen und Toxoplasmose

Pilzerkrankungen haben in den vergangenen Jahrzehnten stark zugenommen. Haut und Schleimhäute sind von Pilzen besiedelt, und wenn die Immunabwehr geschwächt ist, können sich leicht Krankheiten entwickeln. Am häufigsten sind Pilzinfektionen auf der Haut, im Darm sowie an den Geschlechtsorganen.

Eine Pilzinfektion der Scheide kann beispielsweise durch übertriebene Hygiene entstehen – das Benutzen von Waschlotionen im Intimbereich zerstört den natürlichen Säureschutz. Es ist aber auch bekannt, dass Frauen, die die Pille nehmen, zu Scheidenpilzen neigen. Durch die Hormone reduziert sich die Anzahl der Milchsäurebakterien, welche Krankheitskeime abwehren, so können sich Pilze ungehindert verbreiten. Auf Grund guter Erfahrungen im Bereich von Schleimhauterkrankungen haben Frauen EM auch hier eingesetzt und positive Erfahrungen gemacht. Die Anwendung ist denkbar einfach: Ein mit EM1 getränkter Tampon wird eingeführt. Die Effektiven Mikroorganismen verdrängen die pathogenen Bakterien und schaffen ein positives Milieu. Ein 18-jähriges Mädchen berichtet, dass sie mit dieser Behandlung, die sie sich selbst ausgedacht hatte, schon nach wenigen Tagen die Beschwerden los war.

Toxoplasmose ist eine Infektionskrankheit, die von einem Parasiten ausgelöst wird, dem Einzeller Protozoa Toxoplasma Gondii. Sie kommt häufig bei Tieren (zum Beispiel Katzen) vor und kann auf Menschen übertragen werden. Bei Menschen mit einem gesunden Immunsystem ist die Krankheit relativ harmlos, sehr gefährlich ist jedoch die Infektion ungeborener Kinder. Die Parasiten können während der Schwangerschaft durch die Mutter übertragen werden. Wenn das Kind kurz vor oder während der Geburt infiziert wird, können sofort oder später schwere Entwicklungsstörungen oder Erkrankungen der Augen auftreten, was bis zur Erblindung führen kann.

Ein Arzt in Düsseldorf wurde zu einer Patientin gerufen, als die Spezialisten verschiedener Kliniken keinen Ausweg mehr wussten und das Augenlicht des Mädchens in ernste Gefahr geriet. Er gab dem Kind eine Mischung aus verdünntem EM1 und EM-X in die Augen. Schon nach wenigen Tagen waren alle Anzeichen der Krankheit verschwunden. Selbst zu erwartende Narben auf der Hornhaut konnten nicht entdeckt werden.

Umwelthormone

Als »Umwelthormone« werden Chemikalien synthetischer und natürlicher Herkunft bezeichnet, die entweder wie körpereigene Hormone wirken oder deren Wirkung abschwächen können. Man vermutet, dass durch den Einfluss der Umwelthormone beispielsweise Spermienzahlen beim Mann absinken und Feminisierungserscheinungen auftauchen und dass bestimmte bösartige Erkrankungen wie Brust- und Hodenkrebs hervorgerufen werden können. Bisher wurde dies bei verschiedenen Tierarten nachgewiesen.

Über 60 Prozent der Agrarpestizide gelten als Grundstoffe für aggressive Umwelthormone, und bei den in Medizin und Alltag verwendeten chemischen Substanzen handelt es sich in zunehmenden Maße ebenfalls um Umwelthormone. Die bereits in der Umwelt befindlichen Dioxine, Umwelthormone und Pestizide sind im Hinblick auf ihre Schädigungen der normalen Lebensfunktionen und des Hormonhaushaltes von Lebewesen zu einem großen Problem geworden.

Agrarpestizide wirken nicht nur gezielt auf Schädlinge, sie üben auch auf die damit arbeitenden Menschen, auf Tiere und Böden überaus negative Einflüsse aus. Daher stellt die »moderne« Landwirtschaft als Quelle der Verunreinigung für die Umwelt eine große Belastung dar. Erst nachdem in den 90er-Jahren das ganze Gefahrenpotenzial der Dioxine und Umwelthormone in der Literatur drastisch geschildert wurde, begann das Umdenken.

Zwar gibt es Vorstellungen, mit Hilfe der Gentechnologie Lösungen zu finden, doch ob überhaupt und wann dies der Fall ist, steht nach heutigen Erkenntnissen in den Sternen. Von daher sind wir geradezu gezwungen, schnell einen neuen Weg zur Lösung dieser Probleme einzuschlagen. In einigen Ländern, zum Beispiel Dänemark, ist dies mit dem Verbot von Antibiotika in der Tierhaltung bereits geschehen.

Hier kann EM einen bedeutenden Beitrag leisten. Wir wissen, dass EM toxische chemische Substanzen aufbrechen und unschädlich machen kann. So berichtet Professor Higa, dass ein Feld, auf dem 20 Jahre lang Pestizide verwendet worden sind, nach drei Jahren EM-Einsatz keine Spuren von Dioxinen und Umwelthormonen mehr aufweist. Welche segensreiche Auswirkungen eine umfassende Verbreitung und Anwendung von EM hätte, kann man sich leicht vorstellen.

In EM-X sind neben vielfältigen Antioxidantien auch Mineralien enthalten, die über magnetische Resonanzwellen verfügen. Sie sind als resonante Katalysatoren aktiv und können die Radikalreaktionen der im Fettgewebe des Körpers gebundenen schädlichen Schwermetalle, Dioxine, Umwelthormone und anderer chemischer Substanzen aufhalten und diese aus dem Fett lösen, so dass sie anschließend aus dem Körper ausgeschieden werden können.

Außerdem normalisiert EM die Fortpflanzungsfähigkeit höherer Lebewesen – zu denen auch der Mensch gehört. Es ist also nicht abwegig anzunehmen, dass Männer, die sich für zeugungsunfähig halten, mit Hilfe von EM-X wieder in die Lage kommen, gesunde Kinder zu zeugen.

Nervensystem

Ein älterer Herr in einer Familie, die sich schon eine Weile mit EM beschäftigte, war an **Alzheimer** erkrankt und litt schon einige Jahre unter den bekannten Symptomen. Seine Familie, die das Buch von Dr. Tanaka studiert hatte, besorgte EM-X für ihn, das er täglich einnahm. Gleichzeitig mit der Einnahme hörte er mit allen anderen Medikamenten auf, die er verschrieben bekommen hatte. Nach etwa einer Woche passierte etwas, womit er seine Angehörigen in höchstes Erstaunen versetzte: Er erinnerte seine Frau an den Termin für eine Lieferung, den sie vergessen hatte. – Hierzu sei bemerkt, dass man keinesfalls ohne Rücksprache mit dem Arzt verordnete Medikamente absetzen sollte. Die zusätzliche Einnahme von EM-X kann schon Veränderungen bewirken, und man sollte Schritt für Schritt vorgehen.

Ein 70-jähriger Rentner, der wegen **Parkinson** seinen Beruf hatte aufgeben müssen, litt seit gut zwölf Jahren an der

Krankheit. Die Beschwerden nahmen langsam, aber anscheinend unaufhaltsam zu. In den letzten Jahren konnte er ohne die Hilfe seiner Frau nichts tun. Besonders anstrengend war, dass er nachts ohne Hilfe nicht auf die Toilette gehen konnte. Seine Tochter schenkte ihm zwei Flaschen EM-X, wovon er täglich und regelmäßig seine 30 Milliliter trank – seine anderen Medikamente aber weiter einnahm. Nach wenigen Wochen begann sich sein Zustand zu verbessern, er wurde beweglicher und wacher. Eines Tages berichtete seine Frau hocherfreut, dass er nachts allein aufstand, ohne sie zu wecken – ein Qualitätssprung in ihrem Leben. An positive Veränderungen gewöhnt man sich schnell. So vergaßen sie, nachdem die beiden Flaschen aufgebraucht waren, weshalb es ihm besser gegangen war. Erst als die Tochter erfuhr, dass es ihrem Vater wieder schlechter ging, und sie nachfragte, wurde ihnen bewusst, dass er schon eine ganze Weile kein EM-X mehr nahm. Mit der erneuten Einnahme von EM-X verbesserte sich sein Zustand wieder und hat sich bis heute auf einem zufriedenstellenden Niveau stabilisiert. Bei der nächsten ärztlichen Medikamenteneinstellung konnte die Dosierung sogar reduziert werden. Während er vorher abends schon um 8 Uhr zu Bett ging, bleibt er jetzt auch mal bis Mitternacht auf, um eine Sportsendung anzuschauen – und trinkt sein Fläschchen Bier dazu.

Auch seiner Frau, die lange unter Diabetes litt, geht es besser, denn seit sie selbst ebenfalls EM-X trinkt, haben sich ihre Zuckerwerte erheblich verbessert.

Dr. Tanaka berichtete in einem Vortrag im November 2000 in Japan von mehreren Parkinson-Patienten in seiner Klinik, die er mit EM-X behandelt hatte. Nach einem, zwei oder auch mehr Jahren waren Erfolge festzustellen, die mit der bei uns gängigen Medikation undenkbar wären. Natürlich sollte man solche Experimente nicht ohne ärztliche Begleitung machen, aber Dr. Tanakas Ergebnisse zeigen, wozu EM-X fähig ist. Er weist darauf hin, dass das Gehirn das Organ mit dem höchsten Sauerstoffverbrauch ist. Diese große Menge Sauerstoff erleichtert die Entstehung von aktiviertem Sauerstoff, und dadurch könne das Gehirn mehr als andere Organe geschädigt werden. Dennoch ist es seiner Meinung nach durchaus möglich, Parkinson und andere Krankheiten, die ihren Ausgangspunkt im Gehirn haben, mit EM-X durchschlagend günstig zu beeinflussen.

Krebs

Frau F. musste sich vor einigen Jahren an der Schilddrüse einer Krebsoperation unterziehen. Nach einiger Zeit entwickelten sich Metastasen in den Knochen und im Kopf, so dass sie nur noch sehr schlecht, das heißt fast gar nichts mehr sehen konnte, ständig schlimme Kopfschmerzen hatte und sehr depressiv wurde. Sie begann, EM-X einzunehmen, und fühlte sich schon nach zwei Tagen besser und hatte keine Kopfschmerzen mehr. Ihr Blutbild hatte sich jedoch auch nach einigen Wochen noch nicht verändert, und sie hörte mit der Einnahme auf, weil ihr Arzt nicht an die Wirkung von EM-X glauben wollte. Sofort ging es ihr wieder schlechter, und die Kopfschmerzen machten ihr in alter Weise zu schaffen. Seitdem nimmt sie EM-X regelmäßig, ihre Sehkraft hat sich, unterstützt durch homöopathische Medikamente, entschieden verbessert und sie fühlt sich in guter Verfassung.

Eine 35-jährige Frau mit zwei Krebsgeschwüren in der Gebärmutter, die nicht operierbar waren, weil sie zu nahe am Dickdarm lagen, fühlte sich nach radioaktiver Bestrahlung und Chemotherapie sehr elend. Ihre Haut war durch die Bestrahlung sehr mitgenommen und schmerzte, ihre Blutwerte waren sehr unbefriedigend. Da sie sich auf Dauer EM-X nicht leisten konnte, nahm sie EM-X-Keramikpulver in Wasser ein, täglich ¼ Teelöffel voll. Außerdem trug sie das Pulver, in eine neutrale Lotion gemischt, auf ihre geschädigte Haut auf. Nach ungefähr einem Jahr hat sich ihre Haut sehr verbessert und schmerzt nicht mehr, und eine krebsige Hautstelle ist verschwunden. Die Chemotherapie wurde im Einvernehmen mit den Ärzten nicht weitergeführt.

Eine sehr schmerzhafte Hautkrebsstelle auf dem Kopf, die sich immer blutig verkrustete und die vom Arzt alle paar Wochen gesäubert werden musste, ging ein 75-jähriger Patient mit EM-X an. Nach Verbrauch von drei Flaschen war die kranke Stelle total verschwunden. Er hatte zusätzlich zur oralen Einnahme – dreimal täglich 20 Zentiliter – die Kopfhaut mit EM-X besprüht.

Dr. Higa schreibt: »Das Fazit all dieser Berichte lautet, im Alter so viel EM-X wie möglich zu trinken. Das ist mir auch von vielen Ärzten mit reichlich Praxis bei der Untersuchung von vielen Kranken bestätigt worden. Hoher Blutdruck, Herz- und Lebererkrankungen, Diabetes etc. sind von den Lebensumständen geförderte Krankheiten, bei denen EM-X ebenso erfolgreich angewendet werden kann wie bei Krebs, Aids, Kollagenkrankheiten und Infektionen.«

Mund und Zähne

Durch die Luft und über die Nahrung nehmen wir unablässig Mikroorganismen auf, die sich zuallererst im Mund- und Rachenraum ansiedeln. Dort finden sie genügend Nahrung vor, die sie zersetzen und in andere Substanzen umbauen. Je nachdem, welche Mikroorganismen vorherrschen, sind Zähne und Zahnfleisch gesund oder nicht.

Ist das Immunsystem geschwächt, können degenerative Mikroorganismen die Oberhand gewinnen und, wie in anderen Bereichen auch, die vorhandenen organischen Materialien (hier Speisereste im Mundraum, besonders zwischen den Zähnen) faulen lassen. Die Resultate sind bekannt und unangenehm.

Wie in allen anderen Lebensbereichen des Menschen gilt auch hier: Es ist notwendig, dass die positiv wirkenden Mikroorganismen sich ausbreiten und die anderen, entgegengesetzt wirkenden, verdrängen. Ist die generelle Richtung der Mikroorganismen im Mundraum regenerativ und aufbauend, dann produzieren die Mikroorganismen Antioxidantien, die einen gesundheitsfördernden Effekt auf Zahnfleisch und Zähne haben. Darüber hinaus gelangen ständig Antioxidantien in die Speiseröhre und den Magen, wo sie ihre wohltuende, reinigende und regenerierende Wirkung fortsetzen können.

Für gesundes Zahnfleisch und stabile Zähne ist eine gesunde Mundflora wichtig. Diese kann man durch die richtige Pflege erlangen und erhalten, wobei EM sehr hilfreich ist. Nach wie vor ist die Prävention am wichtigsten.

Es gibt verschiedene Methoden, EM bei der Zahnpflege einzusetzen. Manche verwenden EM sehr konsequent und verzichten auch auf Zahnpasta: Sie träufeln EM1 oder EMa auf die trockene Zahnbürste und putzen so ihre Zähne. Andere bevorzugen eine Mischform und benutzen zum Beispiel morgens Zahncreme wegen des frischen Geschmacks, abends vorm Zubettgehen nur EM, damit die Mikroorganismen über Nacht ihre Arbeit tun können. Wieder andere mögen auf ihre Zahnpasta gar nicht verzichten und gurgeln nur anschließend mit Wasser, in das einige Tropfen bis zu einem Teelöffel voll EM1 oder EMa gegeben wurden. Man kann dann das Gurgelwasser herunterschlucken, dann hat man seine tägliche Ration EM für einen gesunden Darm schon intus.

EM ist auch sehr hilfreich bei kleineren Verletzungen im Mund. Dies können Schnittwunden oder Verbrennungen sein, oder man hat sich auf die Zunge oder innen auf die Backe gebissen. Auch bei Aphten, das sind Virusinfektionen der Mundschleimhaut, hat sich EM bewährt. Mehrmaliges tägliches Gurgeln, Spülen oder Einsprühen mit EM hilft meist schon in kurzer Zeit. Weil manche Menschen sich nicht zur Einnahme von EM1 oder EMa überwinden können, gibt es für diese Fälle die zwar etwas teurere, aber dennoch sehr wirkungsvolle Alternative, EM-X zu benutzen, das heißt entweder den Mund mit EM-X zu spülen (und dann das kostbare Getränk zu schlucken) oder rationeller ein handliches Sprühfläschchen zu nehmen.

Ein amerikanischer Zahnarzt arbeitet seit einigen Jahren intensiv mit EM. Im Herbst 2000 berichtete er von einem Fall aus seiner Praxis, den ich kurz zusammenfassen möchte:

Ein Patient mit einem stark kariösen Zahn kam zu ihm in die Behandlung und bestand darauf, dass der Zahn unter allen

Umständen erhalten werden sollte. Der Karies war aber so weit fortgeschritten, dass der Zahn im Grunde nicht mehr zu retten war. Dennoch stimmte Dr. Swidler einem Versuch zu, den Zahn zu erhalten. Er entfernte alles lose Material und legte damit den Nerv frei. Direkt auf den Nerv legte er eine Schicht Zement, dem er EM-X-Keramikpulver beigemischt hatte, darüber kam eine weitere temporäre Lage Zement.

Er schickte den Patienten mit einem starken Schmerzmittel nach Hause, das er nehmen sollte, wenn die Betäubung nachgelassen habe. Außerdem gab er ihm die Adresse einer Zahnklinik, wo der Zahn gezogen werden müsste, falls die Schmerzen zu stark werden sollten. Auf alle Fälle sollte der Patient ihn aber am nächsten Morgen anrufen. Nachdem er bis zum nächsten Nachmittag keinen Anruf bekommen hatte, rief er selbst bei dem Patienten zu Hause an. Zu seiner Überraschung und Freude berichtete der Patient, dass er keine Schmerzen hatte und deshalb nichts unternommen und ihn auch nicht angerufen hatte. Auch in der Folgezeit gab es keine Probleme.

Vier Monate später entfernte Dr. Swidler die temporäre Lage Zement, die inzwischen spröde geworden war und erneuert werden musste. Dabei konnte er beobachten, dass sich darunter weder loses Zellgewebe befand, noch dass der Nerv tot war. Das Gewebe darunter hatte eine blumenkohlartige, feste Struktur, die Nerven- und Blutbahnen waren intakt.

Selbst wenn nur 25 Prozent aller so behandelten Fälle erfolgreich wären, wäre dies ein absolutes Novum, so Dr. Swidler. Seine Erfolgsquote liege aber bei 80 Prozent. Sogar Entzündungen bis zum Zahnbein konnte er auf diese Weise erfolgreich behandeln.

Selbst im gegenwärtigen Verständnis der Zahn- sowie der Allgemeinmedizin ist diese Behandlungsmethode sinnvoll. Auf dem Gebiet der Heilung von Nervengewebe eröffnet die EM-Technologie ganz neue Möglichkeiten.

So könnte EM-Keramik permanent in den Mund implantiert werden, es könnte in Porzellankronen und anderem Zahnersatz verwandt werden, man könnte Metall im Mund mit EM-Keramik überziehen. Angesichts der vielfältigen Möglichkeiten, die in der Anwendung von EM in der (Zahn-)Medizin vorstellbar sind, kann man EM nur als ein enormes Geschenk ansehen.

Wird bei Zahnersatz und Füllungen anstelle von Metall EM-Keramik eingesetzt bzw. das eingesetzte Metall mit EM-Keramik überzogen, so werden auch Interaktionen der verschiedenen Metalle im Mund ausgeschlossen: Die sonst auftretenden Spannungsgefälle zwischen den einzelnen Metallen im feuchten Speichelmilieu bewirken eine Beeinträchtigung der Vitalität und des Immunsystems, verursachen oft Metallgeschmack im Mund und Empfindlichkeit der Zähne, ganz abgesehen von der Verschlechterung des Bakterienmilieus in der Mundhöhle. Einerseits muss das allgemeine Immunsystem gestärkt, andererseits besonderer Wert auf die Zahnvorsorge gelegt werden, damit erst gar keine Löcher in den Zähnen entstehen. Bei beidem kann EM eine große Hilfe sein.

Der pH-Wert im Mund darf nicht unter 7,4 liegen, da sich sonst schädliche Bakterien ansiedeln und verbreiten können, die Karies und andere Probleme verursachen. EM sorgt nicht nur dafür, dass der pH-Wert optimal ist, es verhindert außerdem die Ausbreitung von vorhandenen pathogenen Bakterien.

Tägliche Zahnpflege mit EM

Ein Zahnarzt rät: Apfelsaft mit EM versetzen und als Mundwasser benutzen. Er versichert, dass es nicht nur Zähne und Zahnfleisch gesund und den Mund den ganzen Tag sauber hält, sondern dass sich auch lose Zähne wieder festigen.

Darüber hinaus stellt EM die nötigen Enzyme zur Verwertung von Speiseresten zur Verfügung. Dies ist ein wichtiger Aspekt, denn wir wissen, dass den modernen Lebensmitteln häufig die nötigen Verdauungsenzyme fehlen. Als willkommene Zugabe eliminiert EM zuverlässig Mundgeruch. Viele Anwender berichten, dass sie bei täglichem Spülen mit EM1 oder EMa schon nach kurzer Zeit keinen Zahnbelag mehr haben, die Zähne sich glatter anfühlen und sie immer ein frisches Gefühl im Mund haben.

EM-X-Keramikpulver für das Allgemeinbefinden

Während es über die Wirkung von EM und EM-X mittlerweile wissenschaftliche Untersuchungen und Berichte aus unterschiedlichen Kliniken in verschiedenen Ländern gibt, ist die Entdeckung, dass auch EM-X-Keramik sowie das daraus gemahlene EM-X-Keramikpulver bei verschiedenen Krankheiten, zur Erhaltung der Gesundheit und zur Prävention hilfreich sein kann, relativ neu.

Ein Landwirt in Schleswig-Holstein, der außerordentlich gute Erfolge mit dem Einsatz von EMa auf seinen Feldern hat, erzählte eines Abends einem alten Freund davon. Der ließ sich so weit anstecken, dass er den Landwirt beauftragte, ihm eine Kollektion verschiedener »EM-Sachen« im Wert von 75 Euro zu schicken. In diesem Päckchen war unter anderem eine Tüte EM-X-Keramikpulver. Die Anweisungen, wofür die einzelnen Produkte nun zu verwenden sind, brachte er durcheinander, und er nahm täglich etwas EM-X-Keramikpulver ein, das eigentlich für seine Topf- und Balkonpflanzen vorgesehen war. Nach etwa zwei Wochen erhielt der Freund, der ihm das EM-Paket geschickt hatte, ein Fax mit der Nachricht: »Seitdem ich das Pulver einnehme, fühle ich mich wie ein Einmann-Schlachtschiff! Ich habe alle meine (homöopathischen) Mittel abgesetzt. – Und meine alte Mutter, die es ebenfalls nimmt, ist wieder flink wie ein Wiesel!«

Der Landwirt erinnerte sich jetzt, dass seine eigene Mutter vor kurzem auch begonnen hatte, das Pulver einzunehmen und seitdem wieder regelmäßig mit am Tisch saß – ihre Appetitlosigkeit war verschwunden. Eine Reise zu ihrem anderen Sohn hatte sie sich zwar sehnsüchtig gewünscht, wegen ihrer schwachen Konstitution aber nicht mehr in Erwägung gezogen. Drei Monate später machte sie diese Reise problemlos und sehr freudig. Die alte Dame hat ein großes Stück Lebensqualität zurückgewonnen.

Da ist es kein Wunder, dass dieser Landwirt und seine Familie nun schon seit etwa einem Jahr regelmäßig eine tägliche Messerspitze von dem EM-X-Keramikpulver in Saft eingerührt – trinken und sich gesund und voll Energie fühlen.

Eine ältere Dame, die wegen ihrer allergischen Empfindlichkeit begonnen hatte, Nahrungsmittel und Materialien, denen sie ausgesetzt ist, für sich auszupendeln, fand einen überraschenden Anwendungsbereich für EM-X-Keramikpulver.

Da sie allein lebt, aber aktiv und kommunikativ ist, macht sie gern Besuche und geht gerne aus. Vor allem in Restaurants hat sie sich angewöhnt, Nahrungsmittel auszupendeln, um allergische Reaktionen zu verhindern. Dies kann aber dazu führen, dass sie – vor allem wenn raffiniert gekocht wird – kaum etwas mitessen kann. Leider musste sie so immer wieder auf besondere Leckerbissen verzichten, bis sie auf einen Trick kam: Sie hatte bemerkt, dass Nahrungsmittel, die sie als ungünstig für sich ausgependelt hatte, unbedenklich wurden, wenn sie eine feine Lage EM-X-Keramikpulver darüber streute. Nun hat sie immer, wenn sie nicht zu Hause isst, einen Salzstreuer mit EM-X-Keramikpulver bei sich, mit dem sie ihr Essen gegebenenfalls »veredelt«. So hat sie ihre Lebensqualität auf pfiffige Art und Weise verbessert.

Umweltschutz mit EM

Die Quelle der Verschmutzung wird
zum Ausgangspunkt der Reinigung

Der Kampf gegen allgegenwärtige Umweltverschmutzung
und die Wiederherstellung einer gesunden Natur im weitesten Sinne ist und bleibt eines der zentralen und drängenden
Themen unserer Zeit. Nicht nur die bekannten chemischen
Emissionen verseuchen unsere Böden, Luft und Wasser, es
gibt auch eine »Verschmutzung durch Mikroorganismen«:
Wirtschaftswachstum, Bevölkerungszuwachs, die damit ver-
bundenen Probleme der Hygiene und die nachfolgenden Des-
infektionsmaßnahmen vermehren die Zahl der Mikroorganismen, die in einer oxidierten Umwelt florieren. Diese schädlichen Mikroorganismen sind an der Entstehung von Krankheiten beteiligt, bewirken, dass Pflanzen und Tiere von
Schädlingen befallen werden und dass die allgemeine Umweltverschmutzung voranschreitet, dass Eisen rostet, Kunststoffe ermüden, Gebäude vorzeitig altern. Zusammen mit anderen Substanzen verstärken sie den Vergiftungsgrad der Umwelt und erhöhen die Gefährlichkeit der chemischen Substanzen und der Schwermetalle im Boden. Mit dem Einsatz von
EM kann dies verhindert und die zunehmende Verbreitung
dieser degenerativen Mikroorganismen zurückgedrängt werden. Deshalb ist es notwendig, die Verbreitung von EM auf
breiter Basis zu ermöglichen und zu unterstützen. Wenn EM

seine Kräfte voll entfaltet, kann die zunehmende Verschmutzung gestoppt und der Prozess sogar umgekehrt werden. Am Ende steht eine saubere Umwelt.

Jeder ausgebrachte Liter EM ist praktizierter Umweltschutz

Aber was kann ich als Einzelner schon tun im Angesicht der gigantischen globalen Verschmutzung?

Zweifellos besteht bei uns in Deutschland ein großes Bedürfnis, einen Beitrag dazu zu leisten, denn nirgendwo wird so eifrig Müll gesammelt und getrennt wie hier. Das Motiv ist nur in zweiter Linie der Geldbeutel, die Menschen möchten in ihrer unmittelbaren Umgebung etwas Wirksames tun. In der EM-Technologie gibt es eine Menge Beispiele, wo auf einfachste Weise ökologischer, ökonomischer, gesundheitlicher und umweltpolitischer Nutzen zusammenkommt. Das erwähnte Recyceln des eigenen organischen Küchenabfalls ist ein solches Beispiel. Selbst wenn jemand dies täte und das selbst hergestellte EM-Bokashi nur in die Biotonne geben würde, hätte sie oder er immer noch regelmäßig die Flüssigkeit aus dem Bokashi-Eimer, der in die Abflüsse des Hauses gegossen als EM-Starter wirkt und von dort einen langen Weg der Reinigung geht.

Wasserreinigung

Auf dem gleichen Weg, auf dem unsere Gewässer, die Seen, Flüsse und Ozeane verschmutzt worden sind, können sie wieder gereinigt werden; es sind dieselben Stufen, über die eine Reinigung und Wiedergesundung gehen kann: Im individuellen Haushalt wird EM überall eingesetzt, im Badewasser, in der Wasch- und Spülmaschine, in den Toiletten usw. Über alle Abflüsse gelangen reichlich Effektive Mikroorganismen in die relativ warmen Abwasserkanäle, wo sie sich von den vielen dort vorhandenen Nährstoffen ernähren und vermehren. Sie treffen sich in den Sammelkanälen mit weiterem EM aus anderen Haushalten, fließen geklärt oder ungeklärt in Bäche und Flüsse, wo sie weiter wirken, und gelangen schließlich ins Meer. Stellt man sich diese Bewegung als kontinuierlichen Prozess vor, der sich auch noch täglich weltweit steigert, dann ist es nur eine Frage der Zeit, bis unsere Meere wieder sauber und gesund sind – schneller als sie verschmutzt wurden.

Ein solches Szenario erscheint zu einfach und ist fast utopisch. Wir sprechen schließlich von der Notwendigkeit einer weltweiten Entwicklung. Dennoch hat dieser Gedanke eine große Attraktivität. Denn jeder Liter EM, der in die Natur gegeben wird, kann seinen kleinen Beitrag zur Wiedergesundung der gesamten Umwelt leisten.

Mittlerweile gibt es ganz erstaunliche Wasserreinigungsprojekte, wo es nicht um Bäche oder Gartenteiche geht, sondern um große, zum Teil schlimm verschmutzte Flüsse, um Meeresbuchten, ja sogar um ganze Binnenmeere. Allerdings handelt es sich hier um Projekte in Japan, (noch) nicht in Europa. Es ist nur eine Frage der Zeit, bis auch bei uns in Mitteleuropa solche Projekte begonnen werden. Die Probleme sind hier ebenso gravierend, auch wenn sie in den meisten Fällen noch unter Kontrolle gehalten werden können. Von einer grundlegenden Verbesserung kann aber nicht gesprochen werden. Ganz im Gegenteil – die Bedeutung von gesundem

Wasser dringt immer stärker ins Bewusstsein, da diese Probleme weltweit an Brisanz gewinnen.

Ein Beispiel aus Japan mag zeigen, wie es gemacht werden kann, und Anregung für uns sein, ähnliche Projekte in der Zukunft auch hier in Europa zu realisieren.

Es war ein Zufall, der ein großes Wasserreinigungsprojekt mit EM in Gang brachte: Die Abwässer eines landwirtschaftlichen Betriebes, der schon länger mit EM arbeitete, flossen ins nahegelegene Meer, in die große Mikawa-Bucht, in der Provinz Aichi. Als dort vor einigen Jahren die Fischgründe durch eine Blutalgeninvasion schwer geschädigt wurden, stellte man fest, dass der Schaden in dem Bereich, in den die EM-haltigen Abflüsse führten, nur gering war und die Bestände sich schnell erholten. Nach einer erneuten Algenpest war die Öffentlichkeit so sensibilisiert, dass nicht nur viele Haushalte begannen EM anzuwenden, sondern es gründeten sich Freiwilligenorganisationen im Einzugsbereich der Bucht, die sich zur Aufgabe machten, die Bucht zu reinigen.

Sie schlossen sich mit anderen Organisationen zusammen, die sich in anderen Regionen ähnliche Reinigungsprojekte mit EM vorgenommen hatten. Inzwischen gibt es ein landesweites Netzwerk dieser Freiwilligenorganisationen, die auch die Reinigung des größten japanischen Binnenmeeres, des Seto, in Angriff genommen haben.

Wie funktioniert das in der Praxis?

Es ist notwendig, möglichst nah an die Verursacherquelle heranzukommen, das heißt an die Haushalte, die regelmäßig EM in ihre Abflüsse schütten sollten, und an Fabriken und Gewerbebetriebe, die ihre Abwässer in Kanäle und Flüsse entsorgen. Da dies oft recht schwierig ist, wird EM kontinuierlich und regelmäßig in Flüsse gegeben, wo es sich im Laufe der Zeit in den Sedimenten des Flussbetts ansiedelt und von dort das Wasser reinigt. In diesen Fällen werden große Mengen EM gebraucht, und darum hat man besondere Fermenter entwickelt, die aus einem Liter EM1 einen hundertfachen Nutzen ziehen. Dabei wird von einem hochwertigen Abfallprodukt Gebrauch gemacht, das in Japan in großen Mengen anfällt: Täglich wird in jedem Haushalt Reis gekocht, der vor dem Kochen gründlich gewaschen wird. Dieses Reis-Waschwasser hat einen hohen Stärkegehalt und belastet die kommunalen Abwässer stark. Durch die Nutzung dieses Wassers als Futter für die Mikroorganismen in Fermentern steht nicht nur eine nahezu unbegrenzte Menge Futter für EM kostenlos zur Verfügung, zusätzlich wird die Belastung der Abwässer gesenkt. Obendrein wird dadurch das Verständnis für die biochemischen Zusammenhänge und das Umweltbewusstsein der Menschen gestärkt. Wo es möglich ist, sollten jedoch auch Firmen einbezogen werden, die ihr Abwasser in die Flüsse leiten. Meistens haben sie ein eigenes Klärsystem, das man mit EM beschicken kann. Das auf diese Weise vorgereinigte Abwasser wird in den Fluss geleitet, wo die vermehrten Mikroorganismen ihre Arbeit fortsetzen.

Müll behandeln

Was man mit den immer schneller anwachsenden Bergen von Müll machen soll, ist jahrelang intensiv diskutiert worden und hat zu politischen Lösungen geführt, unter anderem dazu, dass wir große Mengen von Müll sammeln und trennen, aber dann erfahren, dass der Inhalt des gelben Sacks doch in der Verbrennung landet. Wie könnte man mit Hilfe der EM-Technologie unser Müllproblem lösen?

Ausgehend von der Tatsache, dass die Effektiven Mikroorganismen jedwedes organisches Material auf kurz oder lang vertilgen – und als Erstes den Gestank eliminieren –, liegt es nahe, den Müll in organischen und nicht organischen zu trennen. Da die Stoffwechselprodukte der Mikroorganismen in EM kostbare Substanzen sind, vornehmlich Antioxidantien, nehmen sie sich der organischen Verschmutzungen auf Plastik und anderen anorganischen Abfällen an und erzeugen die bekannten Antioxidantien. Alle organischen Verschmutzungen dieser Materialien werden eliminiert, so dass man reine, wertvolle Rohmaterialien erhält. Metalle im Müll erhalten ihre molekulare Struktur zurück, so dass sie nicht mehr oxidiert und damit auch nicht mehr giftig für Mensch und Umwelt sind. Sobald sich bei uns Ingenieure ernsthaft mit den Möglichkeiten beschäftigen, die in einer solchen Behandlung liegen, werden zu den beschriebenen Vorteilen noch viele andere kommen, sicherlich auch eine Kostenentlastung der Kommunen. Wenn nämlich die EM-Technologie angewandt wird, reichen in der Regel bestehende Anlagen aus, während Verbesserungen sonst von hohen Investitionen abhängen.

Wie einfach, aber dennoch höchst effektiv dies sein kann, zeigt das Beispiel zweier offener Mülldeponien am Stadtrand von Bangkok. Mit Tanklastzügen wird EMa herangebracht und mit großen Schläuchen über den Müll gesprüht. Europäische Besuchergruppen berichten mit großem Erstaunen, dass der Müllgestank dort trotz der hohen Temperaturen nicht wahrzunehmen ist und kaum Vögel sich über den Abfall hermachen. Das Volumen des Müllbergs verkleinert sich zudem deutlich schneller, und das Grundwasser wird nicht belastet.

Der organische Müll, der bei uns zum größten Teil in Kompostieranlagen landet, müsste im Grunde ganz anders betrachtet werden, nämlich nicht als Abfall und Müll, der entsorgt werden muss, sondern als ein kostbarer Rohstoff, der leicht behandelt werden kann, um dann als kostbarer Dünger zurück in die Erde zu wandern. Mit dem Einsatz von EM kann die sommerliche Biotonne ihren Schrecken verlieren, so dass eine solche Einstellung beim Verbraucher wächst. Und wenn der abgefahrene Bioabfall dann mit EM zu EM-Bokashi gemacht wird, steht eine hochwertige Ressource zur Verfügung, die sogar vermarktet werden kann, wie Beispiele in vielen Ländern zeigen. Auch ursprünglich organische Materialien wie Papier, das nicht mehr recycelt werden kann, bekommen als Teile dieses Düngers ihren Wert. Selbst die oxidierten Metallrückstände oder andere Chemikalien, die von der Druckertinte im Papier enthalten sind, werden von den Effektiven Mikroorganismen problemlos aufgespalten und unschädlich gemacht.

Es ist ermutigend, wenn man sich klarmacht, auf wie viele unterschiedliche Bereiche selbst minimaler Einsatz von EM wirken kann. Ein gutes Beispiel ist das bereits beschriebene Sammeln und Behandeln des organischen Hausmülls mit EM. Zunächst hat man eine hygienisch einwandfreie Entsorgung, schimmelnde und stinkende Biotonnen gehören der Vergangenheit an, und die Sickerflüssigkeit reinigt die häuslichen Abflüsse und düngt die Zimmerpflanzen. Die Bodengesundheit und damit die Gesundheit von Pflanzen im eigenen Garten und in öffentlichen Grünanlagen steigt. Außerdem entlastet man die Kompostwerke – die durch die aerobe Kompostierung nur minderwertigen Dünger erzeugen können. Wo Biomüll noch deponiert oder verbrannt wird, vermindert sich die Abfallmenge. Führt man sich vor Augen, dass bei der Verbrennung sowohl das Wasser als auch das Salz in den organischen Hausabfällen zur Entstehung von Dioxin beiträgt, dann ist jede Reduzierung dieses täglich anfallenden Hausmülls ein Segen.

Der Synergieeffekt, der Grundlage der Mikrobenmischung EM ist, kommt auch anderswo zum Tragen. Überall, wo EM eingesetzt wird, werden mehrere Ebenen positiv beeinflusst.

Dioxinbelastung reduzieren

Dioxine sind Chlorverbindungen, von denen einige hochgiftig sind. Sie entstehen bei der Verbrennung von Abfällen, bei der Verarbeitung chlorierter aromatischer Verbindungen und bei der Herstellung bestimmter Unkrautvertilgungs- und Desinfektionsmittel. Dioxin ist krebserregend, geschlechtsverändernd, fortpflanzungshemmend, schwächt das Immunsystem und schadet der Leberfunktion. Da es außerdem die Eigenschaft hat, sich an Fettgewebe anzubinden, sammelt es sich zum Beispiel im Körper von Tieren an. Über die Nahrungskette landet das in Fisch und Fleisch konzentrierte Dioxin dann in durchaus gefährlicher Dosierung beim Menschen. Da Dioxin nur schwer löslich ist, dauert es zehn bis zwölf Jahre, bis es sich zur Hälfte abgebaut hat.

Da die Probleme mit Dioxin in Japan noch gravierender sind als in Europa, hat man schon vor einigen Jahren Versuche gemacht, die Entstehung von Dioxin bei Verbrennungsvorgängen und in belasteten Böden mit Hilfe von EM zu bewältigen. Durch den Einsatz von EM kann in den Verbrennungsöfen das Dioxin zu etwa 90 Prozent reduziert werden. Dazu werden EM1, EM-Z und EM-Z-Keramik eingesetzt.

Das funktioniert, weil die in EM und EM-Z enthaltenen Antioxidantien und Mineralien die vollständige Verbrennung bei niedrigen Temperaturen ermöglichen. Zudem reagieren die im EM enthaltenen diversen Mineralien mit dem Chlor, das ein konstituierender Baustein des Dioxins ist, ferner erreicht man durch EM-Z-Keramik eine Chlorabsorptionsreaktion. Derzeit wird die EM-Technologie auf Okinawa in zwei Müllverbrennungsanlagen angewendet und hat dabei die Emissionswerte unter die ab 2002 geltenden Durchschnittswerte gesenkt. Mit der EM-Technologie wird in den Anlagen nicht nur der Dioxinausstoß zu vertretbaren Kosten auf ein gesetzlich zulässiges Maß gesenkt, sondern auch die Verbrennungsrückstände werden recycelt. Wie schon erwähnt, ist EM auch in der Lage, von Agrarchemikalien – darunter Dioxin – belastete Böden zu reinigen. Dazu wird eine EMa-Lösung im Verhältnis 1 : 500 mit Wasser verdünnt und großzügig auf den Boden ausgebracht. Schon nach 50 Tagen sind 70 Prozent der Dioxine abgebaut.

EM kann nicht nur toxische, chemische Substanzen aufbrechen und unschädlich machen, sondern auch den negativen Auswirkungen von radioaktiver Strahlung, statischer Elektrizität und schädlicher elektromagnetischer Strahlung entgegenwirken. Umfassend eingesetzt ist es vorstellbar, dass die EM-Technologie in der Lage ist, die meisten Probleme der globalen Umweltverschmutzung zu lösen.

Radioaktive Belastung verringern

Die Katastrophe von Tschernobyl hat bekanntlich viele Opfer gefordert, und die Folgen des Unfalls werden die gesamte Region noch lange schwer belasten. Das Institut für Radiobiologie der Universität Minsk in Weißrussland hat zusammen mit Professor Higas Institut verschiedene Untersuchungen durchgeführt, inwieweit die EM-Technologie in der Lage ist, Strahlenschäden zu reduzieren. Dabei zeigte sich deutlich, dass auf Feldern, die über mehrere Jahre mit EM behandelt worden waren, durchgängig ca. 15 Prozent weniger Radioaktivität gemessen wurde als auf den umliegenden Feldern. Die Mechanismen, wie dies funktioniert, sind noch nicht ganz verstanden worden, aber Professor Higa vermutet, dass es mit der Fähigkeit der Photosynthesebakterien zusammenhängt, Gammastrahlen als Energiequelle zu nutzen. Außerdem wurde festgestellt, dass mit EM kultivierte Pflanzen Radioaktivität aus dem Boden ziehen. Auf diese Weise können radioaktiv belastete Böden schneller unter die Grenzwerte für eine neuerliche landwirtschaftliche Nutzung kommen. Auch wenn solche schweren Belastungen nur über einen sehr langen Zeitraum bearbeitet werden können, zeigt es doch die immensen Möglichkeiten, die in EM stecken, und die weiter erforscht und angewendet werden müssen.

Radioaktive Strahlung setzt große Mengen aktivierten Sauerstoff frei, die bekannten freien Radikale, die zu vielen verschiedenen Erkrankungen und Schädigungen führen. Wie wir wissen, produziert die Mischung von Mikroben in EM starke Antioxidantien, die in EM-X in konzentrierter Form zur Verfügung stehen. Bei medizinischen Versuchen ebenfalls in

Weißrussland zeigte sich, dass EM-X akute wie chronische Strahlenschäden günstig beeinflusst. Dies ist so begründet, dass EM-X das Immunsystem stärkt und die natürlichen Abwehrmechanismen des Körpers aktiviert. Es wurden verschiedene positive Resultate gemessen, unter anderem verbesserte Blutwerte und ein Anstieg der Fähigkeit des Körpers, Antioxidantien zu bilden (SOD-Aktivität).

Kreislaufwirtschaft

Solange die Landwirtschaft Pestizide und Kunstdünger verwendet, werden große Mengen freier Radikale freigesetzt und damit bislang unschädliche Insekten und Mikroorganismen gefährlich. Hierfür gibt es unzählige Beispiele. In der Folge müssen immer größere Mengen Chemikalien ausgebracht werden, um entsprechende Erträge zu erzielen. Damit geraten wir in einen Teufelskreis: Die Landwirtschaft in ihrer Rolle als Nahrungsmittelproduzent zerstört die Umwelt, ruiniert die Gesundheit der Menschen, und der Bauer spürt die Folgen am eigenen Leib. Aus diesem zerstörerischen Kreis müssen wir ausbrechen und stattdessen eine gesunde Kreislaufwirtschaft verfolgen. Mit dem Einsatz von EM ist dies möglich geworden. Ein gesunder, reicher Boden erzeugt gehaltvolle Nahrung und säubert gleichzeitig Luft und Grundwasser. Der allgemeine Gesundheitszustand wird in dem Maß besser, in dem der Grad der Oxidation zurückgeht und die Antioxidation steigt.

Derzeitige Umweltmaßnahmen konzentrieren sich auf das Behandeln von Abfällen und Schmutzquellen, EM hingegen verwandeln sie in Rohstoffe zur Wiederverwendung, in vielseitig einsetzbares Material. Damit beginnt ein positiver

Kreislauf, der sich allmählich ausweitet. Wenn die Kraft von EM einmal voll zur Entfaltung kommt, werden die erzeugten CO_2-Gase, die zur globalen Erwärmung führen, zu einer üppigen Kohlenstoffquelle.

In der EM-Technologie bedeutet das Schonen von Ressourcen auch immer gleichzeitig ein Schonen der finanziellen Ressourcen. Es ist leicht auszurechnen, dass ein Landwirt beim konsequenten Einsatz von EM auch ökonomisch gewinnt. Mittlerweile gibt es weltweit viele Beispiele dafür, davon auch schon einige in Europa. Wenn ein Kleinbauer seinen Hof nun doch nicht mehr verkaufen muss, bleibt eine gesunde bäuerliche Struktur erhalten, die auch dem Umweltschutz dient. Professor Higa rechnet in seinen Büchern wieder und wieder vor, wie viel Geld in den unterschiedlichsten Bereichen gespart wurde, und vor allem, wie viel Geld gespart werden könnte. Dieses Geld könnte dann für wichtige Bereiche ausgegeben werden, wo traditionell gespart wird: Sozialwesen, Bildung, Naturschutz, Kunst und Kultur. Die große Frage ist nur, inwieweit sich unsere technikgläubige Gesellschaft auf solche einfachen Technologien einlässt.

Glücklicherweise gibt es nicht nur in Deutschland und in Europa, sondern weltweit viele kleine und große Initiativen zum Schutz der Natur und Umwelt, die eher an Bedeutung zu- als abnehmen. Auch ihr Augenmerk wird sich zunehmend auf die Möglichkeiten richten, die die EM-Technologie anbietet. Sie könnte ihre Arbeit in vielen Fällen unterstützen, weil mit der EM-Technologie endlich eine veritable Alternative zu den gegenwärtigen Technologien, die Ressourcen verschwenden und die Umwelt zerstören, zur Verfügung steht.

Schluss

Auf der einen Seite birgt die EM-Technologie und die Beschäftigung mit EM eine verwirrende Vielfalt von Rezepten und Anwendungsmöglichkeiten, so dass man das Gefühl hat, lange Zeit zu brauchen, um damit ganz vertraut zu sein. Andererseits basiert die EM-Technologie auf wenigen fundamentalen Bedingungen und Fakten. Hat man sie verstanden, ergeben sich alle Anwendungen fast von selbst. Die EM-Technologie, wie sie hier beschrieben wurde, ist von ihrer Art eine wahrlich holistische, ganzheitliche und nachhaltige Technologie, ja für viele wird es zu einer Art Lebensweise. Wer sich entscheidet, mit EM zu leben und zu arbeiten, wird aber bald merken, dass doch immer wieder Detailfragen auftauchen, nach deren Antwort man in Professor Higas Büchern umsonst sucht.

Man solle keine Anwendung weiter empfehlen, die man nicht selbst ausprobiert hat, meint Higa an einer Stelle. Erst die bewusste, kontinuierliche oder wiederholte Beschäftigung mit EM bringt den Nutzer zu einem selbstverständlichen Umgang mit den Effektiven Mikroorganismen, aber auch zu einem tieferen Verständnis über die Zusammenhänge. EM wird dann nicht wie irgendein »Mittel« benutzt, sondern tatsächlich ins Leben integriert. Seine umfassenden Anwendungsmöglichkeiten führen die Nutzer fast zwangsläufig dazu, auch andere Aspekte einer ganzheitlichen Lebensphilosophie ins Auge zu fassen.

Professor Higa gibt in seinen Schriften ganz bewusst nur den Rahmen vor, der dann in den unterschiedlichen Ländern und Gesellschaften von Laien wie Profis ausgefüllt werden muss. Besonders deutlich wird dies an seinen Vorstellungen von einer anderen Gesellschaftsordnung. Mit scharfen Worten wendet er sich gegen das Prinzip des gnadenlosen Wettbewerbs, der die Erde in den gegenwärtigen Zustand versetzt hat. Grundbedürfnisse wie die Versorgung mit Nahrungsmitteln, gesundes Wasser und Luft sowie der Zugang zu medizinischer Versorgung dürfen seiner Meinung nach nicht dem Wettbewerb unterworfen sein. Aber ebenso ist ihm wichtig, dass die Menschen frei entscheiden können und nicht in autoritären Staatsformen gegängelt werden. Seine Schlüsselbegriffe Koexistenz und Ko-Prosperität könnte man folgendermaßen umschreiben: die aus Einsicht in die Notwendigkeit freie Entscheidung für ein friedliches Zusammenleben, in dem jedes Individuum seinen Platz finden kann, und eine gerechte Verteilung des gemeinsamen Wohlstands. Denn Wohlstand kann nur gemeinsam erwirtschaftet werden.

Die Grundidee ist nicht so neu, aber es ist gut, dass sie immer wieder aus verschiedenen Blickwinkeln betrachtet wird und dass diese Gedanken für eine gerechtere Welt verbunden werden mit der Vision einer wieder gesundeten Welt.

Danksagung

Ein Buch wie das vorliegende ist nicht möglich ohne die Hilfe vieler Menschen, die ihre Erfahrungen mit EM bereitwillig zur Verfügung gestellt haben. An erster Stelle bin ich Ernst Hammes zu Dank verpflichtet, der einen großen Teil der Beispiele gesammelt und beschrieben hat und immer wieder selbstlos und verlässlich bei der Entstehung des Buches geholfen hat. Ebenso bin ich Edith Sassenscheidt für ihre kompetente und bedachtsame Hilfe nicht nur im Gesundheitsbereich dankbar. Kenntnisreich haben Daniela und Günter Otto ihre Erfahrungen mit Pferden aufgeschrieben und zur Verfügung gestellt. Last, but not least gilt besonderer Dank meinen Eltern und meinem Bruder, ohne deren Vertrauen und selbstlosen Einsatz EM längst noch nicht so weit verbreitet wäre, wie es heute schon ist.

Bezugs- und Kontaktadressen in Europa

Deutschland

- ▶ EMRO Deutschland (kein Bezug)
  EM Research Organisation GmbH
  D-16269 Bliesdorf OT Metzdorf
  Tel. 033456 15979
- ▶ EMIKO GmbH (Vertrieb)
  Geschwister-Burch-Str. 9, D-53881 Euskirchen
  Tel. 02255 9507-33
  Fax: 02255 9507-34
  E-Mail: info@emiko.de
  Internet: www.emiko.de
- ▶ OLV-Shop (Versand von EM-Produkten)
  Postfach 1139, D-46500 Xanten
  Tel. 02801 717-01
  Fax: 02801 717-03
  E-Mail: olv_verlag@t-online.de

Deutschland, Österreich und Schweiz

- ▶ EM e.V. – Gesellschaft zur Förderung regenerativer
  Mikroorganismen (kein Bezug von EM)
  Weyerbergstr. 42, D-28359 Bremen
  E-Mail: info@emev.info
  www.emev.info

Österreich (und Tschechien, Slowakei, Slowenien, Ungarn)

- ▶ Multikraft GmbH
  A-4631 Haiding/Wels
  Tel. +43 7249 46262-0

Fax: +43 7249 46262-23

E-Mail: office@multikraft.at

Internet: www.multikraft.com

Schweiz

► Bionova

Schöngrund 29, CH-6343 Rotkreuz

Tel. +41 2802211

E-Mail: bionova-hygiene@bluewin.ch

Internet: www.bionova-hygiene.ch

Niederlande

► Agriton/EMRO Niederlande

Industriestr. 1b, NL-8391 Noordwolde-Zuid

Tel. +31 561 433115

Fax: +31 561 432677

E-Mail: Agriton@treff.nl

Internet: www.agriton.nl

Bezug von Fermentationssystemen zur Herstellung von EMa

Für den Haushalt:

► Naturwaren Karin Schiller

Ed 3, 84384 Wittibreut

Für Hobbygärtner und Landwirtschaft:

► Amino-comp – Rolf Zimmermann

Degenau 3, 72160 Horb a. N.

E-Mail: amino-comp@gmx.de

Informationen zu Pferden

► E-Mail: info@equitech.de (Daniela Otto)

Informationen zu Bienen

► Internet: www.kurdrogerie.at (Josef Greinöcker)

EM-Hotel in Deutschland

► Internet: www.hotel-ahrenberg.de

Literatur

Carson, Rachel: *Der stumme Frühling,* München 1963

Emoto, Dr. Masaru: *Die Botschaft des Wassers,* Burgrain 2002 (jap. Original 1999)

Ferreira, Peter & Hendel, Dr. Barbara: *Wasser & Salz, Urquell des Lebens,* Herrsching 2001

Higa, Teruo: *An Earth Saving Revolution I,* Tokyo 1996 (jap. Original 1993)

Higa, Teruo: *An Earth Saving Revolution II,* Tokyo 1998 (jap. Original 1994)

Higa, Teruo: *Eine Revolution zur Rettung der Erde,* Xanten 2000 (Übersetzung von »An Earth Saving Revolution I« und einem Kapitel aus »An Earth Saving Revolution II«)

Higa, Teruo: *Eine Revolution zur Rettung der Erde III,* voraussichtlich 2003 (jap. Original 1998)

Higa, Teruo: *Die wiedergewonnene Zukunft,* Xanten 2001 (jap. Original 2000)

Hoffmann, Manfred (Hg.): *Vom Lebendigen in Lebensmitteln,* Bad Dürkheim 1997

Popp, Fritz-Albert: *Die Botschaft der Nahrung,* Frankfurt 1999

Rusch, Hans Peter: *Naturwissenschaft von morgen,* München 1955 (vergriffen)

Tanaka, Dr. Shigeru: *EM-X,* Xanten 2001 (jap. Original 1998)